U0529183

中国社会科学院学部委员专题文集
ZHONGGUOSHEHUIKEXUEYUAN XUEBUWEIYUAN ZHUANTI WENJI

古代中国与日本及朝鲜半岛诸国的关系

王仲殊 著

中国社会科学出版社

图书在版编目(CIP)数据

古代中国与日本及朝鲜半岛诸国的关系 / 王仲殊著. —北京：中国社会科学出版社，2013.8

（中国社会科学院学部委员专题文集）

ISBN 978 – 7 – 5161 – 3998 – 1

Ⅰ.①古… Ⅱ.①王… Ⅲ.①中日关系—国际关系史—古代—文集②中朝关系—国际关系史—古代—文集 Ⅳ.①D829.312 – 53 ②D829.313 – 53

中国版本图书馆 CIP 数据核字（2014）第 042512 号

出 版 人	赵剑英
责任编辑	郭 鹏
责任校对	韩天炜
责任印制	戴 宽
出　　版	中国社会科学出版社
社　　址	北京鼓楼西大街甲 158 号（邮编 100720）
网　　址	http://www.csspw.cn
中文域名：中国社科网	010 – 64070619
发 行 部	010 – 84083685
门 市 部	010 – 84029450
经　　销	新华书店及其他书店
印刷装订	环球印刷（北京）有限公司
版　　次	2013 年 8 月第 1 版
印　　次	2013 年 8 月第 1 次印刷
开　　本	710×1000　1/16
印　　张	16
插　　页	2
字　　数	271 千字
定　　价	56.00 元

凡购买中国社会科学出版社图书，如有质量问题请与本社联系调换
电话：010 – 64009791

版权所有　侵权必究

《中国社会科学院学部委员专题文集》编辑委员会

主任 王伟光

委员 （按姓氏笔画排序）

王伟光　刘庆柱　江蓝生　李　扬

李培林　张蕴岭　陈佳贵　卓新平

郝时远　赵剑英　晋保平　程恩富

蔡　昉

统筹 郝时远

助理 曹宏举　薛增朝

编务 田　文　黄　英

前　言

　　哲学社会科学是人们认识世界、改造世界的重要工具，是推动历史发展和社会进步的重要力量。哲学社会科学的研究能力和成果是综合国力的重要组成部分。在全面建设小康社会、开创中国特色社会主义事业新局面、实现中华民族伟大复兴的历史进程中，哲学社会科学具有不可替代的作用。繁荣发展哲学社会科学事关党和国家事业发展的全局，对建设和形成有中国特色、中国风格、中国气派的哲学社会科学事业，具有重大的现实意义和深远的历史意义。

　　中国社会科学院在贯彻落实党中央《关于进一步繁荣发展哲学社会科学的意见》的进程中，根据党中央关于把中国社会科学院建设成为马克思主义的坚强阵地、中国哲学社会科学最高殿堂、党中央和国务院重要的思想库和智囊团的职能定位，努力推进学术研究制度、科研管理体制的改革和创新，2006年建立的中国社会科学院学部即是践行"三个定位"、改革创新的产物。

　　中国社会科学院学部是一项学术制度，是在中国社会科学院党组领导下依据《中国社会科学院学部章程》运行的高端学术组织，常设领导机构为学部主席团，设立文哲、历史、经济、国际研究、社会政法、马克思主义研究学部。学部委员是中国社会科学院的最高学术称号，为终生荣誉。2010年中国社会科学院学部主席团主持进行了学部委员增选、荣誉学部委员增补，现有学部委员57名（含已故）、荣誉学部委员133名（含已故），均为中国社会科学院学养深厚、贡献突出、成就卓著的学者。编辑出版《中国社会科学院学部委员专题文集》，即是从一个侧面展示这些学者治学之道的重要举措。

　　《中国社会科学院学部委员专题文集》（下称《专题文集》），是中国社会科学院学部主席团主持编辑的学术论著汇集，作者均为中国社会科学院学部委员、荣誉学部委员，内容集中反映学部委员、荣誉学部委员在相关学科、专业方向中的专题性研究成果。《专题文集》体现了著作者在科学研究实践中长期关注的某一专业方向或研究主题，历时动态地展现了著作者在这一专题中不断深化的研究路径和学术心得，从中不难体味治学道路之铢积寸累、循序渐进、与时俱进、未有穷期的孜孜以求，感知学问有道之修养理论、注重实证、坚持真理、服务社会的学者责任。

2011年，中国社会科学院启动了哲学社会科学创新工程，中国社会科学院学部作为实施创新工程的重要学术平台，需要在聚集高端人才、发挥精英才智、推出优质成果、引领学术风尚等方面起到强化创新意识、激发创新动力、推进创新实践的作用。因此，中国社会科学院学部主席团编辑出版这套《专题文集》，不仅在于展示"过去"，更重要的是面对现实和展望未来。

这套《专题文集》列为中国社会科学院创新工程学术出版资助项目，体现了中国社会科学院对学部工作的高度重视和对这套《专题文集》给予的学术评价。在这套《专题文集》付梓之际，我们感谢各位学部委员、荣誉学部委员对《专题文集》征集给予的支持，感谢学部工作局及相关同志为此所做的组织协调工作，特别要感谢中国社会科学出版社为这套《专题文集》的面世做出的努力。

《中国社会科学院学部委员专题文集》编辑委员会
2012年8月

目　录

自序：中国考古学研究应与世界考古学接轨 …………………… （1）
古代的中日关系
　　——从志贺岛的金印到高松塚的海兽葡萄镜 ……………… （1）
论所谓"倭面土国"之存在与否 ………………………………… （15）
日本三角缘神兽镜综论 …………………………………………… （32）
景初三年镜和正始元年镜的铭文考释 …………………………… （53）
景初三年镜和正始元年镜铭文补释 ……………………………… （68）
再论日本出土的景初四年铭三角缘盘龙镜 ……………………… （72）
从日本出土的铜镜看三世纪倭与中国江南的交往 ……………… （84）
论日本巨大古坟箸墓所葬何人的问题
　　——是卑弥呼抑或是台与 …………………………………… （91）
再论好太王碑文辛卯年条的释读 ………………………………… （100）
东晋南北朝时代中国与海东诸国的关系 ………………………… （113）
新罗的历史、文化及都城的形制 ………………………………… （137）
中国古代宫内正殿太极殿的建置及其与东亚诸国的关系 ……… （150）
日本遣隋使·遣唐使概述 ………………………………………… （178）
关于日本第七次遣唐使的始末 …………………………………… （188）
井真成与阿倍仲麻吕·吉备真备 ………………………………… （198）
论开元通宝对古代日本货币制度的影响
　　——兼论开元通宝传入琉球列岛的经路 …………………… （208）
论唐长安城圆丘对日本交野圆丘的影响 ………………………… （227）

自序：中国考古学研究应与世界考古学接轨

长期以来，我致力于中国汉唐时代考古学的研究。由于汉唐时代史书、典籍丰富，所以考古调查发掘工作必须与历史文献记载相结合，又由于与外国的交往频繁，所以中国考古学研究应该与世界考古学接轨。

我在高中读书时，本想毕业之后进大学专攻文学。父亲说文学容易流于虚饰，劝我改修朴素、实在的史学。

1946年，我考进浙江大学文学院史地系，专攻中国古代史。1949年5月，杭州解放，浙江大学院系调整，史地分开，地理系划归理学院，历史系停办。这样，我就转学到北京大学历史系，1950年7月毕业。早在此年4月，负责筹建中国科学院考古研究所的梁思永先生（任常务副所长）委托北大历史系教授张政烺推荐一名即将毕业的青年学生到成立伊始的考古所工作，张先生选中了我，梁先生欣然接受。我便于毕业后的8月7日进入这个十分优越的研究机构，从事考古学研究。

1946年以后，夏鼐先生在南京"中央研究院"历史语言研究所工作。1948年冬至1949年春，"中央研究院"迁往台湾。夏鼐先生不愿去台湾而留在大陆，1949年9月受聘在浙江大学任教授。当时我已转学到北京大学，所以与夏先生不曾相识。但是，夏先生听浙江大学的老师们说我在历史文献方面颇有功底，对日本语文的学习成绩更是十分优异。1950年9月中旬的一个晚上，夏鼐先生从杭州乘火车来北京，就任考古所副所长，我没有去车站迎接。第二天早上上班，我与夏先生初次见面。他特地找我谈话，以我在历史文献和日本语文方面有优势为由，希望我研究中国汉唐时代考古学，又因汉唐时代日本与中国交往甚多，关系密切，故可同时研究日本考古学和日本古代史。1951年2月，夏鼐先生正式担任我的导师。数十年来，我始终遵从夏先生为我指定的治学的方针、路线，至今不变。

2010年是考古研究所成立60周年，也是我本人从事考古学研究工作的60周年。2010年7月，作为成立60周年的纪念活动之一，考古所领导要求每个工作人员写一份个人简历，编集成为《同仁录》，而简历的最后要添加所谓的"工作感言"。我的工作感言就是："考古调查发掘工作必须与历史文献记载相结合，中国考古学研究应该与世界考古学接轨。"

最近，中国社会科学院学部工作局发出关于征集出版《中国社会科学院学部委员专题文集》的通知，我积极响应。我将自己《文集》的主题、内容定在关于古代中国与日本交流的研究成果上，又因朝鲜半岛堪称古代中日两国交流的桥梁，所论亦稍为涉及高句丽、百济和新罗。我的心愿在于《文集》的编辑、出版或可体现不久之前我所提出的"工作感言"：中国考古学研究应与世界考古学接轨！

王仲殊

2012年10月

古代的中日关系

——从志贺岛的金印到高松塚的海兽葡萄镜

作为太平洋西部的岛国，古代日本走向国际化的主要目标在于大陆的中国。从公元1世纪开始，日本长期谋求与中国交往。随着东亚国际形势和日本国内形势的变化，中日两国之间的关系也处在不断的变化之中。在公元1世纪到7世纪的700年间，日本对中国关系的开展可以分为"初发期"、"确立期""急进期"和"成熟期"四个时期。

公元1世纪是日本对中关系的"初发期"。据《后汉书·东夷传》记载，当时日本列岛上百余国并存，其中与中国汉朝设在朝鲜半岛的乐浪郡有联系的约三十国。奴国是三十国中的一国，其位置在今九州北部的福冈县境内。据《后汉书》《光武帝纪》和《东夷传》记载，建武中元二年（公元57年）奴国王遣使到东汉的首都雒阳朝贡，光武帝赐以印绶。1784年，在福冈市志贺岛发现"汉委奴国王"的金印（图1）。长期以来，主要是因为金印的钮作蛇形，印文为刻凿而非铸出，与中国古代的印章制度不合，学术界有人认为它是赝品。1956年在中国云南省晋宁石寨山的考古调查发掘中发现了滇王的金印，对照《史记·西南夷列传》的记载，可以确认

图1　"汉委奴国王"金印

该印是西汉武帝于元封二年（公元前109年）赐给滇王的。1959年我在《说滇王之印与汉委奴国王印》的论文中指出，由于滇王的金印也具有蛇形的钮，其印文亦为刻凿而非铸出，可以证明"汉委奴国王"的金印是东汉光武帝所赐的原物无疑①。这枚贵重的金印在志贺岛出土，说明中国古代史书的记载是何等的正确！

据《三国志·魏志·东夷传》记载，奴国的人口有2万余户之多，与同在九州北部的末卢国（4千余户）、伊都国（1千余户）、不弥国（1千余户）相比，显然是大国。在考古调查发掘中发现的许多弥生时代的遗迹和遗物说明，以稻作农耕和青铜器铸造为代表的奴国的社会生产力是相当发达的。从《魏志·东夷传》的记载看来，3世纪时邪马台国对九州北部诸国有一定的支配权。但是，早在1世纪中期，邪马台国的势力尚未发展，奴国应有充分的自主权。由于奴国面临对马海峡，与朝鲜半岛的海上交通便利，所以能率先派遣使者经由半岛西海岸的乐浪郡，前往雒阳。总之，古代日本走向国际化的最初的一大步是从今福冈市的博多湾迈出的。

学者们都认为《后汉书》《安帝纪》和《东夷传》所记倭国王之名为"帅升"，但我主张其名实为"帅升等"②。帅升等应该是邪马台国的男王。他于汉安帝永初元年（公元107年）遣使到雒阳朝贡，献上"生口"（奴隶）160人。这说明，到了2世纪初期，邪马台国的国力已有所增长，所以能继奴国之后，遣使与中国建立关系。以奴隶为贡品，正是此后邪马台国的一贯做法。

据《后汉书·东夷传》和《三国志·魏志·东夷传》记载，男王统治邪马台国约七八十年，到了2世纪的60—70年代，即东汉的桓、灵之间，倭国大乱。日本学者从弥生时代的高地性集落、武器及牺牲者的遗骨等方面论证战乱的情形。奈良县东大寺山古坟出土的大铁刀在铭文中有汉

---

① 王仲殊：《说滇王之印与汉委奴国王印》，《考古》1959年第10期，第573—575页。
② 《后汉书·安帝纪》说："（永初元年）冬十月，倭国遣使奉献。"《后汉书·东夷传（倭人条）》说："安帝永初元年，倭国王帅升等献生口百六十人，愿请见。"长期以来，中国和日本学术界都以为倭国王之名是"帅升"，"生口"百六十人是"帅升"等人遣使献上的。但是，倭国王仅有一人，他不可能与别人共献"生口"。因此，我主张"帅升等"三字为倭国王之名，而不能误解为"帅升"等人。《三国志·魏志·东夷传》中多有"难升米等"、"掖邪狗等"之类的用语，但完全没有"卑弥呼等"、"台与等"的用语，也足以说明这个问题。

灵帝的"中平"年号，表明它的制作在 2 世纪的 80 年代，与倭国大乱的年代相当，所以受到学者们的重视（图 2）。我以中国各地发现的其他有"中平"纪年铭的器物为依据，推测它是今四川省境内的广汉郡的产品（柄饰是以后在日本改配的）。由于"中平"以后中国黄河流域也发生大乱，倭国与以雒阳为都城的东汉的官方交往断绝，所以判断这柄铁刀是 3 世纪的汉末、三国时代从中国的江南传入日本的①。

3 世纪初期，历时数十年的倭国大乱结束，开始了以邪马台国女王卑弥呼为代表的新时期。经过多年的休养生息，邪马台国的国力逐渐充实，对九州北部诸国的控制权也得到加强。卑弥呼女王谋求登上东亚的国际政治舞台，积极开展与中国亲善的外交活动，从而使日本的对中关系进入了我所说的"确立期"。

当时，中国分裂为魏、吴、蜀三国，故称三国时代。魏的领域在包括黄河流域的中原和北方地区，国势最强。魏明帝景初二年（公元 238 年），以司马懿为统帅的魏军讨灭了割据辽东的公孙渊，克复了设在朝鲜半岛的乐浪、带方两郡。于是，邪马台国于次年景初三年（公元 239 年）派遣难升米等使者前往带方郡，进而到达魏的首都洛阳。邪马台国与魏亲善的目的也许是多方面的。但是，从《魏志·东夷传》所记种种事实看来，主要的目的是为了借重作为东亚第一大国的中国的威望，巩固并提高卑弥呼在日本列岛的政治地位。

图 2 "中平"纪年铭铁刀

---

① 西蜀广汉所造"中平"纪年铭器物有"光和七年"（即中平元年）的错金铁刀（见刘志远《成都天迴山崖墓清理记》，《考古学报》1958 年第 1 期）和"中平四年"的兽首镜（见崔庆明《南阳市博物馆馆藏纪年铜镜》，《中原文物》1982 年 1 期）等。蜀郡和广汉郡所造器物流入长江中下游江南地区的实例有湖南省湘阴出土的"永寿三年"兽首镜（见刘永池《湘阴县发现东汉永寿三年铜镜》，《湖南考古辑刊（4）》，1987 年）和安徽省马鞍山吴朱然墓出土的"蜀郡作牢"的漆器等物（见安徽省文物考古研究所等《安徽马鞍山东吴朱然墓发掘简报》，《三国考古的新发现一读朱然墓简报札记》，《文物》1986 年 3 期）。

从魏的方面来说，公孙氏虽已讨灭，但辽东和朝鲜半岛的形势仍然严峻。在高句丽、韩、濊等土著民族的武装袭击下，乐浪郡和带方郡的安全受到威胁。与倭国交好，或许可以改善魏在半岛上的困难处境。因此，以难升米为首的邪马台国使团为魏所重视，在洛阳受到优厚的待遇。魏帝颁发诏书，册封卑弥呼为"亲魏倭王"，赐以金印，并以许多礼物相赠，其中包括铜镜百枚。翌年正始元年（公元240年），魏由带方郡派遣官员梯儁随同归国的难升米等回访邪马台国，向卑弥呼送致诏书、金印和各种礼物，使两国的友好关系进一步确立。

此后，邪马台国又于正始四年（公元243年）派伊声耆、掖邪狗等为使者，到洛阳朝贡。正始六年（公元245年），魏帝颁发诏书，赐首次访魏的难升米以黄幢，委托带方郡送致。正始八年（公元247年），邪马台国与敌国狗奴国相争，卑弥呼遣使到带方郡告急。新任的郡太守王颀立刻派官员张政前往调停，并将两年前所赐黄幢交付邪马台国的实权人物难升米。卑弥呼死后，张政协助难升米等处理善后，立她的宗女台与为王。为了表示感谢，以台与为新女王的邪马台国派掖邪狗等20人陪张政归国，到洛阳向魏进贡。在从景初三年（公元239年）至正始八年（公元247年）的短短8年内，邪马台国派使者经带方郡访问洛阳3次，专程访问带方郡1次，魏由带方郡派官员访问邪马台国2次。两国交往之频繁，关系之密切，这在东洋古代史上是极少类例的。

魏帝所赐"亲魏倭王"的金印至今没有被发现。但是，赐给卑弥呼的铜镜达百枚之多，可以估计其中的一部分已从日本各地的古坟中出土。从以河南省洛阳地区为中心的中国黄河流域出土的东汉和魏晋时期的铜镜种类来看，它们应该是"内行花纹镜"、"方格规矩镜"、"夔凤镜"、"兽首镜"、"双头龙凤纹镜"和"位至三公镜"等。在中国的三国时代，与江南的吴相比，魏的铸镜业不甚发达，所造铜镜多属东汉以来的旧式镜。其实，在魏帝赐给卑弥呼的礼物清单中，首先列举的是"绛地交龙锦"、"绛地绉粟罽"、"蒨绛"、"绀青"、"绀地句文锦"、"细斑华罽"、"白绢"等纺织品，然后是黄金和铁刀，最后才是铜镜、真珠和铅丹，正说明镜的数量虽不少，但质量未必很精美。要之，魏帝所赐礼物的重点不在于铜镜，而是在于各种珍贵的纺织品。可以说，邪马台国的使者除了完成政治上的使命以外，还为在中国的洛阳和日本的邪马台国之间开辟了一条"丝绸之路"。

学者们把日本出土的300余枚所谓"舶载的"三角缘神兽镜看成是魏帝所赐的"卑弥呼之镜"，这便是三角缘神兽镜的"魏镜说"（图3）。但是，直到今天，在中国境内，始终没有发现哪怕是一枚三角缘神兽镜。同样，在介于中国和日本之间而起桥梁作用的朝鲜半岛也完全没有三角缘神兽镜出土。我从镜的形制、图纹和铭文等各方面考察，坚信只在日本才出土的三角缘神兽镜不是来自中国的舶载品，而是东渡的中国吴的工匠在日本制作的①。

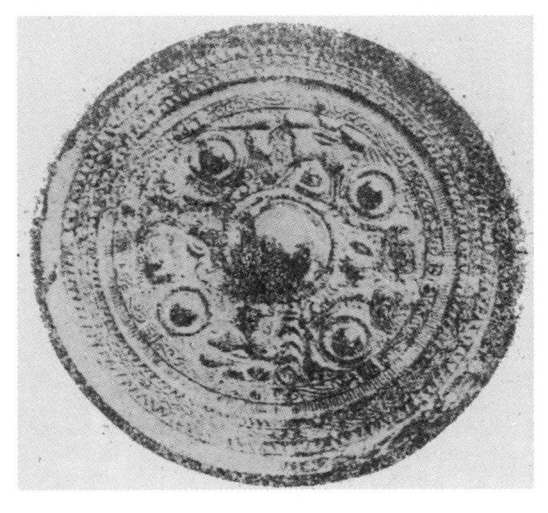

图3　三角缘神兽镜

个别三角缘神兽镜铭辞中的"景初三年"、"正始元年"的纪年，曾是"魏镜说"的有力的依据。但是，按照我的考证，景初三年镜和正始元年镜的铭辞全文却说明它们正是渡来的吴的工匠在日本所作②。景初三年邪马台国遣使向中国魏朝进贡，魏朝亦派官员于正始元年往邪马台国回访，这是非常重大的国际政治事件。因此，作为纪念，寄身邪马台国的吴的工匠在其所作镜铭中使用了"景初三年"和"正始元年"的年号。我的这一判断，已被1986年10月京都府福知山市出土的景初四年盘龙镜的铭辞所证实（图4）。众所周知，在中国的历史上，"景初四年"是不存在的。只是由于在难升米等使者回到邪马台国之前，身在异域的吴的工匠不知魏已改称此年为正始元年，所以继在其所作三角缘神兽镜的铭辞中使用

---

① 王仲殊：《关于日本三角缘神兽镜的问题》，《考古》1981年第4期。王仲殊：《关于日本的三角缘佛兽镜》，《考古》1982年第6期。

② 王仲殊：《景初三年镜和正始元年镜的铭文考释》，《考古》1984年第12期。王仲殊：《景初三年镜和正始元年镜铭文补释》，《考古》1985年第3期。

图4 景初四年铭盘龙镜

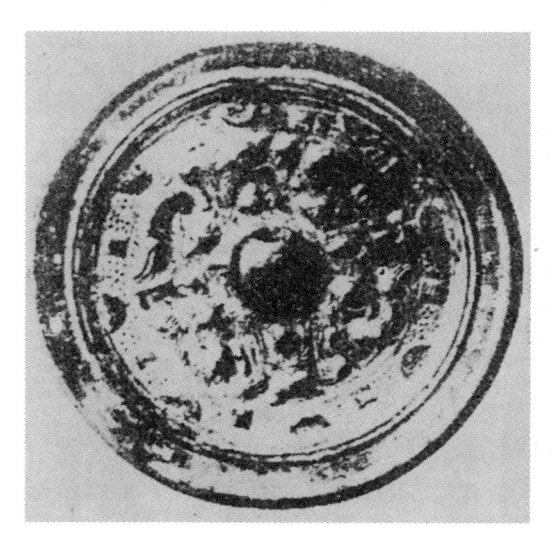

图5 赤乌元年铭神兽镜

"景初三年"的纪年之后,又在其所作盘龙镜的铭辞中使用"景初四年"的纪年,"景初四年"其实是正始元年①。总之,景初三年镜、景初四年镜和正始元年镜在日本出土,既证实了《魏志·东夷传》所记倭与魏的官方的关系,也说明了倭与中国江南吴地之间存在着民间交往②。

3世纪日本与中国江南吴地的民间交往,除了上述东渡的吴的工匠在邪马台国作镜之外,还包括倭人西渡到吴的会稽郡进行贸易。据《后汉书·东夷传》和《三国志·吴志》记载,在会稽郡东方的远海中有亶洲,传说秦始皇遣方士徐福率童男童女数千人至此洲不归,世代相传,到东汉后期和三国时代人口发展到数万户,其人民时有去会稽郡贸易的。我认为亶洲是日本列岛的一部分,所以推测奈良县东大寺山古坟出土的"中平"纪年铭大铁刀是东汉末年从江南的会稽郡传入日本的。进入三国时代以后,亶洲与会稽郡的贸易有了进一步的发展。因此,吴地所作的铜镜便大量传入日本(图5)。日本各地古坟

---

① 王仲殊:《论日本出土的景初四年铭三角缘盘龙镜》,《考古》1987年第3期。
② 王仲殊:《从日本出土的铜镜看三世纪倭与中国江南的交往》,《华夏考古》1988年第2期。

出土的铜镜，如山梨县鸟居原古坟的赤乌元年对置式神兽镜、兵库县安仓古坟的赤乌七年对置式神兽镜、冈山市庚申山古坟的对置式神兽镜、神户市梦野丸山古坟的重列式神兽镜、京都府椿井大塚山古坟的画文带对置式神兽镜、大阪府和泉黄金塚古坟的画文带环状乳神兽镜、姬路市奥山大塚古坟的佛像夔凤镜等，都是确实无疑的吴镜。从三国时代中国南北分裂、魏吴敌对的政治形势来看，它们应该是从江南的吴地直接传入日本，而不是经由北方的魏境传入日本的①。总之，大量吴镜存在于日本各地的古坟中，这正是亶洲人民西渡到吴的会稽郡进行贸易的结果。

泰始元年（公元265年），晋武帝废黜魏帝而即位。可能仍然以台与（正始八年初立时为13岁，至此年应为31岁）为女王的邪马台国及时地于次年泰始二年（公元266年）派遣使者到洛阳朝贡，企图维持自魏景初三年（公元239年）以来的友好关系。但是，从此年以后，两国之间的官方交往却长期断绝了。

然而，从考古学方面来看，日本与中国江南之间的民间交往仍继续存在。例如，按照我的考察，福井县泰远寺山古坟出土的铜镜和奈良县新山古坟出土的铜带饰都是中国江南的产品（图6），它们是西晋中后期至东晋前期，即3世纪末至4世纪中期从

图6　新山古坟出土的铜带饰

江南直接传入日本的②。江南的吴国虽然被晋武帝的军队灭亡了，但日本列岛上的人民仍然有渡海去吴的故地从事贸易的。可以说，3世纪至4世纪倭与中国江南的民间的交往，为5世纪倭五王与中国东晋、南朝进行官方交往开辟了道路。

从3世纪末到4世纪初，中国北方战乱频起，终于酿成从公元307年开始的称为"永嘉之乱"的大乱。在匈奴等少数民族的武力攻击下，洛阳

---

① 王仲殊：《论日本出土的吴镜》，《考古》1989年第2期。
② 杨泓：《吴、东晋、南朝的文化及其对海东的影响》，《考古》1984年第6期。

和长安相继陷落。建武元年（公元317年）晋元帝在江南即位，以改名建康的吴的故都为都城，史称东晋。此后，宋、齐、梁、陈四朝也继续以建康为首都，史称南朝。从4世纪初期至5世纪后期，中国北方始终处在混乱状态之中，而江南的建康则是中国政治、经济和文化的重心所在。据《宋书·倭国传》等史书记载，在从晋安帝义熙九年（公元413年）至宋顺帝昇明二年（公元478年）的65年间，赞、珍、济、兴、武等倭五王先后遣使到建康朝贡达10次之多，充分说明了倭与东晋、南朝亲善的高度积极性。因此，我称五世纪为日本对中关系的"急进期"。

考古学的研究表明，经过4世纪以来百余年的经营，5世纪倭国的社会经济进一步发展，国力大为增长，在武器军备方面尤有显著的改进。大阪府河内平野的巨大古坟，显示了倭王在日本国内的强大统治权。这样，以倭王为首的统治集团便急切地谋求向海外扩张，首先是企图控制朝鲜半岛南部的新罗和百济，进而与半岛北部的高句丽相抗衡。为了实现以上的计划，他们必须得到中国方面的支持。这便是倭王们屡次遣使亲善的主要目的，在他们致宋的皇帝的表文中表露无遗（图7）。

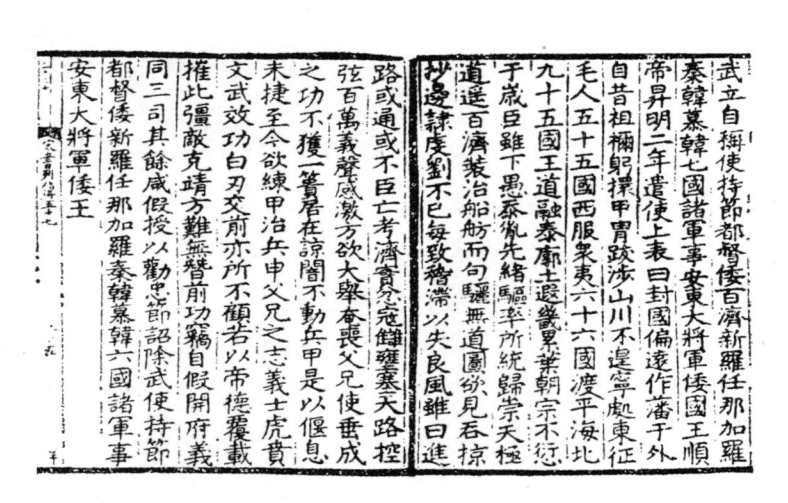

图7　倭王武致宋顺帝表文（《宋书·倭国传》）

从南朝方面来说，为了抵抗来自北朝的巨大军事压力，必须与包括倭国在内的海东诸国交好。但是，在海东诸国中，除不向中国朝贡的新罗不论以外，倭国在实力上不如高句丽强大，在与南朝的关系上又不如百济亲近。因此，宋的皇帝授高句丽王为征东大将军乃至车骑大将军，授百济王为镇东大将军，却仅授倭王为安东将军。只是到了最后，宋顺帝才晋升倭王武为安东大将军。由于在埼玉县稻荷山古坟出土的铁剑上发现了重要的铭文，日本学者进一步考定倭王武即《日本书纪》中的雄略天皇。考古学和古代史研究表明，在雄略天皇统治期间，倭国的国力和倭王的权势得到空前的发展。这也许是他被宋的皇帝晋升为安东大将军的原因之一。据《南齐书》和《南史》记载，建元元年（公元479年）和天监元年（公元502年），齐高帝和梁武帝先后改授倭王武为镇东大将军和征东大将军，两者在序列上比宋顺帝所授安东大将军又有所提高。这说明，朝代虽然改换了，但中国的对倭外交方针并没有变化。然而，从倭国方面来说，由于中国在对海东诸国的关系上始终采取审慎的平衡政策，不能给自己以充分的支持，所以感到失望。天监元年（公元502年）是梁的开国之年，梁武帝进授倭王的官位，而倭王却不曾遣使相报，便说明了这一问题①。

总之，进入6世纪以后，日本不再遣使与中国交往，却大大加强了与百济的友好关系。中国的许多典籍、文物，通过百济而传入日本。6世纪中期，百济还向日本派遣僧侣，传送佛教。但是，在新兴的新罗的攻击下，日本终于在钦明天皇二十三年（公元562年）丧失了设在朝鲜半岛南部的据点，从而使5世纪以来的海外扩张计划受到重大的挫折。

开皇九年（公元589年），隋文帝征服了以建康为都城的南朝，使分裂近300年之久的中国得到统一，而中国的政治、经济和文化中心也重新回到了黄河流域的中原地区。据《隋书·东夷传》和《北史·倭国传》记载，日本先于开皇二十年（公元600年）遣使到隋的首都大兴（即唐的长安），试探情势。其后，据《日本书纪》和《隋书·炀帝纪》记载，圣德太子所遣使者小野臣妹子（"小野"为氏，"臣"为姓，"妹子"为名）

---

① 《梁书》《武帝纪》和《东夷传》记梁武帝天监元年倭王武进号征东将军，但征东将军位在安东大将军、镇东大将军之下，既云进号，反而降格，实难理解。《南史·东夷传》记梁武帝进号倭王武为征东大将军，故疑《梁书》所记"征东将军"为"征东大将军"之误。《梁书·东夷传》记天监元年以百济王为征东将军，与同书所记倭王武进号征东将军亦相矛盾。但是，梁武帝天监元年进授倭王的官位，而倭王不曾遣使来访，总是可以肯定的。

于大业四年（公元608年）到达隋的东都洛阳，进行正式的访问。据《隋书·东夷传》记载，小野妹子所呈国书称"日出处天子致书日没处天子无恙，云云"。由此可见，日本方面完全是站在平等的地位上来与中国打交道的。这与130年前倭王武在致宋顺帝的表文中以臣下自居的谦卑态度相比，真是不可同日而语了。在6世纪晚期以来高句丽、百济乃至新罗都分别接受隋的"辽东郡公"、"带方郡公"、"乐浪郡公"等封号的情况下，日本毅然采取独立自主的外交姿态，这是意味深长的。

隋炀帝阅国书不悦，对主管外交事务的鸿胪卿说："蛮夷书有无礼者，勿复以闻。"但是，也许是由于考虑到以后要对高句丽用兵，而倭与高句丽素不睦，或可引为应援，所以特派文林郎裴世清随同归国的小野妹子回访日本，以求交好。从《日本书纪》的记载看来，日本方面对裴世清的接待，规模盛大，仪式隆重，既表明了对中国使者的热情欢迎，也显示了日本自身的国威。世清归去时，妹子又奉命随同到中国作第二次访问。这宛然是360年前难升米与梯儁、掖邪狗与张政的历史故事的再现。但是，从外交规格上说，裴世清的使命受自朝廷，与梯儁、张政之为郡太守所遣相比，其身份显然是高得多了。

上述见于史书记载的小野妹子和裴世清的事迹，至今仍被作为古代中日交流史上的佳话而广泛流传。但是，就考古调查发掘而言，却还没有发现直接与他们两人有关的实物资料。使人感到高兴的是，作为日本出土的年代最早的墓志，船王后和小野毛人的墓志被作为"国宝"级文物而保存着①。小野朝臣毛人是小野臣妹子之子（"朝臣"为天武天皇十三年制定的"八色之姓"之一，小野氏之姓由"臣"改为"朝臣"），这是毫无疑问的。据旧说，如果《日本书纪》中的"船史王平"为"船史王乎"（"史"为船氏之姓）之误，则船王后便有可能是在难波接待裴世清的"掌客"②。这样，人们可以通过这两块贵重的墓志，联想当年中日两国使者联袂互访的情景（图8）。

---

① 奈良国立文化财研究所：《日本古代の墓誌》1977年版，第74—77页。
② 喜田贞吉：《河内国分山船氏の墳墓——王辰尔墳墓の推定》，《歷史地理》第十九卷第六号，第28页。

从《隋书·东夷传》的记载看来，小野妹子访问的目的似乎在于向中国求佛教。但是，许多事实说明，日本向隋遣使的主要目的无疑是为了广泛地向中国学习，而不仅限于佛教的传承。以圣德太子为代表的日本统治集团充分认识到，要从根本上充实国力，提高日本在东亚的国际地位，首先必须在国内进行全面的整顿和改革，而整顿和改革的楷模则在于作为先进国的中国。因此，与5世纪的倭五王不同，坚持对等外交的圣德太子不向中国称臣求封，而是切实地向中国学习政治制度和包括宗教在内的各种文化事业。他所创立的这种新的对中政策，被以后的日本统治者所继承。所以，在隋亡之后，日本仍然向唐派遣使者，而许多优秀的、具有各种才能的留学生和学问僧等也继续随之而往，向中国学习。这样，与公元1世纪以来的各个时期相比，7世纪日本对中国关系的开展就显得十分健康、充实而富有成果，从而可以说是到达了"成熟期"。

据《日本书纪》记载，推古天皇十六年（公元608年）小野妹子第二次访隋时，同行有倭汉直福因、奈罗译语惠明、高向汉人玄理、新汉人大国等留学生和新汉人旻、南渊汉人请安、志贺汉人惠隐、新汉人广齐等学问僧。此外，僧惠光、医惠日、僧灵云、胜鸟养、僧惠云等则可能是推古天皇二十二年（公元614年）随使臣犬上御田锹入隋的。

图8 船王後墓志

到了唐代，日本从舒明天皇二年（公元630年）到天智天皇八年（公元669年）又先后派出遣唐使达6次之多。遣唐使团的大使和副使等人，往往对中国十分熟悉。例如，舒明天皇二年（公元630年）的大使犬上三田耜（即御田锹）曾任遣隋大使，副使药师惠日曾为留隋学生。孝德天皇白雉五年（公元654年）的押师高向玄理曾是留隋学生，副使惠日既曾为留隋学生，又曾任遣唐副使。随行的留学生和学问僧等，就白雉四年（公元653年）的第二次遣唐使团而言，就有道岩、道通、道光、惠施、觉胜、弁正、惠昭、僧忍、知聪、道昭、定惠、安达、道观、知辨、义德、巨势臣药、冰连老人、坂合部连盘积、高黄金等许多人。总之，无论是在隋代或唐代，日本使臣及留学生、学问僧等在中国访问期间，悉心考察中国的政治经济，努力学习中国的典章制度，对中国的各种文化事业都有深入的了解。他们归国以后，在不同的程度上受到朝廷的重用，在日本有很大的影响。皇极天皇时南渊请安任中大兄皇子和中臣镰足的教师，孝德天皇即位后以高向玄理和僧旻为国博士，便是最显著的例子。这就使得日本统治集团所坚持的以中国为楷模的革新运动能够顺利进行。可以说，作为对中关系的"成熟期"，7世纪日本律令的制定，佛教的兴盛，工艺美术的创新，建筑样式的变革等等，在充分显示日本自身固有的特色的同时，都无不深受中国隋唐文化的影响。

7世纪日本以中国为楷模的革新运动，还突出地表现在新的宫都制度的确立。据《日本书纪》记载，孝德天皇于大化元年（公元645年）迁都难波。考古学者们认为，1945年以来在大阪市法圆坂町一带发掘的前期难波宫遗迹可能便是《书纪》所记的长柄丰碕宫。它建成于孝德天皇白雉三年（公元652年），以后几经改修，延续使用到天武天皇朱鸟元年（公元686年）才因火灾而毁坏。从发掘出来的遗迹看来，前期难波宫的形制、布局是出于对中国隋唐宫城的模仿。又据日本学者研究，至迟在天武天皇时，在难波宫的外围还建有广大的条坊制的都城，这便是所谓前期难波京。按照学者们对前期难波京的条坊的复原，可以确认它是仿照中国隋唐都城而兴建的。据《书纪》的记载，天武天皇十二年（公元683年）还在倭京飞鸟净御原宫颁发诏书，规定以难波为副都。这显然是出于对中国隋唐时代长安、洛阳两京并列的所谓"复都制"的模仿①。

持统天皇八年（公元694年），在这位女帝的主持下，坐落在奈良盆地南部的新的条坊制都城建成了，这便是有名的藤原京。自此年以迄元明天皇和铜三年（公元710年），持统天皇和文武、元明天皇以藤原京为都城凡三代16年之久，结束了日本古代宫室播迁不定的局面。应该指出，这座新的都城不仅在形制和布局的总体上模仿中国的长安和洛阳，而且都城中的"皇城"、"大极殿"、"朱雀门"、"朱雀路"、"东市"和"西市"

---

① 王仲殊：《关于日本古代都城制度的源流》，《考古》1983年第4期。

等各种名称也与中国唐代长安城中的各种名称相同①。可以说，藤原京的建成为日本以中国为楷模的宫都制度的改革树立了一座划时代的里程碑，并为此后平城京的设计和营造打定了基础。

作为统一国家的首都，以持统女帝为首的日本统治集团在藤原京内积极策划加深政治、经济方面的全面改革，取得了丰硕的成果。这集中地表现于从天智天皇到天武天皇时所制定的各种法规在藤原京时期得到进一步的修正和充实，终于在文武天皇大宝元年（公元701年）颁布了可称为集大成的《大宝律令》，从而使日本正式地成为名符其实的"律令国家"。

在大宝元年颁布《大宝律令》的同时，《律令》编撰者之一、民部尚书粟田朝臣真人（"粟田"为氏，"朝臣"为姓，"真人"为名）被任命为第七次遣唐执节使，于次年大宝二年（公元702年）率使团从筑紫（今福冈县）出发。这次遣唐使的派遣显示了日本继续向国际化的道路迈进的决心，使得7世纪以来与中国的交往又达到了一个新的高潮。由于使团的规模大，规格高，尤其由于它是从天智天皇八年（公元669年）以来断绝了30余年之后才重新派遣的遣唐使，所以受到中国方面的格外重视。长安三年（公元703年），中国的女帝武则天特地在长安大明宫麟德殿设盛宴款待粟田真人，大大增强了友好的气氛。在《旧唐书》和《新唐书》里，粟田真人被称为"朝臣真人"或"朝臣真人粟田"，这可能是由于突出了天武天皇十三年（公元684年）制定的"八色之姓"的关系。据两《唐书》记载，真人知经史，善文章，仪容温雅，举止有方，深受中国朝廷和士大夫们的器重。他在中国出色地完成了使命，所以归国后受到褒赏，其官位（按《大宝令》规定）由"正四位下"晋升为"从三位"。

就考古学方面而言，与第7次遣唐使明确有关的实物过去仅知有1872年在奈良县平群郡荻原村发现的美努冈万墓志一例（志文谓其人于大宝元年五月出使唐国，当为粟田真人领导下的使团成员之一）②。但是，我认为，1972年奈良县高市郡明日香村高松塚古坟出土的海兽葡萄镜也可确认

---

① 王仲殊：《日本の古代都城制度源流について》，《考古学雑誌》第69卷第1号，日本考古学会，1983年。

② 王仲殊：《日本最近发现的太安万侣墓》，《考古》1979年第3期。

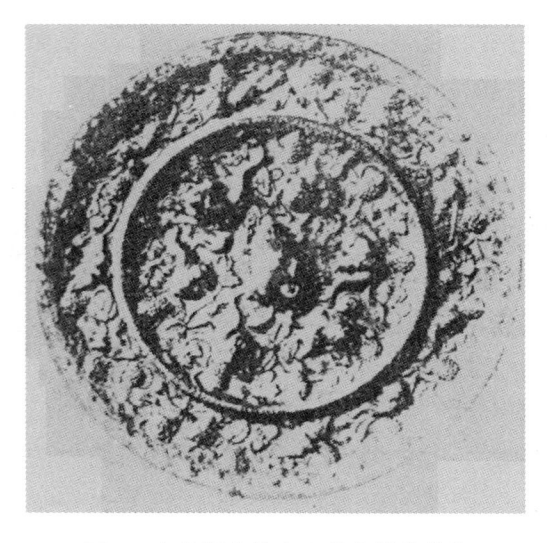

图9　高松塚古坟出土的海兽葡萄镜

是与这次遣唐使直接有关的重要的实物资料（图9）。1981年2月我在东京举行的日本古代史讨论会上指出，日本高松塚古坟出土的海兽葡萄镜与中国西安唐代独孤思贞墓出土的海兽葡萄镜属"同范镜"①。从独孤思贞的墓志判断，这两枚可称之为"姐妹镜"的同范镜是万岁通天二年（公元697年）之前不久在当时中国的都城长安制作的。因此，我推定高松塚之镜是庆云元年（公元704年）归国的粟田真人等从长安携至藤原京的。我推测高松塚古坟的被葬者是负责制定《大宝律令》的忍壁皇子。作为亲王和"知太政官事"（宰相），他在粟田真人等归国后不久便得到了这枚珍贵的铜镜。翌年庆云二年（公元705年），忍壁皇子死去，这枚从中国携来的海兽葡萄镜便被作为随葬品而纳入他的墓中②。在将近1300年以后的今天，我们仿佛看到了镜里映照出当年藤原京的盛况。正是由于藤原京时期日本在内政和外交两方面都取得了巨大的成就，所以能在此后的平城京开放出灿烂的"天平文化"之花③。

（原载《考古》1989年第5期）

---

① 王仲殊：《关于日本高松塚古坟的年代问题》，《考古》1981年第3期。
② 王仲殊：《关于日本高松塚古坟的年代和被葬者——为高松塚古坟发掘十周年而作》，《考古》1982年第4期。
③ "天平文化"是以"天平时期"为中心的日本奈良时代（公元710—784年）文化的总称。其内容指平城京药师寺、东大寺、唐招提寺等各大佛寺所集中显示的建筑、雕刻、绘画和工艺等，也可包括以《万叶集》、《怀风藻》、《古事记》、《日本书纪》为代表的文学和史学等等，是日本以国家的规模吸取中国盛唐文化为基础的。所谓"天平时期"，主要是指奈良时代中期圣武天皇的"天平"（公元729—749年）年间，但也可以推广到奈良时代中后期孝谦天皇的"天平胜宝"（公元749—757年）、孝谦、淳仁、称德（孝谦重祚）天皇的"天平宝字"（公元757—765年）和称德天皇的"天平神护"（公元765—767年）年间。

论所谓"倭面土国"之存在与否

1990年9月我完成了《从中国看古代日本》一书的原稿，1992年11月在日本出版。在此书第一章第一节中，我指出所谓"倭面土国"在历史上是不存在的①。1990年年末以来，日本东京大学名誉教授西岛定生发表了《倭面土国出典考》等多篇论文，对有关"倭面土国"的问题作了十分详细的考证②。西岛先生在论文中不明确否定"倭面土国"的存在③，但他的考证却给我以启发，使我更加坚信所谓"倭面土国"其实是不存在的。

本文是在西岛先生考证的基础上，引证若干别的史料，就所谓"倭面土国"的问题作分析，以求进一步阐明我的观点。

一

日本学术界普遍认为，在公元1世纪、2世纪的中国东汉时代，日本有所谓"倭面土国"，其国王"师升（等）"于汉安帝永初元年（公元107年）遣使向中国皇帝献"生口"（指奴隶，下同）。对"倭面土国"的解释虽各有不同，日本学者多以为"面土国"是《后汉书·东夷传》和《三国志·魏书·东夷传》所记倭地使译所通三十国中的一国。日本宫内厅书陵部所藏北宋刊本的《通典》在其第185卷《边防·东夷·倭》的条目中有"（汉）安帝永初元年，倭面土国王师升等献生口"的记载，

---

① 王仲殊：《中国からみた古代日本》，学生社1992年版，第17页。
② 西岛定生：《倭面土国出典考》，《就实女子大学史学論集》，1990年12月版，第59—108页。
③ 西岛定生：《漢末の動乱と倭国大乱》，《吉野ケ里遺跡は語る》，学生社1992年5月版，第95页。

这便是谓"倭面土国"的主要出典①。

但是，范晔《后汉书》关于汉安帝永初元年倭的朝贡奉献之事的记载则与北宋刊本的《通典》相异。《后汉书·安帝纪》所记为"永初元年冬十月，倭国遣使奉献"；《后汉书·东夷传》所记为"安帝永初元年，倭国王帅升等献生口百六十人，愿请见"②。要之，根据《后汉书》的记载，汉安帝永初元年遣使奉献的是"倭国"而不是"倭面土国"，帅升等是"倭国王"而不是"倭面土国王"。

应该指出，以上所引《后汉书》的记载，其字句在《仁寿本二十五史》所收南宋福唐郡庠重刊北宋淳化监本、《百衲本二十四史》所收南宋绍兴刊本、（日本）米泽市上杉家旧藏南宋庆元四年刊本、吴兴刘氏嘉业堂旧藏南宋嘉定元年刊本等各种宋刊本的《后汉书》中都完全相同，毫无差异，这已经为西岛定生先生的反复检阅、查考所证实。

如所周知，《后汉书》为南朝宋范晔所撰，成书于5世纪中叶偏前；《通典》为唐杜佑所撰，成书于8世纪末年或9世纪初期。两书记载有异，自应以《后汉书》为准，这本来是无待于言的。

但是，日本九州太宰府天满宫所藏唐张楚金撰《翰苑》的抄本残卷中有"后汉书曰，安帝永初元年，有倭面上国王师升至"之语，日本学者多疑"上"字为"土"字之误，从而使"倭面土国"的最初出典由唐代后期的杜佑《通典》上推到唐代前期的张楚金《翰苑》，又转而上推到唐代以前的所谓古本《后汉书》，乃使问题趋于复杂化③。

其实，太宰府天满宫所藏《翰苑》残卷关于汉安帝永初元年倭的朝贡奉献的记述不止一处，而有两处④。称为天下孤本的天满宫《翰苑》残卷为日本平安时代（公元794—1992年）的抄本，误字、漏字甚多。为了使读者易于了解，我改正误字，并在括号中添补漏字，举引如下：

---

① 长泽规矩也、尾崎康：《通典》（全八卷，别卷一），宫内厅书陵部藏北宋版，汲古书院，1980年5月至1981年9月。
② 范晔：《后汉书》，中华书局1973年版，卷五第208页，卷八十五第2821页。
③ 西岛定生：《"倭国"出现の时期と東アジア》，《アジアのなかの日本史》（2），东京大学出版会1992年版，第23页。
④ 西岛定生：《倭面土国出典考》，《就实女子大学史学论集》，1990年12月版，第82、83页。

第一处记述以"卑弥妖惑，翻叶群情，台与幼齿，方谐众望"为标题，其文句为"后汉书曰，安帝永初元年，有倭面上国王师升至。桓灵之间，倭国大乱，更相攻伐，历年无主。有一女子，名曰卑弥呼。死，更立男王。国中不服，更相诛杀。复立卑弥呼宗女台与年十三为王，国中遂定"。

第二处记述以"中元之际，紫绶之荣"为标题，其文句为"后汉书（曰），光武中元二（年），倭国奉贡朝贺，使人自称大夫，光武赐以印绶。安帝（永）初元年，倭王师升等献生口百六十"。

十分明显，第二处记述与前述宋代以来各种刊本的《后汉书》的记载基本上是相同的，故可信其确实为引自《后汉书》。但是，从标题和文句内容看来，第一处记述在年代上延至三国时代魏少帝（齐王芳）的正始八年（公元247年），距东汉王朝彻底消亡近30年之久，故根本不能信其为引自《后汉书》。因此，西岛定生先生在经过详细论证之后，坚决否定了所谓唐代以前的古本《后汉书》中有关于"倭面上国"或"倭面土国"的记述之说[①]。对于西岛先生的卓识，我是完全赞成的。

但是，由于日本九州太宰府天满宫所藏《翰苑》抄本残卷中确有"倭面上国"之词的存在，所以不能不将所谓"倭面上国"或"倭面土国"的最初出典由《通典》上推到《翰苑》。经查考，唐张楚金撰《翰苑》的年代约当7世纪60年代，在时间上比杜佑撰《通典》早出约140余年。

二

如西岛定生先生所指出，《册府元龟》在其第968卷《外臣部·朝贡》中记"（后汉安帝永初元年）十月，倭国王师升等遣使奉献（生）口百六十，愿请见"，《玉海》在其第152卷《朝贡·外夷来朝》中记"安帝永初元年，倭国王帅升等遣使奉献"，这在一定程度上为范晔《后汉书》关于汉安帝永初元年遣使奉献者为"倭国王"而非"倭面上国王"

---

① 西岛定生：《"倭国"の形成时期について——〈魏志〉倭人伝の再检讨》，《大和政权への道》，日本放送教育协会1991年版，第33—35页。

或"倭面土国王"的记载提供了佐证。但是，如前所述，唐张楚金《翰苑》成书于7世纪60年代，唐杜佑《通典》成书于8世纪末或9世纪初年，而北宋王钦若等所辑《册府元龟》和南宋王应麟所辑《玉海》则分别成书于11世纪初期和13世纪后期。因此，在《翰苑》、《通典》与《后汉书》记载相异的问题上，不能过多地依靠《册府元龟》和《玉海》等书的记述以判断其孰是孰非。

但是，发人深省的是，西岛定生先生在有关的各论文中有力地指出，东晋袁宏（公元328—376年）所著《后汉纪》在其第160卷《安帝永初元年十月》条中亦记"倭国遣使奉献"，这是十分值得重视的①。要之，成书于4世纪中后期的袁宏《后汉纪》与范晔《后汉书·安帝纪》一样，明记汉安帝永初元年遣使奉献的是"倭国"，而不是"倭面上国"或"倭面土国"。可以说，上述袁宏《后汉纪》的此条文句充分说明了范晔《后汉书》的记载是可靠的，而张楚金《翰苑》和杜佑《通典》的记述则不能不令人怀疑。

我要补充论证的是，《隋书》和《北史》的有关记载亦足以否定《翰苑》、《通典》所记"倭面上国"或"倭面土国"之类的真实性。《隋书·东夷传》和《北史·东夷传》都说："倭国在百济、新罗东南……汉光武时，遣使入朝，自称大夫。安帝时，又遣使朝贡，谓之倭奴国"②。两书《东夷传》说汉安帝时遣使朝贡的是"倭奴国"（《北史·东夷传》的记述应是沿用《隋书·东夷传》的原文），虽有不确切之嫌，但"倭奴国"不同于"倭面上国"或"倭面土国"，则是显而易见的。如所周知，《隋书》为唐魏征等所撰，成书于7世纪30年代，《北史》为唐李延寿所撰，成书于7世纪中叶偏前，两者的成书年代不仅早于杜佑的《通典》，而且亦稍早于张楚金的《翰苑》。于是，可以断言，直至7世纪中叶偏前的唐代初期，在张楚金撰《翰苑》之前，所谓"倭面上国"或"倭面土国"仍未在中国的史书记载中出现。

---

① 周天游：《后汉纪校注》，天津古籍出版社1987年版。
② 《隋书》，中华书局1973年版，卷第八十一第1825页。《北史》，中华书局1974年版，卷第九十四第3135页。

这里，为了使问题进一步明朗化，我想就上述《隋书》、《北史》所记的"倭奴国"作简略的解释。如所周知，"倭奴国"的最初出典在于范晔的《后汉书》。该书《光武帝纪》说"中元二年春正月，东夷倭奴国王遣使奉献"；《东夷传》说"建武中元二年，倭奴国奉贡朝贺，使人自称大夫，倭国之极南界也，光武赐以印绶"。由于古代汉语缺乏详细、明确的标点符号，《后汉书》所记"倭奴国"的"倭奴"二字在学者们的心目中往往相连而成为一个单一的国名，至今犹然。但是，近代日本学术界对照《三国志·魏书·东夷传》所举倭地三十国的国名，确认上述《后汉书》中的"倭奴国"是指倭地三十国中的一国，其国名为"奴国"。要之，范晔在《后汉书》中所记"倭奴国"其实是指"倭之奴国"。1784年在今日本福冈市志贺岛发现了刻有"汉委奴国王"（应理解为"汉·倭·奴国王"）五字的金印，证实了《后汉书·东夷传》关于光武帝赐印绶的记载是十分正确的，而金印在志贺岛出土则又证明了"奴国"地处今日本九州福冈县境内。由于《三国志·魏书·东夷传》记倭地有二个奴国，所以我在下文分别称之为"奴国（A）"和"奴国（B）"以示区别，而《后汉书》中的"奴国"则指"奴国（A）"[①]。

但是，如上面所说，在中国古代，学者们对《后汉书》所记"倭奴国"三字的理解却不是如此精细。至少到了唐代，史书编撰者多视《后汉书》中的"倭奴国"为倭之全国，其国名为"倭奴"。《旧唐书·东夷传》说"倭国者，古倭奴也"，《新唐书·东夷传》说"日本，古倭奴也"，便是最明显的例证[②]。两《唐书》虽分别成书于五代和北宋，但所记为唐代的历史，其称古代倭国（日本）为"倭奴国"，正是反映了唐代学者对倭国国名沿革的认识，尽管这种认识是不正确的。总之，我要重复地指出，《隋书》和《北史》都明记汉安帝时遣使朝贡的是"倭奴国"，而"倭奴国"实即倭国，不是什么"倭面上国"或"倭面土国"。

[①] 王仲殊：《关于〈魏志·倭人传〉、〈后汉书·倭传〉的标点和解释》，《古籍整理与研究》第七期，中华书局1992年版，第80—81页。

[②] 《旧唐书》，中华书局1975年版，卷第一百九十九上第5339页；《新唐书》，中华书局1975年版，卷第二百二十第6207页。

三

如所周知，陈寿的《三国志》成书于 3 世纪后期的西晋时代，其《魏书·东夷传》记 3 世纪中叶以前的倭地倭人之事甚详。该传列举倭地诸国的国名，计有狗邪韩国（其地虽处朝鲜半岛南端，但被称为倭之"北岸"，《后汉书·东夷传》称为倭之"西北界"）、对马国、一支国、末卢国、伊都国、奴国（A）、不弥国、投马国、邪马台国、斯马国、已百支国、伊邪国、都支国、弥奴国、好古都国、不呼国、姐奴国、对苏国、苏奴国、呼邑国、华奴苏奴国、鬼国、为吾国、鬼奴国、邪马国、躬臣国、巴利国、支惟国、乌奴国、奴国（B）、狗奴国等三十一国（最后的狗奴国不属倭国女王卑弥呼管辖，故称"使译所通三十国"。）①。在以上的三十一国之中，没有"面上国"或"面土国"之名，这是一目了然的。要之，根据《三国志·魏书·东夷传》的记载，所谓"倭面上国"或"倭面土国"确实是不存在的。

有的学者认为"面上国"为"面土国"之误，"面土国"又为"囬（回）土国"之误，而"回土"之音与"伊都"相近，故主张"面上国"或"面土国"应是《三国志·魏书·东夷传》中的"伊都国"②。然而，在以上所述倭地三十一国中，《后汉书·东夷传》所举亦有拘邪韩国、奴国、邪马台国、拘奴国等四国之名③。《三国志》中的"奴国"和"邪马台国"，《后汉书》仍作"奴国"和"邪马台国"，毫无变更。《三国志》中的"狗邪韩国"和"狗奴国"，《后汉书》虽分别改作"拘邪韩国"和"拘奴国"，但"拘"字与"狗"字相比，字形相近，读音相同，可谓变更极小。与此相反，"囬（回）土"二字与"伊都"二字相比，不仅字形全异，而且读音亦甚不相同。前面已经说过，有的学者根据《翰苑》残卷中的第一处记述，认为《翰苑》中的"倭面上国"即《通典》中的"倭

---

① 《三国志》，中华书局 1973 年版，卷第三十第 854—855 页。
② 江上波夫：《倭人の国から大和朝廷へ》，平凡社 1984 年版，第 165 页。
③ 王仲殊：《关于〈魏志·倭人传〉、〈后汉书·倭传〉的标点和解释》，《古籍整理与研究》第七期，中华书局 1992 年版，第 81 页。

面土国",其名称存在于唐代以前的所谓古本《后汉书》。但是,如我在上文所说,《三国志》中的"伊都国"在《后汉书》中改变为字形全异、读音不同的"面上国"、"面土国"或"囬(回)土国",那是难以想像的①。

西岛先生因日本九州太宰府天满宫《翰苑》抄本残卷中的第一处记述所涉年代延至三国时代魏少帝的正始八年(公元247年),大大超越了《后汉书》所应记载的东汉王朝一代历史的范围,故否定了其文句系引自所谓古本《后汉书》,已如前述。我以宋代以来各刊本的《三国志·魏书·东夷传》和《后汉书·东夷传》所记倭地诸国之名为根据,亦否定了所谓古本《后汉书》中记有所谓"倭面上国"、"倭面土国"或"倭囬(回)土国"之类的国名的可能性。总而言之,我认为,《三国志·魏书·东夷传》关于倭地三十一国国名的记载以及《后汉书·东夷传》所举三十一国中的四国之名,可谓从根本上证实了作为倭地诸国之一的所谓"倭面上国"、"倭面土国"或"倭囬(回)土国"在历史上本来是不存在的。

四

如前面屡次所述,学者们多认为《翰苑》抄本残卷中的"倭面上国"即北宋刊本《通典》中的"倭面土国"。从《翰苑》抄本残卷多有误字、漏字的情形看来,"面土国"误抄为"面上国"的可能性不是完全不存在的。但是,必须指出,抄本中"倭面上国"的"上"字,笔画清楚,字形端正,所以应该认为张楚金所撰《翰苑》的原文本来是作"倭面上国"。如我在本文本节末段所引述,日本一条兼良在其所著《日本书纪纂疏》中称师升等为"倭面上国王",亦可为证。

据西岛定生先生详细查考,就杜佑《通典》的各种刊本而言,日本宫内厅书陵部所藏北宋刊本《通典》虽记汉安帝时遣使奉献者为"倭面土国王师升等",但其他刊本的《通典》所记却各有出入,互不相同。日本

---

① 王仲殊:《中国からみた古代日本》,学生社1992年版,第17—18页。

静嘉堂文库中的元刊本《通典》所记为"倭面土地王师升等",便是显著的一例①。要之,仅就《翰苑》抄本残卷、北宋刊本《通典》、元刊本《通典》而论,作为国王的帅升等便有"倭面上国王"、"倭面土国王""倭面土地王"三种不同的名号,其差别之多,正足以说明"倭面上国"、"倭面土国"之类的国名实为7世纪50年代、60年代以降的唐、宋、元各代以讹传讹的异称,其真实性是十分值得怀疑的。

顺便要提到的是,据日本学者调查,南宋刊本的《通典》收藏于北京图书馆、上海图书馆、台湾"中央研究院"历史语言研究所和日本天理图书馆等处,但除北京图书馆所藏宋刻宋元递修本《通典》第九册中有第185卷《边防·东夷·倭》的条目以外②,其他各处所藏皆缺此卷此条目。其实,经我最近亲自到北京图书馆查验,该馆所藏宋刻宋元递修本《通典》九册中亦缺问题所在的第185卷。因此,南宋刊本的《通典》如何表记"倭面土国"之类的名称,已无从查考,可谓遗憾之至。

《翰苑》抄本中的"倭面上国"、北宋刊本《通典》中的"倭面土国"和元刊本《通典》中的"倭面土地",虽然互有差异,但为首的"倭面"二字却彼此相同。据西岛先生在论文中所述,日本鎌仓时代(1192—1333年)中期卜部兼方所著《释日本纪》在其卷首的《开题》篇中就所谓"倭面国"的问题作解释说:"后汉书云,孝安皇帝永初元年冬十月,倭面国遣使奉献"③。这样,除中国书籍中所见"倭面上国"、"倭面土国"、"倭面土地"等之外,日本人的著作中又有所谓"倭面国"之称。卜部兼方著《释日本纪》的年代约在13世纪晚期,所称"倭面国"虽系受《翰苑》抄本及北宋刊本《通典》等所记"倭面上国"或"倭面土国"之类的影响,但决不是因偶然遗漏了"倭面上国"的"上"字或"倭面土国"的"土"而造成的纯属疏忽的误称。相反,我认为卜部氏所称"倭面国"用意甚深,给人以必须对"倭面"二字的由来作考证的启示。

西岛定生先生指出,"倭面"二字的最初由来在于《汉书·地理志》

---

① 西岛定生:《倭面土国出典考》,《就实女子大学史学論集》,1990年12月版,第76页。
② 长泽规矩也、尾崎康:《通典》别卷《解题·通典北宋版および诸版本について》,宫内厅书陵部藏北宋版,汲古书院1980年5月至1981年9月版,第23页。
③ 西岛定生:《倭面土国出典考》,《就实女子大学史学論集》,1990年12月版,第88页。

的如淳注。对此,我是完全同意的。但是,我认为,《汉书·地理志》的如淳注不仅是"倭面"二字之所由来,而且是所谓"倭面上国"名称之所由来,尽管此一名称之造成是出于张楚金对如淳注的误解。

　　班固《汉书·地理志》记:"乐浪海中有倭人,分为百余国,以岁时来献见云"。颜师古注引如淳曰"如墨委面,在带方东南万里",又引臣瓒曰"倭是国名,不谓用墨,故谓之委也",而师古则曰"如淳云如墨委面,盖音委字耳,此音非也,倭音一戈反,今犹有倭国"①。

　　学者们从来都以为如淳、臣瓒和师古的注释晦涩难解,意义不明。但是,据我理解,如淳注中"如墨委面"的"委"字为动词,意为堆积,"如墨委面"是说倭人黥面,如同积墨于面,而颜师古却视"如墨委面"的"委"字为"倭"字,并指出"委"、"倭"二字读音相异,不宜混同。要之,我认为,颜师古先是误解了如淳注的本意,同时又不知"委"、"倭"二字之可通用而加以非议。其实,前述日本福冈市志贺岛出土汉光武帝所赐"汉委奴国王"的金印便可证"委"字是"倭"字的简化,二者可以相通。

　　如淳为3世纪三国时代的魏人,其对班固《汉书》所作的注释至唐代仍为学者们所重视,故唐初颜师古在注《汉书》时多有加以引用之处。可以推想,张楚金亦熟知如淳对《汉书·地理志》所作"如墨委面"的注释。对于"委面"二字,张楚金亦误解了如淳的本意,但他与颜师古不同,认为"委"字与"倭"字相通,故主张"委面"即"倭面"。张楚金出于对如淳注的误解,主张"委面"即"倭面",而"倭面"则指《汉书·地理志》所述乐浪海中的倭人之国。张楚金认为汉安帝永初元年遣使奉献的帅升等为倭人诸国中的大国之王,故在所撰《翰苑》中称其为"倭面上国王"。"上国"即"上邦",意为大国,而所谓"倭面上国"则指"倭面"之上国。以上是我对张楚金《翰苑》所记"倭面上国"出典的考证,虽多出于推论,但这种推论应该是合理的。

　　必须指出,日本室町时代(1392—1573年),一条兼良在其所著《日本书纪纂疏》中对所谓"倭面国"的解释为"此方(指倭国)男女皆黥

---

① 《汉书》,中华书局1975年版,卷第二十八下第1658—1659页。

面文身，故加'面'字而呼之；东汉书曰，安帝永初元年，倭面上国王师升等献生口百六十人"①。不言而喻，一条兼良对"倭面国"的解释是以张楚金《翰苑》所记"倭面上国"为依据的，而解释的要旨则与我的上述考证相符合。总之，张楚金《翰苑》中的所谓"倭面上国"是指"倭面之上国"，故如一条兼良所解释，可简约而称"倭面国"。但是，如我在前面所考证，"倭面"二字是出于对《汉书·地理志》如淳注的误解。因此，从历史事实出发而言，所谓"倭面上国"或"倭面国"都是不存在的。

五

在"倭面上国"、"倭面土国"、"倭面土地"乃至"倭面国"等等之类的异称之中，北宋刊本《通典》中的"倭面土国"久被多数学者奉为圭臬，故本文取《论所谓"倭面土国"之存在与否》之题，以"倭面土国"为上述各种异称之代表。但是，如前所述，按照我的考证，北宋刊本《通典》中的"倭面土国"实为"倭面上国"之误刻。"土"字与"上"字在字形上相似，故易致误。

杜佑的《通典》在8世纪末或9世纪初的唐代中后期成书以后，历北宋、南宋、元、明各代，几经传抄、重刊，就其全书文字而言，误抄、误刻之处时或有之，自在情理之中。特别是所记"倭面土国"在历史上本来是不存在的，以讹传讹，遂致异文迭出，莫衷一是。前面已经说过，《通典》所记倭王帅升等的名号除北宋刊本的"倭面土国王"以外，元刊本《通典》又作"倭面土地王"，在文理和事理上可谓不通之极。此外，就明代而言，俞安期撰《唐类函》所收《通典》的有关条目则记"安帝永初元年，倭国土地王师升等献生口"②。在这里，帅升等又被称为"倭国土地王"，不伦不类，莫此为甚。

但是，我推想，明代学者勘查了《后汉纪》、《后汉书》、《册府元

---

① 西岛定生：《倭面土国出典考》，《就实女子大学史学论集》，1990年12月版，第93页。
② 同上书，第79页。

龟》、《玉海》等史籍、类书的记述,并考核《通典》各刊本、抄本所记文字的异同,终于认清了所谓"倭面土国王"、"倭面土地王"之类的名称皆出于虚构,故在重刊《通典》时作了彻底的改正。日本东京大学东洋文化研究所所藏所谓方献夫本《通典》和李元阳本《通典》等明刊本《通典》都在第185卷〈边防·东夷·倭〉的有关文句中称汉安帝时遣使奉献的师升等为"倭国王"①,或从"倭面土国王"中删除"面土"二字,或从"倭面土地王"中删除"土地"二字而改"面"字为"国"字,从而与范晔《后汉书·东夷传》所记"倭国王帅升等"取得一致。清代所刊武英殿系诸版本的《通典》皆承袭上述明刊本的主旨,或可以说又从"倭国土地王"中删除"土地"二字,遂使帅升等成为毫无疑义的"倭国王"②,最终宣告所谓"倭面上国"、"倭面土国"及"倭面国"之类的国名在历史上本来都是不存在的。

六

关于倭国王之名,范晔《后汉书》自宋代以来的各刊本皆作"帅升等",至今不变。与此不同,张楚金《翰苑》抄本残卷则作"师升"或"师升等"。杜佑《通典》自北宋至明的各刊本亦皆作"师升等",但清武英殿刊本以后的《通典》则改作"帅升等"。此外,《册府元龟》作"师升等",而《玉海》则作"帅升等"。要之,就诸书的种类而言,称"帅升等"之书与称"师升等"之书在数量上可谓不相上下,从诸书各抄本、刊本的抄刊年代看来,亦不易判断"帅升等"与"师升等"二者以何者为本原。我因范晔《后汉书》为记载东汉历史的正史,其成书年代早于张楚金《翰苑》和杜佑《通典》,又因如以上考证,《后汉书》所记"倭国王"称号确实,《翰苑》、《通典》所记"倭面上国王"或"倭面土国王"称号虚讹,故倾向于认为《后汉书》所记"帅升等"之名是正确的。我的这一倾向性意见,是与清代武英殿本《通典》校勘者的认识相同的。不

---

① 西岛定生:《倭面土国出典考》,《就实女子大学史学论集》,1990年12月版,第77、78页。
② 同上书,第79、80页。

过，"帅"字与"师"字不仅字形相似，而且读音相近，故不必过于追究其孰是孰非的问题。

值得注意的是，在日本学术界，有关学者几乎都主张倭国王之名为"帅升"（或"师升"，下同），而"等"字则是表示复数①。中国史学界迄今虽未曾对有关所谓"倭面土国"之类的问题开展讨论，但从近年中华书局出版的标点本《后汉书》所标专名号看来，中国学者似乎也主张"帅升"二字为倭国王之名，而视"等"字为表示所举未尽、以此类推的助词②。因此，1989年我在题为《古代的中日关系——从志贺岛的金印到高松塚的海兽葡萄镜》的论文中提出"帅升等"三字为倭国王之名的看法③，可以说是破天荒之举。这里，我将我的理由详述如下。

首先，必须指出，明示倭王之名为"师升"的书籍主要是日本太宰府天满宫所藏的《翰苑》残卷。如本文第一节所引述，《翰苑》残卷中的第一处有关记述为"安帝永初元年，有倭面上国王师升至"，显示倭王之名为"师升"二字而不是"师升等"三字。但是，已经说过，天满宫《翰苑》残卷为日本平安时代（公元794—1192年）的抄本，误字、漏字甚多，不能排除张楚金的原文本来为"师升等"的可能性。特别是残卷中的第二处有关记述为"安帝（永）初元年，倭王师升等献生口百六十"，可见第一处记述的文句的确在"师升"二字之下脱漏了"等"字。

十分明显，据袁宏《后汉纪》和范晔《后汉书·安帝纪》记载，安帝永初元年倭国是"遣使奉献"，而不是倭王亲自来朝。因此，《翰苑》残卷第一处记述中"有倭面上国王师升至"的"至"字完全与史实不符。从古代中日两国交往的全部历史看来，倭国从来都是遣使来向中国通好，绝无倭王亲自来朝觐见之例。所以，我认为"师升至"也可能是"师升等"的误抄。就语法而论，"有倭面上国王师升等"之句与其下文"有一

---

① 西岛定生：《"倭国"出现の时期と东アジア》，《アジアのなかの日本史》（2），东京大学出版会1992年版，第18页。

② 王仲殊：《关于〈魏志·倭人传〉、〈后汉书·倭传〉的标点和解释》，《古籍整理与研究》第七期，中华书局1992年版，第79页。

③ 王仲殊：《古代的中日关系——从志贺岛的金印到高松塚的海兽葡萄镜》，《考古》1989年第5期，第464页。

女子名曰卑弥呼"之句一样，亦没有多大不通之嫌。

范晔《后汉书·东夷传》记载："安帝永初元年，倭国王帅升等献生口百六十人，愿请见"。若将其中"帅升等"的"等"字视为表示复数的助词，则生口就成为不是倭国王一人所献，而是倭国王与其他的人所共献。这样，上述《后汉书·东夷传》的记载必须理解为倭国王率领其臣僚，亲自来向汉朝皇帝献生口。但是，如前所述，倭国是"遣使奉献"，而不是倭王亲自来觐，所以只能将"帅升等"三字视为倭国王之名，而不能理解为倭国王"帅升"及其臣僚等人。

七

那么，是否可将《后汉书·东夷传》的记载理解为倭国王"帅升"等人共同遣使来向中国皇帝献生口呢？我认为，这个问题不仅涉及倭国国内的政治组织体制，而且也与中国朝廷的外交上的名分规制以及中国史书记事的立场通例有关，必须查考清楚。

应该指出，倭国王只有一人，其在国内的身份之高可谓与众不同，按理不能以与国内其他人的共同名义遣使向中国皇帝献生口。通览中国历代史书，凡述及倭国遣使朝贡，皆仅举倭王一人之名为代表，称使者为倭王一人所遣，决无称倭王与国内其他的人共同遣使之例，足可为证。因此，经过反复推敲，我确信《后汉书·东夷传》等史籍所记"帅升等"（或"师升等"）三字为倭国王一人之名，而不可理解为"帅升"（或"师升"）等人。

陈寿《三国志·魏书·东夷传》记"景初二年（应为三年之误）六月，倭女王（卑弥呼）遣大夫难升米等诣郡，求诣天子朝献"，"（正始）四年，倭王（卑弥呼）复遣使大夫伊声耆、掖邪狗等八人上献生口"，"（正始八年）壹与（应以系'台与'之误的可能性为大）遣倭大夫率善中郎将掖邪狗等二十人……献上男女生口三十人"，其中多有"难升米等"、"伊声耆等"、"掖邪狗等"的用语，但绝无"卑弥呼等"、"台与等"的用语。这是因为卑弥呼、台与是倭王，其他的人不能与之相提并论，故称为"大夫"的使者是以卑弥呼或台与一人的名义所遣，生口之类亦是以卑弥呼或台与一人的名义所献，可谓无可置疑。

如《三国志·魏书·东夷传》所记述，正始八年（公元247年）台与为年仅13岁的初立的女王，就倭国国内的政治组织体制而言，其统治无疑须依靠众多臣僚的辅佐。但是，陈寿在《三国志·魏书·东夷传》中按中国朝廷的外交上的名分规制和中国史书记事的立场通例，十分明确地称使者掖邪狗等20人为女王台与一人所遣。要之，《三国志·魏书·东夷传》的上述记载，为我主张《后汉书·东夷传》所记"帅升等"三字是倭国王之名的看法提供了可靠的旁证。

根据《后汉书·东夷传》的记载，倭国王"帅升等"大约在位于公元1世纪晚期至2世纪初期，是中国史书中有名可查的最初的倭人。因此，考明其名为"帅升等"而非"帅升"，不能视为无关紧要的琐屑之谈。就日本方面的古代史籍而言，《日本书纪》记6世纪后期敏达天皇（公元572—585年）时有名为"司马达等"者号称"鞍部村主"，7世纪后期持统天皇（公元690—697年）时有官僚名曰"藤原不比等"者在以后的元明天皇（公元707—717年）朝任"右大臣"之要职①。《日本书纪》又记大约早在公元3世纪以前的垂仁天皇之时，有名为"都怒我阿罗斯等"的意富加罗国（任那国）王子前来归化②。以上三人之名皆以"等"字结尾，或亦稍可为我的考证作附注。

最后，应该说明，中华书局新近出版的校点本《通典》（王文锦编）在有关部分的注释中谓"北宋本、明抄本、明刻本作'倭面土国王师升献生口'"，"师升"之下无"等"字③。但是，如我在本文第一节和第五节所述，日本宫内厅所藏北宋刊本《通典》和东京大学所藏方献夫本、李元阳本等明刊本《通典》分别作"倭面土国王师升等献生口"和"倭国王师升等献生口"，西岛定生先生在其《倭面土国出典考》的论文中又指出明嘉靖无刊记本《通典》作"倭面土地王师升等献生口"，"师升"之下皆有"等"字。因此，中华校点本《通典》的上述注释是否正确，不无

---

① 《日本書紀》，《国史大系》，吉川弘文馆1982年版，后篇卷第廿第112页，卷第卅第427页。
② 《日本書紀》，《国史大系》，吉川弘文馆1982年版，前篇卷第六，第176页。
③ 王文锦：《通典》，中华书局点校本1988年版，第五册第5005—5006页，注69。

疑问。除"师升等"未必作"师升"以外，西岛先生还就明刊本《通典》是否作"倭面土国"的问题对中华校点本的注释提出质疑①。因为，据西岛先生所知，在诸本《通典》之中，唯独北宋刊本的《通典》所记作"倭面土国"。

八

如我在本文第二节中所述，近代以来，经日本学者研究，《后汉书·光武帝纪》和《后汉书·东夷传》所记汉光武帝建武中元二年（公元57年）遣使奉贡的"倭奴国"是指倭地使译所通三十国中的"奴国"，其地理位置在今日本九州北部福冈县境内。所谓"倭奴国"，实际上是指倭之奴国，而奴国王只是倭地三十国中的一国之王。那么，《后汉书·东夷传》所记汉安帝永初元年（公元107年）献"生口"百六十人的"倭国王帅升等"又是倭地三十国中的何国之王呢？

日本学者根据北宋刊本《通典》中的所谓"倭面土国王师升等"的记载，主张"师升（等）"是"面土国"之王，而"面土国"则是倭地三十国中的一国。但是，我在本文各节的考证中否定了所谓"面土国"的存在，并主张帅升等应如《后汉书》所记，是"倭国王"而不是"倭面土国王"。那么，《后汉书》所称的"倭国王"究竟是全倭之王，还是倭地三十国中的某一国之王呢？关于这一问题，必须从《后汉书·东夷传》和《三国志·魏书·东夷传》两方面的记载加以考察。兹举有关的记载如下：

（A）《后汉书·东夷传》："倭在韩东南大海中，依山岛为居，凡百余国。自武帝灭朝鲜，使驿（译）通于汉者三十许国，国皆称王，世世传统，其大倭王居邪马台国。"

（B）《后汉书·东夷传》："桓灵间，倭国大乱，更相攻伐，历年无主，有一女子名曰卑弥呼……于是共立为王。"

（C）《三国志·魏书·东夷传》："其国本亦以男子为王，住七八十年，倭国乱，相攻伐历年，乃共立一女子为王，名曰卑弥呼。"

---

① 西岛定生：《倭面土国出典考》，《就实女子大学史学論集》，1990年12月版，第77、80页。

（D）《三国志·魏书·东夷传》："（南至）邪马台国，女王之所都。"

我在经过反复对比、考核之后，得出各项结论如下：根据（A）《后汉·东夷传》的记载，倭地除三十国中的各国之王以外，还有一个"大倭王"居于邪马台国，他是全倭之王，同时又是三十国之一的邪马台国之王。根据（B）《后汉书·东夷传》、（C）《三国志·魏书·东夷传》、（D）《三国志·魏书·东夷传》的记载，经历汉桓帝（公元147—167年）和灵帝（公元168—189年）期间的大乱之后被共立为王的卑弥呼女王是全倭之王，同时也是邪马台国之王。根据（C）《三国志·魏书·东夷传》的记载，在倭国大乱之前约七、八十年，邪马台国的男王是全倭之王。

如前面多次说过，倭国王帅升等遣使向汉安帝献"生口"在永初元年（公元107年），而倭国大乱的年代则在2世纪60年代至80年代的所谓"桓灵间"。十分清楚，倭国王帅升等在位于倭国大乱之前约七、八十年。因此，根据（C）《三国志·魏书·东夷传》的记载，我认为帅升等是邪马台国的男王，同时也是全倭之王，故在《后汉书·东夷传》中被称为"倭国王"。要之，2世纪初年的倭国王帅升等与2世纪晚期被共立为倭王的卑弥呼一样，两者都是（A）《后汉书·东夷传》记载中所称居于邪马台国的"大倭王"①。

近年来，西岛定生先生一反通说，主张女王卑弥呼是倭王，邪马台国虽为女王卑弥呼之所都，但卑弥呼不是邪马台国之王②。但是，我认为，《三国志·魏书·东夷传》中多处所说的"女王国"显然是指邪马台国，故女王卑弥呼是倭王，同时也是邪马台国之王。如若女王卑弥呼不是邪马台国之王，则邪马台国就不能称为"女王国"，这是合乎常理的。

按照我的考证，邪马台国的地理位置在日本本州的畿内地区③。我认为，当公元1世纪中叶之时，倭地三十国中要以九州北部的奴国最为强盛，故奴国王能于汉光武帝建武中元二年（公元57年）率先遣使到洛阳，

---

① 王仲殊：《邪馬台国の男王"帥升等"について》，《東アジアの古代史をどう考えるか》，星云社1993年版，第207页。
② 西岛定生：《"倭国"の形成時期について—〈魏志〉倭人伝の再検討》，《大和政権への道》，日本放送教育协会1991年版，第17—24页。
③ 王仲殊：《中国からみた古代日本》，学生社1992年版，第27—32页。

向中国朝贡。中国方面知悉奴国只是倭地诸国中的一国，故《后汉书》称其为"倭奴国王"（倭的奴国之王）而不称其为"倭国王"，这已为福冈市志贺岛出土的"汉委奴国王"金印所证实。在此之后，经过大约半个世纪的时间，位于本州畿内地区的邪马台国势力大增，其男王帅升等乃继奴国王之后，于汉安帝永初元年（公元107年）遣使到洛阳，向中国朝贡。中国方面认为邪马台国的势力在倭地诸国中居首位，对其他诸国有一定的控制权，故《后汉书》称其为"倭国王"，而"倭国王"实指全倭之王。

（原载《北京大学学报》1994年第4期）

日本三角缘神兽镜综论

日本出土的所谓"舶载"的三角缘神兽镜①被认为是中国三国时代的魏镜，主要是因为有些镜上有"铜出徐州，师出洛阳"的铭文②。特别是由于个别镜上有"景初三年"和"正始元年"的纪年③，它们更被确认为中国魏朝皇帝赠送给日本邪马台国女王卑弥呼的礼物。三角缘神兽镜的

---

① 日本的三角缘神兽镜，分"仿制镜"和"舶载镜"两大类。前者是模仿中国镜而作的倭镜，一般称"仿制三角缘神兽镜"。后者被认为是中国镜，是从中国输入的，为了区别于前者，往往称为"舶载的三角缘神兽镜"。通常所说的三角缘神兽镜，不加"仿制"二字，主要是指后者而言的。其实，三角缘神兽镜是中国三国时代东渡的吴的工匠在日本所作，所以不是什么"舶载镜"。见王仲殊《关于日本三角缘神兽镜的问题》，《考古》1981 年第 4 期。

② 在迄今发现的 300 余枚三角缘神兽镜中，有"铜出徐州，师出洛阳"的铭文的，约有 10 枚，分别出土于日本奈良县佐味田宝塚古坟、京都府椿井大塚山古坟、冈山市车塚古坟、兵库县森尾古坟、滋贺县织部山古坟、大阪府国分茶臼山古坟等古坟。有的镜仅有上句"铜出徐州"，下句以"彫缕文章"代替"师出洛阳"，滋贺县富波山古坟出土镜则合并为"铜出徐州刻缕成"的 7 字句。日本学者认为徐州汉时称彭城，魏时改称徐州，刘宋永初三年复称彭城，又因汉代雒阳魏时改为洛阳，晋代避司马师讳而禁用"师"字，故判断有上述铭文的镜为中国的魏镜，并进而断定所有的三角缘神兽镜都是魏镜。见富冈谦藏《古镜の研究》第 307 页，1920 年版；小林行雄《古镜》第 49 页，学生社 1965 年版；田中琢《古镜》第 60 页（讲谈社 1979 年版）。应该指出，彭城县（其治所在今江苏省徐州市）自秦代始置以来，至元代才废。就汉、魏而言，彭城县始终为彭城郡或彭城国（西汉地节元年改楚国为彭城郡，黄龙元年复为楚国，东汉章和二年改为彭城国，刘宋又改为彭城郡）的治所，并无改变。只是东汉徐州刺史部（辖东海郡、琅邪国、彭城国、广陵郡、下邳国）的治所在郯（今山东省郯城），魏时移治彭城，故称彭城为徐州而已。东晋初失淮北地，徐州治所南移。后得淮北，乃于义熙七年分淮北为北徐州，治所仍在彭城。刘宋永初二年改北徐州为徐州，治所不变。总之，不能用镜铭中的"徐州"这一地名从时代上考证三角缘神兽镜为魏时所制作。

③ 有"景初三年"纪年铭的三角缘神兽镜仅岛根县神原神社古坟出土的 1 枚，铭文中的"景"字明确，但"初"字的写法与一般不同，故在日本学术界亦不无争议（见季刊《邪马台国》1982 年冬号第 16 页森浩一氏讲话）。有"正始元年"纪年铭的三角缘神兽镜共 3 枚，分别出土于群马县柴崎古坟、兵库县森尾古坟和山口县竹岛御家老屋敷古坟，铭文中的"始"字确实，但"正"字都是缺失或损坏不明的，所以不能最后断定其年号究竟是不是"正始"。

"魏镜说"，与《魏志·倭人传》的记载相结合①，有一定的说服力，曾在日本学术界占有很大的优势。

但是，中日两国考古调查发掘工作的继续开展，使我们面对着一个十分发人深思的事实：一方面，在日本，所谓"卑弥呼之镜"不断地从倭人的古坟中出土，其数量已达 300 余枚之多②，大大超过了魏帝诏书中所说的"铜镜百枚"之数。另一方面，在中国，不论是在魏的都城所在地的洛阳，还是在北方和南方的各地，虽然有大量的铜镜从古墓中被发掘出来，却始终不见哪怕是 1 枚三角缘神兽镜。这一鲜明的事实，与日俱增地使人感到三角缘神兽镜不是来自中国的舶载品，而是日本本地的产品。

在中国，自古以来，铜镜是古物爱好者的重要收藏对象之一。早在 12 世纪的北宋，金石学家们就开始将传世的古镜著录在有名的《宣和博古图》中③。到了 18 世纪的清代，《西清古鉴》④、《宁寿鉴古》⑤ 和《金索》⑥ 等金石学书籍又著录了许多古镜。进入 20 世纪以后，专为著录古镜的图录和书籍相继问世⑦，其中以《岩窟藏镜》收集最广，品类最多⑧。

---

① 日本学术界称《三国志·魏书·东夷传》中关于倭人的部分为《魏志·倭人传》。据此传记载，景初二年（据研究，二年应为三年之误，下同）日本邪马台国使者经带方郡到达魏都洛阳，正始元年魏朝方面由带方郡派官员随同邪马台国使者回访日本。魏帝于景初二年十二月颁发致该国女王卑弥呼的诏书，封她为"亲魏倭王"，并赠以许多礼物，其品类、数量都详见于诏书，其中包括"铜镜百枚"。

② 日本出土的所谓"舶载"的三角缘神兽镜，到现在为止，其总数或谓已有 370 余枚，或谓将近 400 枚。根据水野清一、小林行雄编《图解考古学辞典》（东京创元社 1959 年版）中樋口隆康执笔的"三角缘神獣镜"条，至少在 1959 年已超过 300 枚。

③ 《宣和博古图》成书于北宋宣和五年，旧题王黼撰，著录当时皇室在宣和殿所藏古代铜器共 20 类 839 件，其中铜镜 113 件。

④ 《西清古鉴》为梁诗正等所编，成书于清乾隆年间，著录清宫所藏古代铜器 1529 件，其中铜镜 93 件。又王杰等编《西清续鉴》，分甲乙两编，共著录铜器 1885 件，其中铜镜 200 件。

⑤ 《宁寿鉴古》成书于清乾隆年间，著录清宫所藏古代铜器 600 件，其中铜镜 101 件。

⑥ 《金石索》为冯云鹏、冯云鹓合撰，成书于清道光年间。其中《金索》著录古代铜器，包括铜镜 174 件，内有日本的铜镜（称为"和镜"）11 件。

⑦ 从 18 世纪后期以来，主要是本世纪的前期，我国著录并研究古代铜镜的书籍有钱坫《浣花拜石轩镜铭集录》（1779 年）、梁廷枏《藤花亭镜谱》（1845 年）、罗振玉《古镜图录》（1916 年）、陈介祺《簠斋藏镜》（1925 年）、徐乃昌《小檀欒室镜影》（1930 年）、刘体智《善斋藏镜》（1934 年），等等。

⑧ 梁上椿：《岩窟藏镜》分四集，第二集又分上、中、下三卷，1940 年至 1942 年出版。共著录先汉式镜 95 枚、汉式镜 298 枚、隋唐式镜 136 枚、宋金元明清镜 51 枚，又有先汉式镜、汉式镜、隋唐式镜补遗共 44 枚。

但是，在上述所有这些图书中，都不见有一枚三角缘神兽镜。1949年解放以后，30多年来，中国考古事业迅速发展，田野调查发掘工作广泛开展，各种古代文化遗物，包括各类铜镜在内，都有大量的新的发现，唯独三角缘神兽镜仍然一无所见。在《考古》、《文物》、《考古学报》等定期刊物和各种调查发掘报告书中，乃至在《洛阳出土古镜》①、《陕西省出土铜镜》②、《湖南出土铜镜图录》③、《浙江出土铜镜选集》④ 等图录中，都毫无三角缘神兽镜的影踪。我们到全国各地博物馆去参观，不仅在陈列柜中见不到三角缘神兽镜，而且在库房中也找不出这种铜镜。1981年我在《考古》杂志上发表了《关于日本三角缘神兽镜的问题》的文章⑤，附有三角缘神兽镜的清晰的图版，各地的博物馆工作者都看到了。但是，经过两年多的时间，至今仍然没有人能举出一枚三角缘神兽镜来。总之，事实说明，在中国全境之内，不论是在北方的黄河流域，还是在南方的长江流域，中国古代工匠从来没有铸造过三角缘神兽镜，所以没有遗物可寻。在这种情况下，怎么能说日本出土的300余枚三角缘神兽镜的原产地是在中国呢？

如所周知，从公元2世纪的东汉中期以降，特别是到了3世纪的三国时代，中国盛行神兽镜，镜的主要纹样是浮雕式的东王父、西王母等神像和龙、虎等兽形。但是，应该说明，中国的神兽镜都是平缘的。为了区别于日本的三角缘神兽镜，我在这里称它们为"平缘神兽镜"。在中国的平缘神兽镜中，包含着所谓"环状乳神兽镜"、"重列式神兽镜"、"对置式神兽镜"、"同向式神兽镜"、"求心式神兽镜"等种类；有的镜在外区靠近缘部处饰有一周所谓"画文带"，所以又称"画文带神兽镜"⑥。各种平缘神兽镜与三角缘神兽镜相比，除了缘部不同以外，在形制和纹饰的其他方面也有许多明显的区别，从而决不能混为一谈。但是，就镜的内区的神

---

① 洛阳市文物管理委员会：《洛阳出土古镜》，文物出版社1959年版。
② 陕西省文物管理委员会：《陕西省出土铜镜》，文物出版社1958年版。
③ 湖南省博物馆：《湖南出土铜镜图录》，文物出版社1960年版。
④ 王士伦：《浙江出土铜镜选集》，中国古典艺术出版社1958年版。
⑤ 王仲殊：《关于日本三角缘神兽镜的问题》，《考古》1981年第4期，第346—358页，图版拾壹。
⑥ 同上书，第349—350页，图版拾贰。

像和兽形而言，两者是颇为相似的。因此，可以说，日本的三角缘神兽镜主要是参照中国的各种平缘神兽镜而设计的。

但是，必须指出，从东汉中期以降，直到两晋南北朝，中国的各种平缘神兽镜始终是南方长江流域的产品，不是北方黄河流域的产品。就流行最盛的三国时代的各种平缘神兽镜而言，它们是长江流域的吴镜，不是黄河流域的魏镜①。这首先可以从镜的出土地点得到证明。各种平缘神兽镜的出土地点，如江苏省的南京②、江都③、丹阳④、句容⑤、镇江⑥、泰州⑦、无锡⑧、高淳⑨、丹徒⑩，浙江省的绍兴⑪、杭州⑫、余姚⑬、宁波⑭、奉化⑮、黄岩⑯、安吉⑰、

---

① 在中国古代史上，三国时代是从魏文帝曹丕即位的黄初元年（公元220年）开始的。这一年，也就是魏的开国之年。吴的开国之年在黄武元年（公元222年），当时孙权尚未称帝，但已自立年号。但是，从中国铜镜发展史来说，汉献帝建安元年（公元196年）出现了所谓"建安式重列神兽镜"，故可以此年为三国时代的开始。应该说明，这与历史事实并不违背。建安元年（公元196年）曹操挟献帝迁许，东汉名存实亡，而曹氏则已建立了事实上的政权。同样，当时孙策已在江南建立政权，建安二年（公元197年）受封为吴侯，实际上已初步成立了吴国。总之，本文所称的魏镜是指汉建安元年（公元196年）至魏咸熙二年（公元265年）的70年间在以黄河流域为主的北方地区所制的铜镜，本文所称的吴镜是指汉建安元年（公元196年）至吴天纪四年（公元280年）的85年间在江南地区所制的铜镜。

② a. 屠思华等：《南京郎家山六朝墓清理纪略》，《文物参考资料》1956年第4期。
b. 金琦：《南京甘家巷和童家山六朝墓》，《考古》1963年第6期。
c. 李蔚然：《南京南郊六朝墓葬清理》，《考古》1963年第6期。
d. 南京市文物管理委员会：《南京人台山东晋王兴之墓发掘报告》，《文物》1965年第6期。
e. 南京市博物馆：《南京象山5号、6号、7号墓清理简报》，《文物》1972年第11期。
f. 南波：《南京西岗晋墓》，《文物》1976年第3期。
g. 南京博物院：《南京市卫岗西晋墓清理简报》，《文物》1983年第10期。

③ 南京博物院等：《江苏省出土文物选集》，文物出版社1963年版，图版第124。
④ 镇江博物馆：《镇江东吴西晋墓》，《考古》1984年第6期。
⑤ 南波：《江苏句容西晋元康四年墓》，《考古》1976年第6期。
⑥ 镇江博物馆：《镇江东吴西晋墓》，《考古》1984年第6期。
⑦ 江苏省博物馆等：《江苏泰州新庄汉墓》，《考古》1962年10期。
⑧ 朱江：《无锡汉至六朝墓葬清理纪要》，《考古》1955年6期。
⑨ 镇江博物馆：《镇江东吴西晋墓》，《考古》1984年第6期。
⑩ 同上。
⑪ 王士伦等：《浙江绍兴漓渚考古简报》，《考古》1955年第5期。
⑫ 王士伦：《杭州铁佛寺清理了一座东汉墓葬》，《文物参考资料》1954年第6期。
⑬ 余姚出土的平缘神兽镜，现藏宁波市文物管理委员会。
⑭ 林华东等：《宁波慈溪发现西晋纪年墓》，《文物》1980年第10期。
⑮ 奉化出土的平缘神兽镜，现藏宁波市文物管理委员会。
⑯ 浙江省文物管理委员会：《黄岩秀岭水库古墓发掘报告》，《考古学报》1958年第1期。
⑰ 浙江省文物管理委员会：《浙江安吉三官乡的一座六朝初期墓》，《考古》1958年第6期。

淳安[1]、浦江[2]、兰溪[3]、武义[4]、东阳[5]、金华[6]、义乌[7]、永康[8]、衢州[9]、瑞安[10]，安徽省的和县[11]、芜湖[12]，江西省的南昌[13]，湖北省的鄂城[14]、宜昌[15]，湖南省的长沙[16]、浏阳[17]、常德[18]、衡阳[19]，福建省的松政[20]，广东省的韶关[21]、始兴[22]、广州[23]，广西壮族自治区的贵县[24]、梧州[25]、全

---

[1] 新安江水库考古队：《浙江淳安古墓发掘》，《考古》1959 年第 9 期。
[2] 浦江出土的平缘神兽镜，现藏浦江县文化馆。
[3] 兰溪出土的平缘神兽镜，现藏兰溪县文化馆。
[4] 武义县文物管理委员会：《从浙江省武义县墓葬出土物谈婺州窑早期青瓷》，《文物》1981 年第 2 期。
[5] 东阳出土的平缘神兽镜，现藏东阳县文化馆。
[6] 金华出土的平缘神兽镜，现藏金华地区文物管理委员会和金华市文物管理委员会。
[7] 义乌出土的平缘神兽镜，现藏义乌县文化馆。
[8] 永康出土的平缘神兽镜，现藏永康县文化馆。
[9] 衢州出土的平缘神兽镜，现藏衢州市文物管理委员会。
[10] 浙江省文物管理委员会：《浙江瑞安桐溪与芦蒲古墓清理》，《考古》1960 年第 10 期。
[11] 和县的平缘神兽镜，出土于西晋墓，由安徽省文物工作队发掘。
[12] 王步艺：《芜湖赭山古墓清理简报》，《文物参考资料》1956 年第 12 期。
[13] a. 江西省文物管理委员会：《江西南昌徐家坊六朝墓清理简报》，《考古》1965 年第 9 期。
b. 江西省博物馆：《江西南昌晋墓》，《考古》1974 年第 6 期。
c. 江西省历史博物馆：《江西南昌东吴高荣墓的发掘》，《考古》1980 年第 3 期。
d. 江西省博物馆：《江西南昌市郊的两座晋墓》，《考古》1981 年第 6 期。
e. 唐昌朴：《江西南昌东吴墓清理》，《考古》1983 年第 10 期。
[14] 湖北省鄂城县文化馆：《湖北鄂城收集两件历史文物》，《文物》1965 年第 10 期。鄂城县博物馆：《湖北鄂城四座吴墓清理记》，《考古》1982 年第 3 期。
[15] 卢德佩：《湖北宜昌发现一面神兽纹铜镜》，《文物》1982 年第 10 期。
[16] a. 湖南省博物馆：《湖南出土铜镜图录》图版第 85、附录图版第 15，文物出版社，1960 年。
b. 李正光：《湖南长沙砚瓦池古墓清理》，《考古》1957 年第 5 期。
[17] 高至喜：《浏阳姚家园清理晋墓两座》，《文物》1960 年第 4 期。
[18] 湖南省文物管理委员会：《湖南常德西郊古墓葬群清理小结》，《文物参考资料》1955 年第 5 期。
[19] 湖南省博物馆：《湖南衡阳道子坪东汉墓发掘简报》，《文物》1981 年第 12 期。
[20] 卢茂树：《福建松政县发现西晋墓》，《文物》1975 年第 4 期。
[21] 杨豪：《广东韶关市郊的晋墓》，《考古学集刊》第 1 集，1981 年。
[22] 广东省博物馆：《广东始兴晋—唐墓发掘报告》，《考古学集刊》第 2 集，1982 年。
[23] a. 麦英豪等：《广州西郊晋墓清理报导》，《文物参考资料》1955 年第 3 期。
b. 广州市文物管理委员会：《广州东郊东汉砖室墓清理纪略》，《文物参考资料》1955 年第 6 期。
c. 广州市文物管理委员会：《广州六朝砖室墓清理简报》，《考古》1956 年第 3 期。
d. 区泽：《广州西郊发现晋墓》，《考古》1957 年第 6 期。
e. 广州市文物管理委员会等：《广州汉墓》，文物出版社 1981 年版，图版第一七一（5）。
[24] 广西壮族自治区文物管理委员会：《广西出土文物》，文物出版社 1978 年版，图版第 147。
[25] 梧州市博物馆：《广西壮族自治区梧州市富民坊南朝墓》，《考古》1983 年第 9 期。

州等地①，都在当时吴的境内，完全足以说明它们是吴镜无疑②。过去，有些研究者受到上述《岩窟藏镜》的影响，以为在黄河流域也有许多神兽镜出土。其实，《岩窟藏镜》所记各种铜镜的出土地点是出于古董商的讹传，是不足为信的。三国时代各种平缘神兽镜之为吴镜，还可以从"黄武"、"黄龙"、"嘉禾"、"赤乌"、"建兴"、"五凤"、"太平"、"永安"、"甘露"、"宝鼎"、"凤凰"、"天纪"等纪年镜上的年号都属吴的年号得到证实。有些研究者不能充分认识这一点，主要是由于受到了多枚有"黄初"纪年铭的神兽镜的迷惑。其实，"黄初"虽是魏的年号，但"黄初"纪年镜却都是吴镜，这可以从镜上的铭辞和镜的出土地点得到确证③。魏文帝曹丕建立魏朝以后，割据江南的吴主孙权表示臣服，奉魏的年号，至黄初三年十月才抗魏而自立年号，改元"黄武"，但当时孙权尚未称帝，而且不久又与魏通好，至后年始绝④。这便是吴镜铭文中使用魏的"黄初"纪年的原因。泰始年间，晋武帝的军队占据了长江北岸的吴的许多领地。当时，吴的将领和官员颇有率众降晋的。因此，传世镜中有西晋"泰始"纪年铭平缘神兽镜⑤，这是不足为怪的。特别应该指出，"泰始十年"纪年铭平缘神兽镜有"吾造作吴刑（型）明镜"的铭文⑥，正无可争辩地说明

---

① 广西壮族自治区文物管理委员会：《广西出土文物》，文物出版社1978年版，图版第124。
② 以上所举各地出土的平缘神兽镜，绝大多数都是吴镜。少数的镜虽出土于所谓汉墓，但墓的年代实际上在汉末或三国时代。有的镜出土于晋墓，但镜的制作年代在吴时。有的镜为晋代所制，但仍属吴的故地的产品，故一并举出。
③ 传世的和发掘出土的黄初纪年铭神兽镜，迄今共有8枚。计传长沙出土的"黄初二年武昌元作明镜"1枚，鄂城发掘出土的"黄初二年十一月廿七日扬州会稽山阴师唐豫命作镜"2枚，传绍兴出土的"师卜德□合作明镜"2枚，传世的和鄂城发掘出土的"黄初四年五月十四日会稽师鲍作明镜"3枚。从镜的出土地点在长沙、鄂城、绍兴以及镜铭中的武昌、山阴、会稽等都为吴的地名看来，它们应全属吴镜无疑。见王仲殊：《关于日本三角缘神兽镜的问题》第350—351页（《考古》1981年第4期）。
④ 《吴书·吴主传》第1125、1126页，《三国志》（卷第四十七），中华书局，1959年。
⑤ 梅原末治：《漢三国六朝紀年鏡図説》，桑名文星堂1942年版，第101—105页，图版第五六—五九。
⑥ 据梅原末治氏释文，泰始十年纪年铭平缘神兽镜的铭文为："泰始十年正月九日壬寅，吾造作吴刑明竟清且明，服者得吉寿长生"。见梅原末治《漢三国六朝紀年鏡図説》第105页，图版第五九（1）（桑名文星堂1942年版）。从图版可以看出，"吴刑"二字十分清楚。"刑"即"型"，可确认无疑。日本滋贺县大岩山古坟出土三角缘神兽镜有"刑莫周□用青铜"的铭文，"刑莫"即"型模"，见梅原末治《近江国野州郡小篠原大岩山の一古墳調査報告》第28—29页，《考古学雜誌》十二卷一号，1921年。

了平缘神兽镜是吴镜。至于传世的"太康"纪年铭平缘神兽镜，则无疑是西晋灭吴以后在吴的故地所作；有的镜在铭文中有"扬州"字样①，有的镜在铭文中记明为"吴郡"所造②，便是确证。许多吴的平缘神兽镜，在铭文中记明镜的制作地是在山阴和武昌。前者是吴的会稽郡的治所，即今浙江省的绍兴；后者是吴的前期都城，即今湖北省的鄂城。会稽和武昌所产的平缘神兽镜，除了多有吴的纪年以外，有的还有"吴国孙王"③、"吴造明镜"④的铭文，突出地标明了吴的国号。至于魏的境内，以首都所在地的洛阳为例，虽然不能说绝对没有发现平缘神兽镜，但其为数之少，完全可以认为是从南方的吴地输入的。总之，在中国三国时代的魏的境内，不仅根本不存在三角缘神兽镜，而且连平缘神兽镜也不流行⑤。这就使得有些研究者所主张的三角缘神兽镜的"特铸说"也难以成立。

关于三角缘神兽镜的所谓"特铸说"，是说中国魏朝皇帝为了赠送日

---

① 太康三年纪年铭对置式神兽镜的铭文为："太康三年十二月八日□贺史为扬州平士，三公九卿十二大夫，宜吏人誉财千万，子孙富"。见梅原末治《漢三国六朝紀年鏡図説》，桑名文星堂1942年版，第111页，图版第六一（2）。

② 太康二年纪年铭对置式神兽镜的铭文为："太康二年三月八日，吴郡□清□造□之□，东王公西王母，□人豪贵，士患高迁，三公丞相九卿"。见梅原末治《漢三国六朝紀年鏡図説》桑名文星堂1942年版，第108页；樋口隆康：《古鏡》，新潮社1979年版，图版第九十九（199）。

③ 浙江省衢州市文物管理委员会藏有当地出土的重列式神兽镜1枚，直径15.5厘米。其铭文为："黄武五年，太岁在丙午，五月辛未朔七日，天下太平，吴国孙王治□□，太师鲍唐而作；吾作明竟，宜□□章，□□作□，□安吉祥，位至公美侯王，富禄寿当万年，而愿即得长"。

④ 湖北省鄂城涂镇出土画文带对置式神兽镜1枚，直径14.1厘米，现藏湖北省博物馆。其铭文为："吴造明镜，神圣设容，服者公卿。"

⑤ 黄河流域及华北地区发现的平缘神兽镜，除个别变形的以外，目前仅知有以下4枚：河南省洛阳东汉晚期墓出土的1枚，见中国科学院考古研究所《洛阳烧沟汉墓》（科学出版社1959年版）；洛阳西晋墓出土的1枚，见河南省文物工作队《洛阳晋墓的发掘》，《考古学报》1957年第1期；陕西省西安东汉晚期墓出土的1枚，见陕西省文物管理委员会《陕西省出土铜镜》（文物出版社1959年版）；北京市首都博物馆亦藏有1枚，据说系在北京市郊区发现，但出土情况不明。以上4枚平缘神兽镜，全属所谓"环状乳神兽镜"。
安徽省寿县东汉晚期墓出土1枚画文带同向式神兽镜（见安徽省文物工作队《安徽寿县茶菴马家古堆东汉墓》，《考古》1966年第3期），但寿县在淮河南岸，基本上已属中国的南方。安徽省合肥和湖北省随县，地当三国时代魏吴交界处，两地魏晋墓出土的"画文带环状乳神兽镜"更可能是吴的产品（见安徽省博物馆《安徽合肥古砖墓清理简报》，《考古通讯》1957年第1期；湖北省文管会《湖北随县唐镇汉魏墓清理》，《考古》1966年第2期）。

本邪马台国女王，特地铸造了许多三角缘神兽镜，以为礼物①。中国有没有必要为外国特铸铜镜？魏的皇帝不为别的外国君主特铸铜镜，为什么偏偏要为卑弥呼特铸铜镜？日本的古坟至今仍有许多未经发掘，如果全部加以发掘，出土的三角缘神兽镜必然还会增加得更多，那么，魏朝方面有没有可能在相当短的时间内特铸数百千枚甚至更多的铜镜？以上种种问题，这里都暂且不论。但是，不管怎么说，纵使是特铸，也不能没有样本。中国工匠从来没有在中国铸造过三角缘神兽镜，又怎能突然凭空设计，大量铸造呢？如果说，中国的各种平缘神兽镜勉强可以当作特铸的样本，那么，遗憾得很，如我在前面所说，它们都是吴镜，不是魏镜。我们不能设想，魏朝的工官会以吴镜为样本来为邪马台国特铸铜镜。

除了上述的各种平缘神兽镜以外，在中国三国时代的铜镜中，与日本的三角缘神兽镜有相似之处的，还有各种画像镜。画像镜盛行于东汉的中后期，三国时代继续流行。值得注意的是，从画像镜的出土地点如绍兴②、

---

① 1982年9月12日在日本大阪国民会馆为纪念大阪文物中心设立10周年而举行的学术讨论会上，日本学者小林行雄氏提出了最新的"特铸说"，其要旨如下：为了赠送邪马台国女王，魏朝的实权人物司马懿实行铜镜的制作。因为是皇帝的赐品，所以下令新铸百枚直径都为一尺的大镜，即三角缘神兽镜。要新铸百枚铜镜，首先必须新制百枚镜范。由于制作量大，时间又紧迫，所以除少数熟练工人以外，还不得不起用不熟练的徒工也参加工作。即使是熟练工人，过去也只制造过六寸、八寸的镜。要制造一尺的大镜，首先要把小镜的图纹放大。于是，就采取了特别的方法。这种方法的要点是，在镜背上划出十字交叉的分割线，并在分割线上配置"乳"。这样一来，因为有了基准，所以在摹绘并放大图纹时就容易得多了。虽然采用了以上的新方法，但由于制造量太大，时间还是来不及，所以更采取了铸造同范镜这一最后的解决办法。详见小林行雄《倭人伝と三角緣神獸鏡》第18—20页，《邪馬台國の谜を解く》，中岛弘文堂印刷所1982年版。

其实，如所周知，各个时代制作同范镜是常有的事，并不限于三角缘神兽镜。从战国时代说起，长沙仰天湖楚墓出土的"山字纹镜"与前苏联阿尔泰山西麓出土的"山字纹镜"及日本京都大学所藏的"山字纹镜"属同范镜；贵县罗泊湾、西安十里铺西汉初年墓出土的"山字纹镜"与日本出光美术馆所藏的"山字纹镜"属同范镜；长沙桂花园、月亮山、沙胡桥及常德德山、安徽寿县等地出土的"羽状兽纹地叶纹镜"共8枚亦都属同范镜（见樋口隆康《古鏡》第49—54页，新潮社，1979年）。就三国时代的吴镜而言，"黄初二年十一月廿七日"平缘神兽镜2枚属同范镜，"黄初三年"平缘神兽镜2枚属同范镜，"黄初四年五月十四日"平缘神兽镜3枚亦很可能属同范镜（见王仲殊《关于日本三角缘神兽镜的问题》，《考古》1981年第4期）。就唐代而言，西安唐独孤思贞墓出土镜与日本高松塚古坟出土镜等共6枚海兽葡萄镜都属同范镜（见日本橿原考古学研究所：《考古学論考》第八册，1982年12月）。以上所举许多同范镜的制作，显然不是由于造镜时间紧迫的关系。

② 王士伦：《浙江出土铜镜选集》，中国古典艺术出版社1958年版，图第9—25。

杭州①、宁波②、金华③、衢州④、南京⑤、扬州⑥、鄂城⑦、长沙⑧等地都在长江中下游的吴的境内看来，它们与平缘神兽镜一样，主要也是吴镜。特别是属于当时会稽郡境内的浙江省绍兴等地出土的许多画像镜，缘部断面呈三角形，可称为三角缘画像镜⑨。这种三角缘画像镜，形体大，外区饰两周锯齿纹带夹一周复线波纹带，与日本的三角缘神兽镜颇为相似。在镜的内区，多有车马的形象，"东王父"、"西王母"等神像近旁有时有榜题，这与日本有些古坟中出土的三角缘神兽镜也是相似的⑩。这就是说，日本的三角缘神兽镜主要是参照中国的平缘神兽镜而制作，同时也是参照中国的三角缘画像镜而制作的。由于中国的平缘神兽镜和三角缘画像镜都是吴镜，我们可以明确地说，日本的三角缘神兽镜与中国的吴镜有关联，特别是与长江下游会稽郡的吴镜有密切的关联。

　　如所周知，日本奈良县新山古坟、京都府椿井大塚山古坟、京都市百百池古坟、群马县赤城塚古坟等不少古坟出土的三角缘神兽镜，用佛像

---

① 王士伦：《浙江出土铜镜选集》中国古典艺术出版社1958年版，图第26，分图说明第4页。
② 宁波出土的画像镜，现藏宁波市文物管理委员会。
③ 金华出土的画像镜，现藏金华地区文物管理委员会和金华市文物管理委员会。
④ 衢州出土的画像镜，现藏衢州市文物管理委员会。
⑤ a. 葛家瑾：《南京栖霞山及其附近汉墓清理简报》，《考古》1959年第1期。
b. 南波：《南京西崗西晋墓》，《文物》1976年第3期。
⑥ 蒋缵初：《扬州地区出土的铜镜》，《文物参考资料》1957年第8期。
⑦ 鄂城出土的画像镜，现藏湖北省博物馆。
⑧ 湖南省博物馆：《湖南出土铜镜图录》，文物出版社1960年版，附录图版第12、13。
⑨ 浙江省绍兴等地出土的三角缘画像镜，见王士伦《浙江出土铜镜选集》图第9、10、12、13、16、17（文物出版社1958年版）；梅原末治《紹興古鏡聚英》第图8—11、13、22、49（桑名文星堂1939年版）。
⑩ 有"东王父"、"西王母"等榜题的三角缘神兽镜，有京都府椿井大塚山古坟出土镜、奈良县新山古坟出土镜、静冈县松林山古坟出土镜等。见梅原末治《椿井大塚山古墳》图版第十三（京都府教育委员会1964年版），梅原末治《佐味田及新山古墳研究》图版第二十九（名著出版1931年版）；后藤守一等《静岡縣磐田郡松林山古墳發掘調査報告》图版第十四（静岡県磐田郡御厨村郷土教育研究会1939年版）。
　　有车马图纹的三角缘神兽镜，有冈山县车冢古坟、山梨县铫子塚古坟、群马县三本木古坟、奈良县佐味田宝塚古坟、滋贺县大岩山古坟及福冈市藤崎遗迹6号方形周沟墓的出土镜等。见小林行雄《三角緣神獸鏡の研究》第99、151、155页，图第一、图第二（《京都大学文学部研究纪要（第十三）》，1971年版）；西田守夫《三角緣神獸鏡の形式系譜緒説》第205、206页（《東京国立博物館纪要（六）》，1971年版）；福冈市教育委员会《藤崎遗迹》第40、41页，卷头图版第一（1982年版）。

或类似佛像的神仙像作镜的图纹，因而被称为"三角缘佛兽镜"①。必须指出，三角缘佛兽镜在总的形制和纹饰上是与一般的三角缘神兽镜相同的，所不同的仅仅在于用佛像或类似佛像的神仙像代替"东王父"、"西王母"之类的神仙像。因此，可以确认，三角缘佛兽镜是三角缘神兽镜的一种②。那么，在中国，用佛像作器物的装饰，特别是用佛像作铜镜的图纹，其情形又是如何呢？考古调查发掘工作证明，在三国时代的魏的境内，不存在用佛像作图纹的任何铜镜，也不存在用佛像作装饰的其他任何器物。与此相反，在当时吴的境内，不仅陶瓷器③和铜带具④等器物有用佛像作装饰的，而且在铜镜上也流行用佛像作图纹。在吴的前期都城所在地的湖北省鄂城⑤、长沙郡境内的湖南省长沙⑥和会稽郡境内的浙

---

① 据目前所知，在日本的三角缘神兽镜中，可以称为"三角缘佛兽镜"的，共有8枚：奈良县新山古坟出土镜1枚，京都府椿井大塚山古坟出土镜1枚，同府寺户大塚古坟出土镜1枚，同府园部垣内古坟出土镜1枚，京都市百百池古坟出土镜2枚，冈山市天神山一号坟出土镜1枚，群马县赤城塚古坟出土镜1枚。见樋口隆康《古镜》图版第一〇四（227）、第一二三（245）（246）、第一三四（267）（新潮社1979版）；后藤守一《漢式鏡》图第二百三，（雄山阁1926年版）；西田守夫《黄初四年半圆方形带神獣鏡と圆光背のある三角缘神獣鏡》第26页，（《東京国立博物館美術誌》1966年12月号）；西田守夫：《鉛同位体比による漢式鏡研究への期待と雑感》第17页，（《東京国立博物館美術誌》1982年1月号）。

② 王仲殊：《关于日本的三角缘佛兽镜》第630页，《考古》1982年第6期。

③ 吴的陶瓷器饰有佛像的，首推当时在长江中下游地区流行的"谷仓罐"，它们在江苏省的南京、江宁、吴县和浙江省的绍兴、萧山、武义等地的吴和西晋墓中多有发现。见《中华人民共和国南京博物院展》图第50、总说第120页（南京博物院、名古屋博物院1981年版）；金华地区文物管理委员会《浙江武义陶器厂三国墓》第378页，图第5（《考古》1981年第4期）；金琦《南京甘家巷和童家山六朝墓》第304页，图版第三（2）（《考古》1963年第6期）；吴县文管会《江苏吴县狮子山四号晋墓》第708页，图版第捌（1）（《考古》1983年第8期）。此外，在浙江省绍兴等地发现的青瓷器皿上，也有用佛像作装饰的，见小山富士夫《古越磁について》第224页，图第162，（《世界陶瓷全集》第八卷，1955年版）。

④ 饰有佛像的铜带具发现于湖北省武昌莲溪寺的吴墓。见湖北省文物管理委员会《武昌莲溪寺东吴墓清理简报》（《考古》1959年第4期），程欣人《我国现存古代佛教最早的一尊造像》（《现代佛学》1964年第2期）。

⑤ 湖北省鄂城发掘的吴墓中，出土了数枚"佛像夔凤镜"，其中1枚已发表，其形制、花纹与日本东京国立博物馆所藏的佛像夔凤镜相似，见后藤守一《古镜聚英》上篇，图版第三十六、5（大塚巧艺社1942年版）；王仲殊《关于日本的三角缘佛兽镜》（《考古》1982年第6期）。

⑥ 在长沙西晋墓中发现的1枚佛像夔凤镜，其制作年代可上溯到吴。此镜形制、花纹亦与日本东京国立博物馆所藏的1枚相似，见刘廉银《湖南省长沙左家塘西晋墓》（《考古》1963年第2期）。

江省武义等地①，发现了许多用佛像作图纹的所谓"佛像夔凤镜"，也发现了用佛像作图纹的平缘"画文带佛兽镜"②，它们的年代都在 3 世纪中期，是确实无疑的吴镜。这就更进一步证实了包括三角缘佛兽镜在内的三角缘神兽镜决不是魏镜，同时也更进一步证实了它们与吴镜有十分密切的关联。

三角缘神兽镜不是中国的魏镜，也不是中国的吴镜，那么，它们与吴镜之间的密切关联又意味着什么呢？明确地说，这意味着它们是中国的吴的工匠东渡日本，在日本制作的。大阪府国分茶臼山古坟出土的三角缘神兽镜的铭文说："吾作明镜真大好，浮游天下敖四海，用青铜至海东"③。滋贺县大岩山古坟出土的三角缘神兽镜的铭文说："镜陈氏作甚大工，型模彫刻用青铜，君宜高官至海东"④。中国古代的所谓"海东"，一般是指朝鲜半岛，但也可以指日本。三角缘神兽镜在日本大量出土，在朝鲜半岛却一无所见，所以上述镜铭中的"海东"显然是指日本。在中国发现的大量的平缘神兽镜和其他各类铜镜上，虽然多有详细的铭文，但始终不见有"至海东"之句。这就足以证明"至海东"的镜铭是说东渡的中国工匠在日本制作三角缘神兽镜。

在中国《三国志》等史书里，有着 3 世纪时日本与中国的吴交往的记载。《三国志·孙权传》说："（黄龙二年）春正月，遣将军卫温、诸葛直将甲士万人浮海求夷洲及亶洲。亶洲在海中，长老传言秦始皇遣方士徐福将童男童女数千人入海，求蓬莱神山及仙药，止此洲不还，世相承有数万家。其上人民，时有至会稽货市。会稽东冶县人海行，亦有遭风流移至亶洲者"。据考证，亶洲是当时日本列岛的一部分⑤。日本各地出土的许多吴

---

① 在浙江省武义的吴墓中，发现了 1 枚佛像夔凤镜，见武义县文管会《从浙江省武义县墓葬出土物谈婺州窑早期青瓷》第 52 页，图第一（《文物》1981 年第 2 期）。此镜现藏武义县文化馆，经观察，其形制、花纹与美国波士顿美术馆所藏的 1 枚（见樋口隆康《古鏡》图版第 123，新潮社 1979 年版）相似。

② 在湖北省鄂城寒溪公路的吴墓中，发现了 1 枚画文带佛兽镜。见王仲殊《关于日本的三角缘佛兽镜》第 634 页，图版第拾贰 2、3（《考古》1982 年第 6 期）。

③ 后藤守一：《漢式鏡》第 493 页，雄山阁 1926 年版。

④ 梅原末治：《近江国野州郡小篠原大岩山の一古墳調査報告》第 28、29 页，《考古学雜誌》第十二卷一号，1921 年。

⑤ 据日本学者原田淑人氏等考证，亶洲即今日本九州南面的种子岛，见原田淑人《魏志倭人伝から見た古代日中貿易》（《東亞古文化説苑》，1973 年）。其实，亶洲为当时日本列岛的一部分，未必仅限于种子岛这一小岛。

镜，便是这一历史记载的物证。无待于言，山梨县鸟居原古坟出土的"赤乌元年"对置式神兽镜①和兵库县安仓古坟出土的"赤乌七年"对置式神兽镜②当然是中国的吴镜。应该指出，冈山市新庄庚申山古坟出土的对置式神兽镜③和神户市兵库区梦野町丸山古坟出土的重列式神兽镜④也显然是吴镜无疑。此外，经过与中国出土铜镜的仔细对照，我认为，京都府椿井大塚山古坟⑤和熊本县船山古坟⑥出土的画文带对置式神兽镜，京都府八幡市车塚古坟⑦、奈良县新山古坟⑧、熊本县宇土郡国越古坟⑨、静冈县清水市梅谷古坟⑩和香川县稜歌郡蛇塚古坟⑪出土的画文带环状乳神兽镜，以及熊本县船山古坟出土的神人车马画像镜⑫和大阪府茨木市出土的二神二兽画像镜等⑬，也应该是吴镜（图10，图11）。大量吴镜存在于日本各地的古代遗迹中，这正是亶洲人民渡海到吴的会稽郡进行贸易的结果。既然亶洲人民可以西渡到吴的会稽郡去，那么，包括铸镜工匠在内的会稽郡的吴人自然也可以东渡到日本来。事实上，如上所述，据《三国志》等文献记载，东冶等地的吴人就有到达亶洲的，不管他们是"遭风流移"，还是蓄意东渡。

3世纪时，孙权在江南立国，先是建都于武昌（今湖北省鄂城），

---

① 赤乌元年五月廿五日纪年铭对置式神兽镜，1896年出土于日本山梨县鸟居原古坟。见后藤守一《赤乌元年镜發見の古墳》（《考古学雑誌》第十四卷第六号，1923年）；梅原末治《漢三國六朝紀年鏡図説》第66页，图版第三十五（2）（桑名文星堂1942年版）。

② 赤乌七年对置式神兽镜，1936年出土于日本兵库县安仓古坟。已残破，"赤"字缺失。见梅原末治《漢三國六朝紀年鏡図説》第68页，图版第三十六（桑名文星堂1942年版）。

③ 冈山市新庄上庚申山出土的对置式神兽镜，原载《吉備考古》八十五集。本文图版所用的照片为田边昭三氏转请该镜收藏者玉井义郎氏所提供（葛原克人氏攝影），谨志谢意。

④ 神户市兵库区梦野町丸山古坟出土的重列式神兽镜，原载《兵庫縣文化財調查報告（Ⅱ）》，见樋口隆康《古鏡》新潮社1979年版，第223、225页，图第101。

⑤ 樋口隆康：新潮社1979年版，《古鏡》图版第一〇〇（201）。

⑥ 樋口隆康：新潮社1979年版，《古鏡》图版第一〇〇（202）。

⑦ 后藤守一：《古鏡聚英》上篇，大塚巧艺社1942年版，图版第四十五（4）。

⑧ 后藤守一：《古鏡聚英》上篇，大塚巧艺社1942年版，图版第四十五（2）、（7）。

⑨ 樋口隆康：《古鏡》，新潮社1979年版，第218页，图第97。

⑩ 后藤守一：《古鏡聚英》上篇，大塚巧艺社1942年版，图版第四十五（5）。

⑪ 樋口隆康：《古鏡》，新潮社1979年版，图版第八十五（172）。

⑫ 后藤守一：《古鏡聚英》上篇，大塚巧艺社1942年版，图版第七十三（5）。

⑬ 樋口隆康：《古鏡》，新潮社1979年版，图版第五十九（117）。

1. 赤乌元年对置式神兽镜(山梨县鸟居原古坟)
2. 赤乌七年对置式神兽镜(兵库县安仓古坟) 
3. 对置式神兽镜(冈山市新庄庚申山古坟) 
4. 重列式神兽镜(神户市兵库区梦野町丸山古坟) 
5. 画文带对置式神兽镜(京都府椿井大塚山古坟) 
6. 画文带对置式神兽镜(熊本县船山古坟) 

图 10　日本出土的中国的吴镜（一）

1. 画文带环状乳神兽镜(京都府八幡市车塚古坟) 　　2. 画文带环状乳神兽镜(奈良县新山古坟)

3. 画文带环状乳神兽镜(静冈县清水市梅谷古坟) 　　4. 画文带环状乳神兽镜(香川县绫歌郡蛇塚古坟)

5. 神人车马画像镜(熊本县船山古坟) 　　6. 二神二兽画像镜(大阪府茨木市)

图11　日本出土的中国的吴镜（二）

以后则定都于建业（今江苏省南京），国号为"吴"。4世纪以降，东晋和南朝继吴之后在江南建立政权，以建康（即吴时的建业）为都城，5世纪时与日本有正式的外交关系①。《古事记》和《日本书纪》称东晋和南朝为"吴国"，称其人民为"吴人"，溯其渊源，无疑在于3世纪时的孙吴。《记》、《纪》所载来自东晋、南朝的人员和物件如"吴织"、"吴衣缝"、"吴服"、"吴床"等都无不冠以"吴"字，甚至东渡的"吴人"在日本的定居地亦称为"吴原"，正说明了3世纪时日本与孙吴的民间交往的密切②。没有3世纪时日本与孙吴的密切交往，在日本的古文献中是不会有这许多"吴"字的，不管日本方面对"吴"字的训读是怎样③。

东渡的吴的工匠在日本作镜，必须遵守自己的工艺传统。但是，由于地移境迁，他们所作的三角缘神兽镜和中国的吴镜比较起来，又不免有新

---

① 据《晋书·安帝纪》、《宋书·夷蛮传》和《南史·东夷传》记载，自晋安帝义熙九年（公元413）至宋顺帝昇明二年（公元478），赞、珍、济、兴、武等倭五王先后约十次遣使中国，来到东晋和宋的首都建康，宋朝多次授倭王以封号和官职。据《南齐书·蛮夷传》和《梁书·武帝纪》等记载，齐高帝建元元年（公元479）和梁武帝天监元年（公元502），中国方面又曾授倭王武以封号和官职。中国史书所记的倭五王各相当于日本史书中的何代天皇，诸说不一。但倭王武之为雄略天皇，似已近于定论。见田边昭三《卑弥呼以後》第151页（德间书店1982年版）。

② 《古事记》（应神段）："（百济国）又贡上手人韩锻，名卓素，亦吴服西素二人也"。《古事记》（雄略段）："此时吴人参渡来，其吴人安置于吴原，故号其地谓吴原也"；"于其处（吉野）立大御吴床，而坐其御吴床，弹御琴"。
《日本书纪》（应神天皇卅七年春二月）："由是得通吴。吴王于是与工女兄媛、弟媛、吴织、穴织四妇女"。《日本书纪》（应神天皇四十一年春二月）："是月，阿知使主等自吴至筑紫。时胸形大神乞工女等，故以兄媛奉于胸形大神，是则今在筑紫国御使君之祖也。既而率其三妇女，以至津国，及于武库，而天皇崩之不及，即献于大鹪鹩尊。是女人之後，今吴衣缝、蚊屋衣缝是也"。
《日本书纪》（雄略天皇十四年春正月）："身狭村主青等共吴国使，将吴所献手末才伎汉织、吴织及衣缝兄媛、弟媛等泊于住吉津。是月，为吴客道，通磯齿津路，名吴坂。三月，命臣连迎吴使。即安置吴人于桧隈野，因名吴原。以衣缝兄媛奉大三轮神，以弟媛为汉衣缝部也。汉织、吴织、衣缝，是飞鸟衣缝部、伊势衣缝之先也"。
见岸俊男《古代日本人の中國觀》第319—321页（《角田文衛博士古稀記念古代学叢論》，1983年版）。

③ 日本将"吴"字训读为"Kure"，与"暮"字的读法相同。一般认为这是由于中国吴地在日本之西，日本人以为是太阳没落处之故。见喜田贞吉《吴をクレといふ事》第218页（《読史百話》，1912年版）。

的变化①。在中国，神兽镜和画像镜虽然同属吴镜，但两者各自成一种类，泾渭分明，不相混淆。但是，工匠们在日本制作三角缘神兽镜，却将神兽镜和画像镜结合起来。三角缘神兽镜主要是采取平缘神兽镜的内区和三角缘画像镜的外区，可以说是合两者于一体，这在中国国内是没有类例的。与中国的各种平缘神兽镜相比，三角缘神兽镜的特点还表现在镜的形体庞大。镜的缘部虽仿自中国的三角缘画像镜，但显得又高又尖，十分醒目。有些镜在镜面上配置许多乳状突起，其特点也是又高又尖，使人有异样之感②。尤其是普遍存在的"笠松形"纹样，虽说是由中国个别画像镜上所见的茙演变而来，但有其独特的样式，为任何中国镜上所不见③。凡此种种，说明了三角缘神兽镜虽为中国吴的工匠所作，具有吴镜的风格，但就其具体的形制和纹饰而言，确实不同于中国的吴镜，更不同于魏镜和其他任何中国镜。

  前面已经说过，吴的工匠在国内制镜时，已经开始用佛像作镜的图纹。因此，在制作三角缘神兽镜时，有时也用佛像代替"东王父"和"西王母"之类的神仙像，这是不足为怪的。但是，东渡以后，工匠们置身于当时尚不知佛教为何物的异邦，因而在制作镜的图纹时，往往忘乎所以地将佛像与神仙像混淆起来，有时竟将神仙的冠戴误加在佛像的头上，或将佛的项光误加在神仙像的头上。这也说明了境地的变迁使得镜

---

  ① 在日本考古学上，"三角缘神兽镜"这一名词不是指所有缘部断面呈三角形的神兽镜，而是必须具备以下的各种条件：（1）多为直径超过20厘米的大型镜；（2）镜的外区饰两周锯齿纹带夹一周复线波纹带；（3）内区的外围有一周铭文带或花纹带，后者为兽纹带、唐草纹带、波纹带或半圆方枚带；（4）主纹区由四个或六个"乳"均称地分隔开，其间配置神像和兽形；（5）图纹的配置有求心式和同向式两种；（6）铭文带内的铭句有各种形式（略）。见樋口隆康《古鏡》第243—244页（新潮社1979年版）。

  ② 三角缘神兽镜除了在主纹区有4四个或6六个乳以外，有时在内区外围的铭文带或花纹带中又配置许多较小的"乳"。有些镜的"乳"甚多，其形状又高又尖，为一般中国镜所不见。例如，大阪府真名井古坟出土的"兽纹带三神三兽镜"即如此。见小林行雄《三角缘神獸鏡の研究》第168页，图第四十二（《京都大学文学部研究紀要（第十三）》1971年版）。

  ③ 三角缘神兽镜上往往有"笠松形"纹样，据研究，应是图案化的茙。在中国的铜镜中，仅个别传世的画像镜上有茙的纹样，它是写实的茙，与三角缘神兽镜上的"笠松形"大不相同。或以为传世的吴太平元年纪年铭平缘神兽镜（见梅原末治《鑑鏡の研究》第85—86页，图版第十四，大岡山书店1925年版）上有"笠松形"，其实不然。

的图纹也起了变化①。

那么，既然三角缘神兽镜为东渡的吴的工匠在日本所作，为什么有些镜上有"铜出徐州，师出洛阳"的铭文呢？如所周知，"铜出徐州，师出洛阳"的铭文之被作为"魏镜说"的主要依据，本来是由于"徐州"、"洛阳"的地名及"师"字的使用可以说明镜的制作年代不在汉代，也不在晋代，而是在三国时代②。但是，这与镜的产地问题无关。现在的问题是，徐州、洛阳都在中国三国时代的魏的境内，从而与东渡的吴的工匠在日本作镜之说似乎有矛盾。其实，这里并不存在什么矛盾。首先，就"铜出徐州"来说，"徐州"的地名有广义的和狭义的两种。广义的徐州是汉武帝以后全国十三刺史部之一，其辖境相当于今江苏省长江以北及山东省东南部的广大地区。东汉时，徐州的治所在郯（今山东省郯城），魏时移至彭城（今江苏省徐州）。狭义的徐州便是指它的治所彭城，即今江苏省徐州市。许多研究者将镜铭中的徐州看成是狭义的徐州。但是，不论是根据古代文献的记载，还是根据近代的实地考察，今徐州市及其附近自古不产铜③。有的研究者因徐州又名铜山，便深信其地产铜而不疑。其实，这只是一种误解。只要查阅一下中国的地方志，就可以知道，在徐州府设铜

---

① 王仲殊：《关于日本的三角缘佛兽镜》，《考古》1982年第6期，第637—638页。
② 在迄今发现的300余枚三角缘神兽镜中，有"铜出徐州，师出洛阳"的铭文的，约有10枚，分别出土于日本奈良县佐味田宝塚古坟、京都府椿井大塚山古坟、冈山市车塚古坟、兵库县森尾古坟、滋贺县织部山古坟、大阪府国分茶臼山古坟等古坟。有的镜仅有上句"铜出徐州"，下句以"彫镂文章"代替"师出洛阳"，滋贺县富波山古坟出土镜则合并为"铜出徐州刻镂成"的7字句。日本学者认为徐州汉时称彭城，魏时改称徐州，刘宋永初三年复称彭城，又因汉代雒阳魏时改为洛阳，晋代避司马师讳而禁用"师"字，故判断有上述铭文的镜为中国的魏镜，并进而断定所有的三角缘神兽镜都是魏镜。见富冈谦藏《古镜の研究》第307页，1920年；小林行雄《古镜》第49页（学生社1965年版）；田中琢《古镜》第60页（讲谈社1979年版）。应该指出，彭城县（其治所在今江苏省徐州市）自秦代始置以来，至元代才废。就汉、魏而言，彭城县始终为彭城郡或彭城国（西汉地节元年改楚国为彭城郡，黄龙元年复为楚国，东汉章和二年改为彭城国，刘宋又改为彭城郡）的治所，并无改变。只是东汉徐州刺史部（辖东海郡、琅邪国、彭城国、广陵郡、下邳国）的治所在郯（今山东省郯城），魏时移治彭城，故称彭城为徐州而已。东晋初失淮北地，徐州治所南移。后得淮北，乃于义熙七年分淮北为北徐州，治所仍在彭城。刘宋永初二年改北徐州为徐州，治所不变。总之，不能用镜铭中的"徐州"这一地名从时代上考证三角缘神兽镜为魏时所制作。
③ a. 章鸿钊：《古矿录》，地质出版社1954年版，第1—6页。
b. 翁文灏：《中国矿产志略》，1919年版，第127、142、143页。

山县，那是 18 世纪清代的事①，不足为据。如果镜铭中的徐州是指广义的徐州，则今江苏省长江北岸的江都、仪征、六合一带古代有铜矿②，但这里在三国时代不属魏境而属吴境。总之，"铜出徐州"的铭文不能说明三角缘神兽镜是魏镜。至于"师出洛阳"的铭文，那只是一种矜夸的虚辞，不足以说明三角缘神兽镜是洛阳的工匠所造，更不足以说明它们是洛阳的产品。

  中国古代铜镜，多有"尚方作镜"的铭文。这说明，设在首都的尚方工官制造各种御用和官用的器物，其中包括铜镜。但是，许多私营的作坊也在其所铸铜镜上滥用"尚方作镜"的铭文，以资招徕；许多所谓"尚方镜"在铭文中有"买此镜者大富"之类的词句③，便是很好的说明。应该指出，汉、魏、西晋尚方分中、左、右三部分④。就魏代而言，作镜的主要是右尚方。所以，魏代尚方所作之镜如"甘露四年"兽首镜、"甘露五年"兽首镜和"景元四年"规矩花纹镜都在铭文中记明"右尚方作镜"⑤，而不是笼统地称"尚方作镜"。要之，三角缘神兽镜上"尚方作镜"的铭文，作为矜夸的虚辞，其性质正与"师出洛阳"的铭文相似。总而言之，中国古代铜镜上的铭文，其辞义有实有虚，必须加以分析，才能得到正确的理解。

  既然三角缘神兽镜为东渡的中国工匠在日本所作，为什么有些镜上有"景初三年"、"正始元年"的纪年呢？既然是吴的工匠所制作，为什么不用吴的年号而用魏的年号呢？对于这个问题，我的回答是：中国人留居国外，仍然使用中国的年号，这样的事例不少，不足为怪。四世纪时，乐浪郡陷落，朝鲜半岛北部高句丽境内的中国人营建坟墓，在墓壁题记和墓砖铭文中仍然使用"泰宁"、"咸和"、"建元"、"永和"、"元兴"等中国东

---

① 章世嘉修、王开孚纂：《铜山县志·沿革表》（卷三）"雍正十一年升州为府，增置铜山县为府治"。
② 章鸿钊：《古矿录》第 2 页，地质出版社 1954 年版。
③ 梅原末治：《漢三國六朝紀年鏡圖説》第 25—30 页，桑名文星堂 1942 年版。
④ 杜佑：《通典》卷二十七"汉末分尚方为中左右三尚方，魏晋因之。自过江左，唯置一尚方"。
⑤ 梅原末治：《漢三國六朝紀年鏡圖説》，桑名文星堂 1942 年版，第 51—53 页，图版第二十三（2）、第二十七（1）（2）。

晋的年号①。日本石上神宫的七支刀，在铭文中记明是百济王为倭王而作，但也使用了中国东晋"泰和四年"的纪年②。中国工匠在国内制作平缘神兽镜，习惯于在铭文中使用各种年号。为什么到了日本以后，就不许偶然在其所制的三角缘神兽镜的铭文上使用中国的年号呢？中国工匠在国内时，魏和吴的界线是清楚的。但是一旦到了外国，就只知道有中国，是魏是吴，关系也就不大了。在三国时代，北方的魏是大国，其首都洛阳是中国传统的都城，象征着正统之所在。因此，东渡日本的中国工匠在镜铭中不用吴的年号而用魏的年号，这是可以理解的。事实上，如我在前面所说，在吴主孙权的统治下，吴国的工匠尚且在镜铭中使用过魏的"黄初"的年号③，又何况是东渡以后的工匠？

综观 300 余枚三角缘神兽镜的铭文，有纪年的只是寥寥 4 枚。铭文涉及镜的制作者，除少数套用"尚方作镜"以外，多为"陈氏作镜"、"张氏作镜"和"王氏作镜"，更多的则是"吾作明镜"或"新作明镜"，这与中国一般铜镜没有什么区别。铭文的内容除上述"铜出徐州"、"师出洛阳"之句为中国镜铭中极少见或不见，"至海东"之句为中国镜铭中所不见以外，其他也多是一般中国镜铭中常见的普通习惯语。如若三角缘神兽镜是中国魏朝皇帝为赠送日本邪马台国女王卑弥呼而特铸的，那么，在已经发现的 300 余枚的镜的铭文中应该对此事有所反映。百济王为倭王造了一把七支刀，尚且要在铭文中明记其事，更何况中国皇帝为"亲魏倭王"特铸数以百计的大量铜镜？但是，事实说明，在所有的三角缘神兽镜的铭文中，找不到丝毫足以说明特铸的迹象。所以，我要说，从铭文的内容来看，三角缘神兽镜也决不是什么中国的特铸品。

---

① 洪晴玉：《关于冬寿墓的发现和研究》，《考古》1959 年第 1 期。野守健等：《樂浪带方郡時代紀年銘塼集錄》，《昭和七年度古蹟調查報告》第一册，1933 年版。

② 福山敏男：《石上神宮の七支刀》，《美術研究》第一五八，1951 年版。

③ 传世的和发掘出土的黄初纪年铭神兽镜，迄今共有 8 枚。计传长沙出土的"黄初二年武昌元作明镜" 1 枚，鄂城发掘出土的"黄初二年十一月廿七日扬州会稽山阴师唐豫命作镜" 2 枚，传绍兴出土的"师卜德□合作明镜" 2 枚，传世的和鄂城发掘出土的"黄初四年五月十四日会稽师鲍作明镜" 3 枚。从镜的出土地点在长沙、鄂城、绍兴以及镜铭中的武昌、山阴、会稽等都为吴的地名看来，它们应全属吴镜无疑。见王仲殊《关于日本三角缘神兽镜的问题》，第 350—351 页（《考古》1981 年第 4 期）。

三角缘神兽镜不是魏镜，不是魏朝赠给日本邪马台国女王的礼物。那么，邪马台国从中国方面所得的铜镜，又是什么种类的铜镜呢？考古调查发掘工作证明，魏和西晋时中国北方流行的铜镜是方格规矩镜、内行花纹镜、兽首镜、夔凤镜、盘龙镜、双头龙凤纹镜、"位至三公"镜等。因此，可以说，邪马台国从魏和西晋所得的铜镜不会超出以上所举的这些铜镜的范围。事实上，上述各种铜镜在日本都有发现①，便是明证。

有的研究者也许觉得方格规矩镜、内行花纹镜、兽首镜、夔凤镜等都不甚精致，有的镜在日本虽有出土，但数量不是很多，特别是"位至三公"镜太小了，不像是中国皇帝送给倭王的礼品。其实，这是一种先入为主的成见，未必切合实际。

从东汉后期开始，以黄河流域为主的中国北方地区长期处于战乱之中，经济受到严重的破坏。建安元年汉献帝迁许以后，曹操当政，北方稍稍安定，但战争依然不断。魏文帝曹丕即位后，魏与吴、蜀的交战仍是长期的。在这种情况下，魏的经济困难，手工业不振，是可以理解的。据记载，曹魏提倡节约，实行薄葬，陵墓不筑坟丘，不设寝殿，两汉以来长期成为制度的玉衣等丧葬用品也禁止不用②，正反映了上述的历史事实。从考古调查发掘来看，魏的铜镜铸造业，与南方的吴相比，确实很不发达。因此，我认为，魏朝不仅没有必要，而且也不可能为邪马台国女王特铸大量的、前所未见的新式铜镜。从魏的景初三年到西晋的泰始二年，邪马台国的使者多次访问中国。但是，中国向倭方赠镜，有确实记载可证的，只是景初三年、正始元年的一次。我们不能认为，每次倭使往访，中国方面每次都要赠镜；更不能想像，每次都要为倭方特铸铜镜。从景初三年十二月魏帝诏书中所示赠卑弥呼的礼品清单来看，首先列举的礼品是绛地交龙锦、绛地绉粟罽、蒨绛、绀青、绀地句文锦、细班华罽、白绢等大量的纺织品，最后才提到铜镜、真珠和铅丹③。铜镜百枚与真珠、铅丹各50斤相

---

① 樋口隆康：《古镜》，新潮社1979年版，第123—161页，第187—210页。

② 魏文帝曹丕作《终制》，其言有谓"封树之制，非上古也，吾无取焉。寿陵因山为体，无为封树，无立寝殿、造园邑、通神道"。又谓"棺但漆际会三过，饭含无以珠玉，无施珠襦玉匣，诸愚俗所为也"。

③ 见《魏书·东夷传》，《三国志》卷三十，中华书局1959年版，第857页。

提并论，正说明镜的数量虽不少，但质量未必十分精美①。

（原载《考古》1984 年第 5 期）

---

① 三角缘神兽镜的"魏镜说"，早在20世纪10年代末、20年代初即已正式提出。当时，中国的考古调查发掘工作尚未开展，日本的考古调查发掘工作虽已有所开展，但也很不充分。要之，"魏镜说"的提出，主要不是依靠以调查发掘工作为基础的现代考古学的丰富成果，而只是根据从文字上对少数铜镜铭文的解释，特别是出于对《魏志·倭人传》的文献记载的主观上的附会，却先入为主，长期因袭，一度几乎成为定说。但是，到了今天，中日两国考古调查发掘工作的大量展开，证实了在中国根本不存在三角缘神兽镜，而日本出土的三角缘神兽镜却越来越多，大大超过了《魏志·倭人传》所记的"铜镜百枚"之数。这就使得坚持"魏镜说"的研究者不得不完全采取所谓"特铸说"，事实上是不得不采取"倭使每次来访，中国方面每次都赠镜，每次都是特铸，每次都单一地特铸三角缘神兽镜这种镜式"的如此令人难以理解的说法。其实，众所周知，日本的古坟至今仍有许多未经发掘。今后继续发掘，出土的三角缘神兽镜必然还会大量的增多。因此，即使采取魏和西晋每次都赠镜，每次都特铸，每次都特铸三角缘神兽镜的说法，也是无济于事的。

另一方面，由于当初中国的考古调查发掘未曾开展，学术界对吴镜和魏镜的差异缺乏了解，对三角缘神兽镜所显示的许多吴镜的因素认识不足。以后，吴镜的发现虽不断增加，但由于种种误解，仍然不能认清其与魏镜的区别。尤其是因为《魏志·倭人传》的记载早已在观念上占了唯一的统治地位，看不到、甚至不承认吴与日本列岛之间存在交通关系的可能性，这就使得60多年前提出的三角缘神兽镜的"魏镜说"竟沿袭到今天。

景初三年镜和正始元年镜的铭文考释

在日本迄今发现的 300 余枚三角缘神兽镜之中，有纪年铭的是景初三年镜和正始元年镜①。前者仅 1 枚，出土于岛根县神原神社古坟。后者共 3 枚，分别出土于群马县柴崎古坟、兵库县森尾古坟和山口县竹岛古坟，它们的大小、形状、铭文、图纹完全相同，属所谓"同范镜"。按图纹中神像和兽形的排列方式不同，三角缘神兽镜可分"求心式"和"同向式"两大类。景初三年镜和正始元年镜都属同向式三角缘神兽镜（图 12）。

1　　　　　　　　　　　2

图 12　景初三年镜（1）和正始元年镜（2）

---

① 景初三年镜铭文中的"景"字明确，但"初"字的写法与一般不同。正始元年镜铭文中的"始"字确实，但"正"字都是缺失或损坏不明的。因此，在日本学术界，亦有不承认镜铭中的年号为"景初"、"正始"的。但是，从铭文的内容看来，两者都为陈是所作，字句也基本上相同，可见其制作年代相连。从中国历代年号考察，它们只能是"景初三年"和"正始元年"。

据《三国志·魏志·东夷传》记载，景初三年①，日本邪马台国遣使经带方郡至洛阳，与魏朝通好。魏帝于景初三年十二月颁发致邪马台国女王卑弥呼的诏书，封她为"亲魏倭王"，赠以金印和许多礼物，其中包括铜镜百枚。次年正始元年，魏朝由带方郡派官员随同该国使者回访日本，向卑弥呼送致诏书、印绶和礼品。因此，上述"景初三年"和"正始元年"的纪年镜便成为日本学者长期以来所主张的三角缘神兽镜为中国魏镜之说的最有力的依据。

从1981年以来，我连续写了《关于日本三角缘神兽镜的问题》、《关于日本的三角缘佛兽镜》和《日本三角缘神兽镜综论》等论文，从各个方面论证三角缘神兽镜（包括求心式三角缘神兽镜和同向式三角缘神兽镜）不是中国的魏镜，也不是中国的吴镜，而是东渡的吴的工匠在日本所作②。我认为，景初三年镜和正始元年镜的存在虽然十分令人瞩目，但不足以说明三角缘神兽镜为中国的魏镜。现在，为了进一步阐明我的论点，特就景初三年镜和正始元年镜的铭文试作考释。

依照日本学者福山敏男氏的判读和隶定，景初三年镜的铭文是：

景初三年，陈是作镜，自有经述，本是京师，杜［地］□出，吏人□□，［位］［至］三公，母人诺之，保子宜孙，寿如金石兮。"

正始元年镜的铭文是：

□始元年，陈是作镜，自有经述，本自蓟师，杜地命出，寿如金石，保子宜孙。

我虽三次访问日本，但没有机会仔细观察镜的实物。但是，根据图版

---

① 据《三国志·魏志·东夷传》记载，邪马台国使者初次访魏在景初二年。但是，从各方面的历史事实看来，二年应为三年之误。《日本書紀》和《翰苑》所引《魏志》亦曰景初三年。

② a. 王仲殊：《关于日本三角缘神兽镜的问题》，《考古》1981年第4期。
b. 王仲殊：《关于日本的三角缘佛兽镜》，《考古》1982年第6期。
c. 王仲殊：《日本三角缘神兽镜综论》，《考古》1984年第5期。

和拓本所见，除景初三年镜上的所谓"杜"字不确及"毋"字应为"母"字之误以外，我完全同意以上的判读和隶定（图13）。然而，对于铭文的解释，我却有自己的看法。福山敏男氏认为，镜铭中的"京师"是指当时的长安，"杜地"是指长安附近的杜县（杜陵），从而断定它们是来自长安杜县的工匠在洛阳所作之镜①。对此，我是不能赞同的。

　　福山敏男氏根据《三国志·魏志·文帝纪》注引《魏略》"改长安、谯、许昌、邺、洛阳为五都"的记载，认为长安是魏的京师之一，从而判定镜铭中的"京师"是指长安无疑（图13）。我对福山氏的论点提出异议，首先要从"京师"二字说起。《公羊传·桓公九年》说："京师者，天子之居也。京者何，大也；师者何，众也"。中国古代虽有复都之制，但"京师"之称大抵限于首都，不包括陪都或其他有名无实的都城。就此前的汉代而言，西汉都长安，雒阳属河南郡，不称东都，故"京师"独指长安，自无疑义。东汉都雒阳，长安实际上已非都城，只因是西汉刘氏旧都所在，故称西京或西都，但不称"京师"。《后汉书》中凡述东汉当代之事而言"京师"者，指的都是雒阳，不是长安（汉献帝初平年间居长安，建安年间居许，故史书中偶尔有称当时的长安和许县为"京师"的，应属例外）。就此后的隋唐而言，隋代称大兴为"京师"，称洛阳为东都。唐代长安、洛阳并称两京，唯前者有"京师"之称，后者多称东都。曹丕称帝，魏的首都在洛阳，称"京师"（晋陈寿避司马师讳，《三国志》中多作"京都"），而所谓"五都"中的其他四都则皆无"京师"之称，这可以从《三国志》的本文和裴注的记载中得到证明。事实上，当时凡言"京师"，往往仅用"京师"二字，不附加长安、洛阳等地名。这样，若有两个以上的"京师"同时并存，岂不互相混淆，使人不知其所指？总之，谓长安为魏的五都之一则可，谓为魏的京师之一则不可。因此，我要说，将景初三年镜铭文中的"京师"视为长安，这是不妥的。"京师"不是指长安，"杜地"二字当然也就不是指长安附近的杜县了。

　　景初三年镜和正始元年镜同为陈是所作，铭文的内容也基本上相同。

---

　　①　福山敏男：《景初三年·正始元年三角緣神獸鏡銘の陳氏と杜地》，《古代文化》第26卷第11号，1974年版。

因此，要判断景初镜铭文中"京师"二字的含义是什么，就必须参照正始镜的铭文。发人深省的是，正始镜上相应的铭文不是"京师"而是"荊师"。如图版所示，"荊"字的铸出非常清楚，毫无含糊之处（图13）。它

1. 景初三年镜铭文（局部放大）

2. 正始元年镜铭文（局部放大）

3. 绍兴出土"周是"所作神人车马画像镜铭文（局部放大）

图13　景初三年镜、正始元年镜及相关铜镜的铭文

的上部显然是"草字头",下部是明确无疑的"州"字。因此,梅原末治氏早在其所著《汉三国六朝纪年镜图说》中将此字隶定为"茻"①,至今没有任何人提出异议。福山敏男氏在《景初三年、正始元年三角缘神兽镜铭中的陈氏与杜地》的论文中,也将此字隶定为"茻"。他说,"茻"是草的名称,但镜铭中不会使用这样的字(若镜铭中的"茻"为草名,则"茻师"二字在文义上亦不可通)。对此,我是完全同意的。但是,福山氏为了将正始镜铭文中的"茻师"与景初镜铭文中的"京师"看齐,主张"茻"字是"荆"字的误写,并说"荆"字与"京"字同音,"荆师"便是"京师"。为什么会将"荆"误写成"茻"呢?福山氏说,这是因为镜工陈是头脑里有着魏吴争夺的"荆州"二字,心不在焉,所以就写错了。福山氏用心极细,构思甚巧,但所说未免过于牵强,使人不敢赞成。在中国的任何文献资料和实物资料中,都没有"荆"字与"京"字通用的例子;把"京师"写成"荆师",这是难以想像的。至于说因为头脑里有着"荆州"二字,所以又把"荆"误写成"茻",那更是无论如何也不能置信的。

我认为,正始元年镜铭文中的"茻"显然是"州"的异体字,"草字头"是镜工无意或有意加上去的。只要稍稍检查一下中国东汉、三国和两晋铜镜的铭文,就可以知道,在当时的镜铭中,许多字往往被多余地加上"草字头",如"长"之为"苌"②、"樂"之为"藥"③、"央"之为"英"④、"加"之为"茄"⑤、"青"之为"菁"⑥、"新"之为"薪"⑦、"己"之为"芑"⑧,等等。作为铜镜的铭文,这是屡见不鲜的事,不足为奇。就日本的三角缘神兽镜而言,在滋贺县大岩山古坟出土的陈氏所作镜

---

① 梅原末治:《漢三国六朝紀年鏡図説》,桑名文星堂1942年版,第48页,图版第二十五、第二十六。
② 同上书,第41、80页,图版第二十二(1)、第四十三(2)。
③ 同上书,第66页。
④ 同上书,第15、21、117页,图版第五、九(1)、第六十五(2)。
⑤ 同上书,第75、117页,图版第四十一(1)、第六十五(2)。
⑥ 罗振玉:《汉两京以来镜铭集录》,《辽居杂著》(镜录第6页),1933年版。
⑦ 罗振玉:《汉两京以来镜铭集录》,《辽居杂著》(镜录第14页),1933年版。
⑧ Bernhard Karlgren, "Early Chinese Mirror Inscriptions", *Bulletin of the Museum of Far Eastern Antiquiues*, No. 6, 1934, p. 75.

的铭文中也可以见到将"刑莫"（型模）的"刑"写成"荆"的实例①。当然，谁也不会认为这与魏吴对荆州的争夺有任何关系。总之，正始镜铭文中的"茢师"，其实便是"州师"。

那么，"州师"二字的含义又是什么呢？无待于言，"州师"就是州的镜师。早在秦汉之前，中国就有"九州"或"十二州"之说，但它们是传说中的地方行政区划，实际上是不存在的。汉武帝为了加强中央集权，才开始具体地将京师（长安）及三辅地区以外的全国各地划分为十三个监察区，称"十三州"，各置刺史，巡视境内，即所谓"十三刺史部"。东汉末年，州又进一步成为郡以上的正式的行政区划，魏晋沿袭不变。因此，在东汉、三国和两晋的史书文籍中，常常可以看到"州牧"②、"州宰"③、"州尊"④、"州司"⑤、"州将"⑥、"州兵"⑦、"州民"⑧、"州人"⑨等名词，而镜铭中的"州师"在语法结构上正与上述各名词相同。在当时铜镜的铭文中，"师"是极为常见的字，其意义完全是指作镜的工匠，即所谓镜师。有时是单独地用一个"师"字，如云"师陈世"⑩、"师郑豫"⑪、

---

① 后藤守一：《古鏡聚英》上篇，六月大塚巧艺社1942年版，图版第五十七（2）。
② 《三国志·魏志·武文世王公传》注引《魏氏春秋》"且今之州牧、郡守，古之方伯诸侯，皆跨有千里之土。"蔡邕《太尉杨秉碑》"其时免州牧、郡守五十余人，饕戾是绌，英才是列"（《蔡中郎集》）。
③ 《后汉书·韦彪传》"宜简尝历州宰素有名者"；《后汉书·左雄传》"州宰不覆，竞共辟召"。
④ 《三国志·蜀志·秦宓传》"卞和衔玉以耀世，宜一来与州尊相见"。
⑤ 《后汉书·史弼传》"州司不敢纠弹，传相不能匡辅"；《三国志·吴志·孙权传》注引《江表传》"轻犯汉制，残害州司"；李密《陈情表》"州司临门，急于星火"（《文选》卷三十七）。
⑥ 《后汉书·张奂传》"小人不明，得过州将"；《三国志·蜀志·先主传》注引《献帝春秋》"州将殂殒，生民无主"。
⑦ 《三国志·魏志·公孙度传》注引《吴书》"猥兴州兵，图害臣郡"；《后汉书·张奂传》"州兵围之急，（张）猛耻见擒，乃登楼自烧而死"。
⑧ 《三国志·吴志·周鲂传》"鲂以千载徼幸，得备州民"。
⑨ 《三国志·蜀志·先主传》"（陶）谦死，（糜）竺率州人迎先主"；《三国志·蜀志·彭羕传》"羕起徒步，一朝处州人之上，形色嚣然"。
⑩ 吴"黄龙元年"纪年铭重列式神兽镜2枚，各有"师陈世造三湅明镜"或"师陈世造作百湅明镜"的铭文。见梅原末治《漢三国六朝纪年鏡圖説》，桑名文星堂1942年版，第61、62页，图版第三十三（1）。
⑪ 浙江省绍兴出土的"建安廿二年"纪年铭重列式神兽镜2枚（同范镜），有"师郑豫作明镜"的铭文。见梅原末治《紹興古鏡聚英》图版第一（上）（下）（桑名文星堂1939年版）。

"师朱酉"①、"师徐伯"②,"其师命长"③,"师出洛阳"④,等等。有时则在"师"字之前加各种修饰语和限定词,如加矜词而称"名师"⑤、"大师"⑥,加工官之名而称"右尚方师"⑦,加工场所在地名而称"会稽师"⑧、"山阴师"⑨,加工匠的姓氏而称"朱师"⑩、"杜师"⑪、"柏师"⑫,

---

① 吴"赤乌元年"纪年铭对置式神兽镜有"师朱酉作"的铭文。见梅原末治《漢三国六朝紀年鏡図説》第65页,图版第三十四(2)(桑名文星堂1942年版)。
② 吴"天纪元年"纪年铭对置式神兽镜有"师徐伯所作明镜"的铭文。见梅原末治《漢三国六朝紀年鏡図説》第97页,图版第五十四(2)(桑名文星堂1942年版)。
③ 东汉永寿二年兽首镜和延熹七年兽首镜等有"师命长"的铭文,见梅原末治《漢三国六朝紀年鏡図説》第20页,图版第八(1);第22页,图版第十(桑名文星堂1942年版)。
④ 在日本出土的300余枚三角缘神兽镜中,约10枚有"铜出徐州,师出洛阳"的铭文。它们分别出土于奈良县佐味田宝塚古坟、京都府椿井大塚山古坟、冈山市车塚古坟、兵库县森尾古坟、滋贺县织部山古坟、大阪府国分茶臼山古坟等古坟。有的镜仅有上句"铜出徐州",下句以"彫缕文章"代替"师出洛阳"。见小林行雄:《三角緣神獸鏡の研究》第100—102、123、153页,图版第四、第十一,《京都大学文学部研究紀要》(第十三)1971年版。
⑤ 朝鲜平壤石岩里200号墓出土的东汉初期的方格规矩镜有"名师作之出雒阳"的铭文。见小场恒吉等:《樂浪漢墓》第一册第64页,图版第七十二,《大正十三年発掘調査報告》,乐浪汉墓刊行会1974年版)。
⑥ 吴"黄武七年"纪年铭对置式神兽镜有"大师陈世严作明镜"的铭文,见梅原末治《漢三国六朝紀年鏡図説》第60页,图版第三十二(2),桑名文星堂1942年版。传世的1枚画文带对置式神兽镜有"大师得铜合湅五金成"的铭文,见后藤守一《古鏡聚英》(上篇)图版第四十六(1)(六月大塚巧艺社1942年版)。浙江省衢州市文物管理委员会所藏当地出土的"黄武五年"纪年铭重列式神兽镜有"太师鲍唐而作"的铭文,"太师"即"大师",见王仲殊《日本三角缘神兽镜综论》注释68第476页(《考古》1984年5期)。
⑦ 魏"甘露四年"纪年铭兽首镜2枚(同范镜)和"甘露五年"纪年铭兽首镜1枚有"右尚方师作镜"的铭文。见梅原末治《漢三国六朝紀年鏡図説》第51、52、53页,图版第二十七、第二十八、第二十九(桑名文星堂1942年版)。
⑧ "黄初四年"纪年铭对置式神兽镜(吴镜)3枚,有"会稽师鲍作明镜"的铭文,见樋口隆康《古鏡》第229页,图版第九十三(188)(新潮社1979年版);王仲殊《关于日本三角缘神兽镜的问题》第350、351页(《考古》1981年第4期)。
⑨ 湖北省鄂城出土的"黄初二年"纪年铭同向式神兽镜(吴镜)2枚(同范镜),有"扬州会稽山阴师"的铭文。见王仲殊《关于日本三角缘神兽镜的问题》第350、351页(《考古》1981年第4期)。
⑩ 浙江省绍兴出土的"神人画像镜"在内区图纹间有"王女朱师作兮"的铭文,"王女"为西王母的侍女,"朱师"为镜师。见梅原末治《紹興古鏡聚英》图版第六(桑名文星堂1939年版);梅原末治《漢三国六朝紀年鏡図説》第61、62页,图版第三十三(1)(桑名文星堂1942年版)。
⑪ 传绍兴出土的"天马白虎画像镜"在内区图纹间铸出"杜师"二字,应为镜师。见梁上椿《岩窟藏鏡》第二集(下)第三十图(北京大业印刷局暨商业印刷所铅印暨影印1941年版)。
⑫ 绍兴出土的"画像兽带镜"在内区图纹间有"柏师作"三字。见王士伦《浙江出土铜镜选集》图第27,分图说明第4页(中国古典艺术出版社1958年版)。

等等。正始镜铭文中的"州师",便属在"师"字之前加限定词的,而所加"州"字的意义则与上述"州牧"、"州宰"、"州尊"、"州司"等许多名词中的"州"字无异。

然则,正始元年镜铭文中的"州师",实质上是指哪一州的镜师呢?我认为,他应该是扬州的镜师。大家都知道,有"黄武七年"和"黄龙元年"纪年的吴的平缘神兽镜在铭文中记明为"大师陈世严"和"师陈世"所造①。诚如樋口隆康氏所说,陈是与陈世等可能属同一宗族。陈世等是吴的镜师,所以陈是也应该是吴的镜师②。吴的铜镜铸造业中心如会稽郡的山阴(今浙江省绍兴)和吴郡的吴县(今江苏省苏州)都在扬州境内,而湖北省鄂城(即吴的前期都城武昌)出土的"会稽山阴师"所作的铜镜则在铭文中冠"扬州"二字③。要之,陈是在镜铭中所称的"州师",无疑是指吴地扬州的镜师。

说到这里,我想对陈是的"是"字略作考证。如所周知,陈是即陈氏,这早已成为定论。《后汉书·李云传》谓"得其人则五氏来备",李贤注"是与氏,古字通"。福山敏男氏在论文中引娄机《汉隶字源》"汉碑多以氏为是"之说,这当然是正确的。其实,除汉"韩敕修孔庙后碑"、"督邮斑碑"等将"於是"写成"於氏"以外,《汉书·地理志》所载酒泉郡表是县在《续汉书·郡国志》中作表氏县,这也是很好的说明。但是,以上所举各例都系"以氏为是",而这里要讨论的则系"以是为氏"。就铜镜的铭文而论,工匠姓氏之"以是为氏",至今只见于吴镜。

---

① 吴"黄龙元年"纪年铭重列式神兽镜2枚,各有"师陈世造三涷明镜"或"师陈世造作百涷明镜"的铭文。见梅原末治《漢三国六朝紀年鏡圖說》第61、62页,图版第三十三(1)(桑名文星堂1942年版)。吴"黄武七年"纪年铭对置式神兽镜有"大师陈世严作明镜"的铭文,见梅原末治《漢三国六朝紀年鏡圖說》第60页,图版第三十二(2)(桑名文星堂1942年版)。传世的1枚画文带对置式神兽镜有"大师得铜合五金成"的铭文,见后藤守一《古鏡聚英》(上篇)图版第四十六(1)(六月大塚巧艺社1942年版)。浙江省衢州市文物管理委员会所藏当地出土的"黄武五年"纪年铭重列式神兽镜有"太师鲍唐而作"的铭文,"太师"即"大师",见王仲殊《日本三角缘神兽镜综论》注释第68第476页(《考古》1984年5期)。

② 樋口隆康:《卑弥呼の銅鏡百枚》第388页,《展望アジアの考古学—樋口隆康教授退官記念論集》[单行本],新潮社1983年版。

③ 湖北省鄂城出土的"黄初二年"纪年铭同向式神兽镜(吴镜)2枚(同范镜),有"扬州会稽山阴师"的铭文。见王仲殊《关于日本三角缘神兽镜的问题》第350、351页(《考古》1981年第4期)。

瑞典喜龙仁（Osvald Siren）氏旧藏吴的重列式神兽镜有"殷是作明镜"的铭文①，浙江省绍兴出土的神人车马画像镜有"吴向阳周是作镜"的铭文②，便是例证（图13）。我觉得，吴镜中"以是为氏"的铭文较多，应与吴国大官是仪的改姓有关。《三国志·吴志·是仪传》说："是仪字子羽，北海营陵人也，本姓'氏'。初为县吏，后仕郡。郡相孔融嘲仪，言'氏'字'民'无上，可改为'是'，乃遂改焉。"后来，是仪迁江南，至会稽，应孙权之徵先后在吴县、京城、建业等吴的都城典军国机要，颇有声名，其改姓之事必为吴会一带人民所共知，故可作以上推测。要之，从陈是"以是为氏"看来，他也应该是吴地扬州的镜师。

考定了正始元年镜铭文中的"荊师"为"州师"之后，应该回过头来，再看看景初三年镜铭文中的"京师"究竟是指什么而言的。毫无疑问，从图13上可以看出，"京师"二字十分明确，绝对不容怀疑。我在前面已经否定了"京师"为长安的可能性。然而，把镜铭中的"京师"二字看成为当时魏的首都洛阳，又将如何呢？应该说，如果不存在正始元年镜，那么，把景初镜铭文中的"京师"当作洛阳，这是任何人也不敢遽加反对的。但是，我已说过，景初三年镜和正始元年镜同为陈是所作，两者年代相连，不仅镜的形状、花纹相似，而且铭文的辞句也基本上相同。所以，我们决不能认为正始镜铭文中的"州师"是指州的镜师而景初镜铭文中的"京师"是指都城洛阳。相反，我们必须认识，"京师"的"师"字应与"州师"的"师"字一样，是指作镜的工师，而"京"字则为加在"师"字之前的限定词，其含义应与"州"字相近，至少不能与之抵触。

于是，人们也许会问，景初镜铭文中的"京师"二字可否解释为首都的镜师？在三国时代，吴境扬州的治所在建业，而建业正是吴的都城。但是，在《三国志·吴志》里，吴的都城一般不称"京都"或"京师"。这不仅是由于作者陈寿视曹魏为正统，视孙吴为僭主之故。实际上，在陈寿

---

① 该重列式神兽镜的铭文为"殷是作明镜四夷服，多贺国家人民息，胡虏斩灭天下复……"。见梅原末治《欧米に於ける支那古镜》第30—31页，插图第五（刀江書院1931年版）。

② 该"神人车马画像镜"1982年出土于绍兴上灶公社，现藏绍兴文物管理委员会。镜铭全文为"吴向阳周是作竟四夷服，多贺国家人民息，胡虏殄灭天下复，风雨时节五谷熟，长保二亲得天力，传告后世乐无极"。

《三国志》本文和裴松之注文所引孙吴的诏令和奏疏等文书里，亦只称武昌和建业等为"都"，而不称"京都"或"京师"。因此，我们不能把景初镜铭文中的"京师"解释为吴都建业的镜师。事实上，在两汉、三国时代，也缺乏将"京都"的"京"字作为限定词而加在各类人员名称之前的例子。就铜镜铭文的实例而言，魏都洛阳的镜师为"右尚方师"，不称"京师"。

值得注意的是，在今江苏省镇江市附近，三国时代有一个城邑，因城西的京岘山而得名，称为"京"。建安十三年至十六年，孙权在此建都，此后一直是吴的重要城邑，命官驻守，称为"京督"。东晋和南朝改称"京口"，其城凭山临江，乃长江下游的军事重镇，经济亦甚繁荣，户口众多，人才萃集，为仅次于首都建康的江左名邑，当时的徐州和南徐州先后设治所于此。必须指出，此城在吴时仅称"京"，这可以从《三国志·吴志》的许多记载得到说明。《吴志·胡综传》说"（孙）权为车骑将军都京"，《吴志·周瑜传》说"（刘）备诣京见（孙）权"，《吴志·孙权传》注引《江表传》所载孙权的诏书说"建业宫乃朕从京来所作将军府寺"等等，都是例证。按照中国汉语的习惯，由于单独一个"京"字难读，所以有时加一"城"字，称为"京城"。总之，我认为，景初三年镜铭文中的"京师"是指吴的京城的镜师。可以说，只要"师"是指镜师，"京师"就不能不是吴的京城的镜师。陈是在其所作镜的铭文中自称本是"京师"，就像会稽郡的镜师在镜铭中自称"会稽师"，山阴县的镜师在镜铭中自称"山阴师"一样，这是完全可以理解的。京城属吴的扬州。因此，陈是在景初镜的铭文中自称"京师"，在正始镜的铭文中又自称"州师"，两者不仅毫不矛盾，而且起到互相补充的作用，足见其用意甚明，不是因为疏忽而误写。

根据许多铜镜的铭文，吴郡的治所吴县是吴的铜镜铸造业中心之一，其重要性不亚于会稽郡的山阴和江夏郡的武昌。所作铜镜有盘龙镜、神兽镜和画像镜等种类，上述绍兴出土的"周是"所作神人车马画像镜即为吴县的产品①。孙权自建安六年在吴县建都，达八年之久。可以设想，建安

---

① 绍兴文物管理委员会所藏盘龙镜、神兽镜和画像镜有"吴向阳周是作竟"、"吴郡胡阳张元"、"吴向里柏师作竟"、"吴向里柏氏作镜"等铭文，应为吴县的产品，见王士伦《浙江出土铜镜选集》第九图，分图说明第2页，中国古典艺术出版社1958年版。梁上椿《岩窟藏镜》第二集（下）图第三十一中的车马神人画像镜有"吴胡阳里"的铭文，亦应为吴县所产。见梁上椿《岩窟藏镜》（北京大业印刷局暨商业印刷所铅印暨影印1941年版）。

十三年自吴县迁京，吴县的镜师必有随之而往的。这使得京城也有不少的镜师。近年在镇江地区发掘了许多吴墓和晋墓，墓中存在着对置式神兽镜、环状乳神兽镜和画文带环状乳神兽镜等各种吴镜①，它们可能便是当时京城（京口）的产品。

考定了"京师"是京城的镜师，"荊师"是扬州的镜师之后，现在要对"杜地命出"四个字作解释了。我要重复地说一句，"京师"不是指长安，"杜地"二字当然也就不是指长安附近的杜县。其实，如我在本文开头时所说，景初镜铭文中"京师"后面的那个所谓"杜"字，因锈蚀而漫漶不清，不宜依照正始镜上的相应铭文而贸然加以肯定。而且，必须指出，就残存的笔划而论，该字左边下部是一短竖加二点，右边主要是一斜勾并二竖，也实在不像是"杜"字。这就使得"杜地"为杜县之说更无从成立。因为没有看到镜的实物，我不便在这里猜测它究竟是什么字，但相信该字虽非"杜"字，其意义则可能与"杜"字近似。总之，景初镜铭文中的所谓"杜地命出"，其实只能判读为"□地□出"。

当然，正始镜铭文中的"杜地命出"四字是确凿无疑的。在两汉、三国时代的语言里，"杜"是一个常用的动词。有时是与其他的字配合为由两个字组成的动词，如"杜闭"②、"杜塞"③、"杜隔"④、"杜绝"⑤，意为闭塞、隔绝。有时则单独使用，如云"杜口"⑥、"杜门"⑦、"杜津"⑧"杜道"⑨，其意仍为闭塞、隔绝。因此，镜铭中的"杜地"可以释为"隔绝境地"。至于"命出"二字，从字面上便能解释，无非是"令其外出"，别无他意。总之，依我看来，"杜地命出"是镜工陈是说的通俗话，在语

---

① a. 镇江博物馆：《镇江东吴西晋墓》第528—545页，图版第柒，《考古》1984年第6期。
　　b. 刘建国：《镇江东晋墓》第16—39页，图版第叁、第肆，《文物资料丛刊》，1983年第8集。
② 《汉书·刘向传》"杜闭群枉之门，广开众正之路"。
③ 《后汉书·申屠刚传》"亲疏相错，杜塞间隙"。
④ 《后汉书·申屠刚传》"外戚杜隔，恩不得通"。
⑤ 《后汉书·桓帝纪》"杜绝邪伪请托之原，令廉白守道者得信其操"；《后汉书·窦融传》"一旦缓急，杜绝河津，足以自守"。
⑥ 《汉书·贾捐之传》"佞人用事，则诤臣杜口"；《后汉书·张皓传》"天下杜口，塞谏诤之源"；《后汉书·曹节传》"群公卿士，杜口吞声，莫敢有言"。
⑦ 《汉书·孔光传》"光退闾里，杜门自守"；《后汉书·周䌹传》"䌹耻交报之，因杜门自绝"；袁宏《三国名臣序赞》"杜门不用，登坛受讥"（《文选》卷四十七）。
⑧ 《汉书·叙传》"塞隘杜津，王基以张"。
⑨ 《三国志·魏志·锺会传》"南杜走吴之道，西塞成都之路，北绝越逸之径"。

法上或有不够通顺、妥善之处，但其基本含义是清楚的。

我在前面曾经说到日本滋贺县大岩山古坟出土的三角缘神兽镜，它的铭文为"镜陈氏作甚大工，型模雕刻用青铜，君宜高官至海东，保子宜孙"①。陈是即陈氏，两者至少应为同族之人。陈是所作之镜在铭文中说"杜地命出"，陈氏所作之镜在铭文中说"至海东"，可见"杜地命出"导致了"至海东"的结局。中国古代之所谓"海东"，一般是指朝鲜半岛，但也可以指日本②。要而言之，与"至海东"的铭文相联系，"杜地命出"四个字实有"绝于故地，亡命而出"的含义。

应该指出，景初镜和正始镜铭文中"陈是作镜自有经述"的"经述"二字与"尚方作镜自有纪"、"吾作明镜自有纪"等一般镜铭中的"纪"字相比，意义有所不同③。"纪"字是指法则、规范，"自有纪"是镜工自

---

① 梅原末治：《近江国野州郡小篠原大岩山の一古墳調査报告》，《考古学雜誌》，第十二卷一号，1921年，第28、29页。

② 关于"至海东"的铭文，我曾于1984年3月在东京举行的日本第7次古代史讨论会上发言时有较详的阐述，主要是批判"海东"为仙界之说。大意如下：

根据《三国志》及裴注，"海东"和"海西"一样，是当时的地理名词。《魏志·东夷传（倭人条）》注引《魏略·西戎传》说："大秦国在安息、条支西，大海之西。其国在海西，故俗谓之'海西'"。毫无疑问，"海西"是地理名词，不是仙界。同样，"海东"也是地理名词。据《魏志·明帝纪》等记载，当时称辽东郡、玄菟郡、乐浪郡、带方郡等为"海东诸郡"。又据《魏志·东夷传（沃沮条）》记载，朝鲜半岛东北部高句丽和沃沮等地也称"海东"。玄菟太守王颀追高句丽王至沃沮，问当地父老说："海东复有人不？"他所说的"海东"，除了指高句丽和沃沮之地以外，还指沃沮以东的海中。总之，辽东郡及朝鲜半岛北部的乐浪郡、带方郡等都称"海东"，朝鲜半岛北部的高句丽和沃沮等地及其以东的海中也称为"海东"。《魏志·东夷传（韩条）》说："倭韩属带方"。可见朝鲜半岛南部的韩和日本列岛的倭也属广义的"海东"。《晋书·宣帝纪》称日本为"东倭"，其实也含有海东之意。

根据以上的资料，可以认为，中国古代所称的"海东"，主要是指朝鲜半岛，但也可以指日本。由于三角缘神兽镜在日本大量出土，在朝鲜半岛一无所见，所以镜铭中的"海东"显然是指日本。在中国、朝鲜和日本发现的大量的平缘神兽镜及其他各类中国铜镜上，虽然多有详细的铭文，但始终不见有"至海东"之句。这就足以说明"至海东"的镜铭是东渡的中国工匠在日本制作三角缘神兽镜。大阪府国分茶白山古坟出土镜的"用青铜至海东"的铭文，正是中国工匠在日本作镜的绝好证据。学术界有主张镜铭中的"海东"是指所谓"仙界"的，实在没有什么根据，不足为信。

③ 应该说明，"经述"的"述"字不无争议。西田守夫氏根据竹岛古坟出土（正始元年）镜的铭文，将此字隶定为"匡"。西田氏说，若"匡"是反写字，则为"番"字的古体，可解为"播"的假借字（见西田守夫《竹島御家老屋敷古墳出土の正始元年三角緣阶段式神獸鏡と三面の鏡》第33、35页，東京國立博物館美術誌《MUSEUM》1980年12月号）。我不知道西田氏之说是否能成立。若能成立，则"播"字应为"播迁"之意。《后汉书·献帝纪赞》说"献生不辰，身播国屯"，便是例证。但是，从神原神社古坟出土（景初三年）镜的铭文看来，该字确与一般的"述"字无甚差异。故本文从福山氏之说，将此字释为"述"。

夸的习惯语，谓其作镜有方，按照一定的成规。"经述"二字是指经历和记述，"自有经述"是陈是自述其作镜的经历。陈是作镜的经历是什么呢？他在镜铭中将自己的经历归纳为"本是京师，□地□出"或"本自州师，杜地命出"八个字，可以说是简明扼要之极。陈是使用了通常叙述经历时所用的"本"字，以表明他过去曾是京师或州师，但在制作景初三年镜和正始元年镜时已经是时过境迁了。这八个字和"至海东"三字一样，不见于任何中国出土铜镜的铭文，正体现了在日本作镜的陈是（陈氏）有其特殊的经历！

为了说明三国时代吴与日本列岛之间存在交通关系，我曾在《日本三角缘神兽镜综论》中列举山梨县鸟居原古坟的赤乌元年对置式神兽镜、兵库县安仓古坟的赤乌七年对置式神兽镜、冈山市新庄上庚申山的对置式神兽镜、神户市丸山古坟的重列式神兽镜、京都府椿井大塚山古坟和熊本县船山古坟的画文带对置式神兽镜、京都府八幡市车冢古坟和奈良县新山古坟的画文带环状乳神兽镜以及熊本县船山古坟的神人车马画像镜和大阪府茨木市的二神二兽画像镜等日本各地遗迹出土的大量中国的吴镜，作为物证。过去，学者们局限于《三国志·魏志·东夷传》、《晋书·安帝纪》、《宋书·夷蛮传》、《南史·东夷传》等文献记载，只知道邪马台国与曹魏有交通关系，"倭五王"（即《晋书》、《宋书》、《南史》等中国史书中所记的赞、珍、济、兴、武等倭国五王）与东晋、南朝有交通关系，所以除了赤乌元年镜和赤乌七年镜以外，上述许多铜镜及其他类似的铜镜被看成是曹魏的产品，或被看成是东晋和南朝的产品。有的学者还以为，赤乌镜虽为吴镜，但传入日本的年代可能迟在东晋或南朝，即日本的"倭五王"时期。但是，根据近年来在中国北方地区和南方地区的调查发掘及对出土铜镜的研究，可以断言，以上各种看法都是不切实际的①。种种事实说明，上述日本出土的许多平缘神兽镜和画像镜，与两枚赤乌纪年镜一样，只能是三国时代的吴镜，它们传入日本的年代决不会迟至东晋后期和南朝。而且，从三国时代中国南北敌对的政治形势来看，它们应该是由江南的吴地直接传入日本，而不是经北方的魏境而传入日本的。在中国北方地区的调查发

---

① 徐苹芳：《三国两晋南北朝的铜镜》，《考古》1984 年第 6 期。

掘中，极少发现神兽镜和画像镜等南方的吴镜，也完全足以说明这一问题。

《三国志·吴志·孙权传》说："（黄龙二年）遣将军卫温、诸葛直将甲士万人浮海求夷洲及亶洲。亶洲在海中，长老传言秦始皇遣方士徐福将童男童女数千人入海，求蓬莱神山及仙药，止此洲不还，世相承有数万家。其上人民，时有至会稽货市。会稽东县人海行，亦有遭风流移至亶洲者"。据考证，亶洲是当时日本列岛的一部分①。前面所说大量吴镜存在于日本各地的古代遗迹中，这正是亶洲人民渡海到吴的会稽郡进行贸易的结果。既然亶洲人民可以西渡到吴的会稽郡来，包括铸镜工匠在内的吴地人民自然也可东渡到日本去。事实上，据上述《吴志·孙权传》等文献记载，会稽东县的吴人就有渡海到达亶洲的。我要特别指出，从《三国志·吴志·华覈传》的记载看来，东县人民之渡往亶洲，未必都是由于"遭风流移"。华覈在其《谏吴主孙皓盛夏兴工疏》中有"昔海虏窥窬东县，多得离民，地习海行，狃于往年"等语，正说明了当地的吴人有与海外来客勾结而蓄意东渡的。把《吴志·孙权传》、《吴志·华覈传》的记载和《后汉书·东夷传》的相应记载结合起来，可以判断，东县吴人东渡亶洲之事主要发生在汉末建安年间，而当时孙权已在广大的吴地建立了政权，事实上是已经成立了吴国。正是因为入海的"离民"甚多，孙权乃于黄龙二年派舰队前往搜索亶洲。当然，我不是说陈是东渡日本必从东县出发，但也不排除这一可能性②。应该知道，即使是在古代，各方面的社会事态也是极其复杂的。当时中国的文献记载虽然已甚详备，但不可能将所有发生在民间的事情都加以记录。我引证以上关于会稽东县和亶洲的记载，只是为了说明吴与日本列岛之间确实存在交通关系，而吴地人民也确有流亡到日本的。

东渡的吴的工匠在日本作镜，为什么要在铭文中使用"景初三年"、"正始元年"的纪年呢？关于这个问题，我早在《关于日本三角缘神兽镜的问题》和《日本三角缘神兽镜综论》等论文中已有所阐述。我认为，

---

① 原田淑人：《魏志倭人伝から見た古代日中貿易》，《東亞古文化説苑》，1973年版。
② 《三国志·吴志·孙权传》记载会稽东县人海行，有遭风流移至亶洲者。《后汉书·东夷传》中有相同的记述，但改"东县"为"东冶县"，《三国志·魏志·东夷传》（倭人条）亦谓倭地"计其道里，当在会稽东冶之东"。一般认为，东冶在今福建省福州市，但也有主张是在今浙江省境内的。见叶国庆《古闽地考》第81、82页，《燕京学报》1934年第十五期。

中国人留居国外，仍然使用中国的年号，这样的事例不少，不足为怪。中国工匠在国内时，魏和吴的界线是清楚的，但一旦到了国外，就只知道有中国，是魏是吴，关系也就不大了。在三国时代，魏是大国，其首都洛阳是中国传统的都城，象征着正统之所在。因此，东渡的吴的工匠不用吴的年号而用魏的年号，这是可以理解的。吴与日本的交通限于民间，工匠们对离国以后的吴的政情是不清楚的。相反，邪马台国与魏的官方关系十分密切，身处异域的工匠亦能得知发生于倭、魏之间的重大事件。应该说，这些都是合乎情理的，决不是什么牵强附会之辞。现在，经过对铭文的考释，我要说，景初三年镜和正始元年镜的存在不仅不足以说明三角缘神兽镜是中国的魏镜，而且更进一步地证实了它们是东渡的吴的工匠在日本所作。信从福山氏考释的近藤乔一氏说，把三角缘神兽镜都看成为东渡的吴的工匠在日本所作，这是无视"历史的迴转"①。但是，我觉得，以景初三年镜和正始元年镜的纪年为根据，把三角缘神兽镜当作中国的魏镜，这不能不说是一种"历史的误会"。

我在《关于日本三角缘神兽镜的问题》中曾经表示，大阪府黄金冢古坟出土的景初三年铭画文带同向式神兽镜亦应为陈是在日本所作。我的这一看法，至今不变。关于日本各地出土的许多画文带同向式神兽镜（其中包括二十余枚"同范镜"）之为吴的工匠在日本所作的问题，我曾于1984年3月在东京举行的日本第七次古代史讨论会上发言时述及②。今后，若有可能，我想就这一问题另写文章，作进一步的讨论。

附记：本文仅限于对景初三年镜和正始元年镜的铭文作考释。关于日本出土的三百余枚三角缘神兽镜不是中国的魏镜，也不是中国的吴镜，而是东渡的吴的工匠在日本所作的详细论证，请参阅拙著《关于日本三角缘神兽镜的问题》、《关于日本的三角缘佛兽镜》和《日本三角缘神兽镜综论》等论文。

（原载《考古》1984年第12期）

---

① 近藤乔一：《三角縁神獣鏡製作の契機について》，《考古学雑誌》第69卷第2号，1983年。
② 王仲殊等：《三角縁神獣鏡の謎》（第七回古代史シンポジウム），角川书店1985年版。

景初三年镜和正始元年镜铭文补释

1984年9月我写了题为《景初三年镜和正始元年镜的铭文考释》的论文（以下简称《考释》），发表在同年第12期《考古》杂志上①。我考定景初三年镜铭文中"本是京师"的"京师"为吴的京城（今江苏省镇江市）的镜师，正始元年镜铭文中"本自荊师"的"荊师"（即"州师"）为吴地扬州的镜师；同时还考明了正始镜铭中"本自荊师"后面的"杜地命出"四字是说"绝于故地，亡命而出"，而亡命所到之处则为海东的日本。

我在《考释》中指出，景初镜铭中"本是京师"后面的四个字不能判断为"杜地命出"，而只能暂定为"□地□出"。其后，我反复用放大镜从图版和拓本上观察这两个锈蚀不清的字，并与其他同时期的金石文字对照，终于认定为"绝"字和"亡"字，补足了"□地□出"中的两个空白的方框，使之成为"绝地亡出"的四字句。这进一步证实了我在《考释》中所作结论是正确的。但是，由于"绝"、"亡"两字的认定，我要对《考释》作一些补充，所以就写了现在的这篇《补释》。

首先，我要说一说"绝"字是怎样认定的。在《考释》中，我根据残存的笔划，指出该字不是"杜"，但其意义则应与"杜"字近似。事实上，当时我已认为它应是"绝"字，只是为了慎重起见，没有明确地说出来。后来，我将两汉三国时代所有铜镜铭文中的"绝"字都加以检查，发现湖北省鄂城出土的吴"黄龙二年"纪年铭重列式神兽镜铭文中的"绝"字与此字相似②。黄龙二年镜铭中有"灭绝孚秽"四字，"绝"字的字形

---

① 王仲殊：《景初三年镜和正始元年镜的铭文考释》，《考古》1984年第12期。
② 鄂城出土镜现藏湖北省博物馆，发掘报告正在编写中。

清楚。景初镜铭中的"绝"字虽因锈蚀而漫漶不清，但仔细观察，仍可看出其残存部分与上述黄龙二年镜铭中的"绝"字一致，故可判定其为"绝"字无疑①。

其次，我要说一说"亡"字是怎样认定的。其实，我在写《考释》时已认识到此字应该是"亡"。正是由于认识到景初镜铭中有"亡出"二字，我才将正始镜铭中"杜地命出"的"命出"释为"亡命而出"。但是，因为当时忙于杂务，来不及拿它与其他同时期的金石文字对照，所以不得不暂加保留。后来，我将"帝尧碑"、"衡方碑"等东汉后期碑文中的"亡"字检了出来②，作为比较，终于认定此字确实是"亡"。与现今的"亡"字相比，其特点是下面一横比上面一横为长③。由于两横之间的一竖偏在右侧，此字应为反写字（三角缘神兽镜铭中反写字不少，正始元年镜铭中的"石"字即为一例）。诚如福山敏男氏在他的论文中所说，此字也有些像"工"。但是，镜铭中"工"字的一竖多曲折而居中，不是偏在一侧，而且"工出"二字在文义上亦不可通。当然，福山氏不以此字为"工"，而是为了与正始镜铭看齐，把它当作"命"字④。但是，从字形上看，此字与"命"字毫无相似之处，这是显而易见的。

说明了"绝"字和"亡"字是怎样认定的之后，我要进而对景初三年镜铭中的"绝地亡出"四字加以解释。其实，与正始元年镜铭中的"杜地命出"相比，"绝地亡出"的含义是十分易懂的，即使不加解释，大家也会明白。"绝"是动词，意为断绝、隔绝，所以"绝地"可解释为"绝于故地"。但是，"绝"字也可以由动词转化为形容词，从而使"绝地"二字相合，成为一个众所周知的名词。在中国的汉语中，"地"字和"域"字往往相通，所以"绝地"也就是"绝域"。《汉书·韩安国传》称匈奴之地为"绝地"，《后汉书·马援传》称交阯之地为"绝地"，《后汉

---

① 王仲殊：《景初三年镜和正始元年镜的铭文考释》图版第陆（1），《考古》1984年第12期。
② "衡方碑"请见文明书局影印孙星衍旧藏本（清初拓）；"帝尧碑"中的"亡"字请见嘉庆十五年重刻淳熙《隶韵》卷三，页三十（下）。
③ 王仲殊：《景初三年镜和正始元年镜的铭文考释》图第一，图版第陆（1），《考古》1984年第12期。
④ 福山敏男：《景初三年·正始元年三角緣神獣鏡銘の陳氏と杜地》，《古代文化》第26卷第11号，1974年。

书·班超传》称西域之地为"绝域",指的都是远方阻隔难通的"异域"。这样,不言而喻,景初镜铭中的"绝地",无疑是指海东的倭地。"亡出"二字的意义又是什么呢?许慎《说文解字》指出:"亡,逃也"。《汉书·韩信传》说:"(萧)何闻信亡,不及以闻,自追之"。无待于言,"亡出"就是亡命而出。总而言之,景初三年镜铭中的"绝地亡出"可以释为"亡命而出,至此绝域"。

考明了景初镜铭中"绝地亡出"的含义之后,正始镜铭中的"杜地命出"四个字也就可以不解自通了。我在《考释》中将"杜地"二字释为"绝于故地",这是因为"杜"是动词,其意义与"绝"相同,但不能像"绝"字那样由动词转化为形容词之故。然而,正始镜和景初镜同为陈是所作,年代相连,铭文的用字虽有差异,但铭辞的内容却完全相同。因此,"杜地"应与"绝地"一样,也是指远方隔绝之地,亦即"绝域",实际上是海东的倭地。至于"命出"二字,我在《考释》中明确地释为"亡命而出",已经没有什么可以补充的了。从字面上来看,景初镜铭中的"亡出"和正始镜铭中的"命出"合在一起,也正是"亡命而出"。要之,正始元年镜铭中的"杜地命出"与景初三年镜铭中的"绝地亡出"的含义是完全相同的。

我在《考释》中说:景初镜和正始镜铭文中"陈是作镜自有经述"的"经述"二字是指经历和记述,"自有经述"是陈是自述其作镜的经历。陈是作镜的经历是什么呢?他在镜铭中将自己的经历归纳为"本是京师,绝地亡出"或"本自州师,杜地命出"八个字,可以说是简明扼要之极。陈是使用了通常叙述经历时所用的"本"字,以表明他过去曾是京师或州师,但在造作景初三年镜和正始元年镜时已经是时过境迁了。这八个字和"至海东"三字一样,不见于任何中国出土铜镜的铭文,正体现了在日本作镜的陈是(陈氏)有其特殊的经历!

也许有人会问:"本自州师"的"本自"与"本是京师"的"本是",有无差别?我说:"是"指身份,"自"指出身,两者有所不同。加上"本"字以后,"本是"主要也指出身,其与"本自"的差别就不大了,但仍略有差别。"京师"是相当偏狭的名称,须用"本是";"州师"是比较广泛的名称,可用"本是",也可用"本自"。《后汉书·何进传

（赞）》说"进自屠羊"，李贤注"进本屠家子也"。这是对"本自"二字的绝好解释。

在江南的吴地扬州，三国时代姓陈的镜师不少。我在《考释》中曾举吴"黄武七年"和"黄龙元年"的平缘神兽镜铭中的"陈世严"和"陈世"为例，这是人所共知的。此外，应该指出，就已发表的资料而言，江苏省南京市发掘出土的吴的平缘神兽镜有"陈建作镜"的铭文，说明镜师也姓陈①。

最后，我要交代一下，因为本文是《补释》，所以就不将景初镜和正始镜铭文的图版和拓本重新发表了。希望读者费神参照刊登在1984年第12期《考古》上的《考释》。

（原载《考古》1985年第3期）

---

① 李蔚然：《南京南郊六朝墓葬清理》，《考古》1963年第6期。

再论日本出土的景初四年铭三角缘盘龙镜

一

1986年10月8日，日本京都府福知山市教育委员会从该市东羽合广峰古坟群中的15号坟发掘出一面有"景初四年"纪年铭的三角缘盘龙镜。无独有偶，兵库县西宫市辰马考古资料馆于四天后的10月12日宣称，该馆所藏的一面"景初四年"铭三角缘盘龙镜在大小、形状、图纹和铭文等各方面都与广峰15号坟出土的三角缘盘龙镜完全相同，毫无差异。经鉴定，两者确属"同范镜"。

蒙日本国文部省邀请，我从1986年10月21日起在日本作为期两个星期的访问。10月25日、26日在奈良访问时，我见到了这两面"景初四年"纪年镜的实物。10月26日下午，我应邀在奈良国立文化财研究所作题为《吴镜师陈世所作神兽镜论考》的公开讲演，在原来的讲演稿之外，又作了补充，指出这两面新发现的"景初四年"纪年铭三角缘盘龙镜与长期以来在日本大量出土的三角缘神兽镜一样，为中国三国时代（公元220—265年）东渡的吴的工匠在日本所制作，又对镜铭的文字作考订，对铭文的含义作解说，并判定制作这两面"景初四年"铭三角缘盘龙镜的工匠陈是（即陈氏）与制作过去发现的"景初三年"铭三角缘神兽镜（一面，岛根县神原神社古坟出土）、"正始元年"铭三角缘神兽镜（三面，分别出土于群马县柴崎古坟、兵库县森尾古坟、山口县竹岛古坟，属"同范镜"）的工匠陈是为同一人。

我强调指出，"景初四年"铭三角缘盘龙镜的发现，更进一步地证实了日本出土的多达数百面的所谓"舶载"三角缘神兽镜不是中国三国时代魏朝皇帝所赐予，而是东渡的吴的工匠在日本制作的。我的最为重要的理由之一是，"景初四年"的年号实际上是不存在的。由于吴的工匠陈是远在日本作镜，不知魏朝改元之事，故在三角缘神兽镜的铭文中使用"景初三年"的纪年之后，又在次年制作的三角缘盘龙镜的铭文中使用"景初四年"的纪年。不久以后，陈是知道了魏朝已在景初三年之后改用"正始元年"的年号，所以又在新铸的三角缘神兽镜的铭文中使用"正始元年"的纪年[①]。关于在中国古代历史上根本不存在所谓"景初四年"的年号之事，我作了详细的考证，如下文之所述。

二

据《三国志·魏书》的《明帝纪》和《少帝（齐王芳）纪》记载，魏明帝是在景初三年（公元239年）正月丁亥朔日（即正月初一日，其干支为丁亥）死去的，齐王芳作为皇太子，立即继位为皇帝。按照自汉武帝以来西汉、东汉和魏朝关于新皇帝嗣位的当年仍沿用先帝年号的一贯规制，齐王芳即位后仍称此年为景初三年。《三国志·魏书·三少帝（齐王芳）纪》明确记载，景初三年十二月，魏帝颁发诏书说："烈祖明皇帝以正月弃背天下，臣子永惟忌日之哀，其复用夏正。虽违先帝通三统之义，斯亦礼制所由变改也。又夏正于数为得天正，其以建寅之月为正始元年正月，以建丑月为后十二月。"

从这道诏书的词句，可以知道以下的事实。

由于魏明帝是在景初三年正月初一日死去的，为了表示哀悼，翌年正月初一日就不便举行新年的庆典。因此，决定在景初三年十二月之后增加一个月，称为"后十二月"，以解决国家元旦庆典与先帝忌日丧礼之间的矛盾。这样，景初三年就有了两个十二月。在此前的青龙五年（公元237年）三月，魏明帝改"青龙"的年号为"景初"，并采用新的《景初历》，将原来的青龙五年三月改为景初元年四月。所以，景初元年、景初二年、景初三年的月份都向前提早了一个月，景初二年、景初三年都以原来的十

---

① 王仲殊：《论日本出土的景初四年铭三角缘盘龙镜》，《考古》1987年第3期。

二月（丑月）为正月，这便是上述诏书中所说魏明帝之"通三统"。

如所周知，在中国古代的历法中，夏代为黑统，以寅月（一月）为正月，商代为白统，以丑月（十二月）为正月，周代为赤统，以子月（十一月）为正月，是谓"三统"。汉武帝太初元年（公元前104年）行《太初历》，规定以丑月为十二月，以寅月为正月，这便是所谓"夏正"。但是，董仲舒等人主张历史循环论，认为天之道终而复始，黑、白、赤三统循环往复，而东汉《白虎通义》等书更发挥其说，故魏明帝采纳儒臣高堂隆之议而有通三统而改历法之举，乃使景初二年、景初三年皆以丑月为正月。继位的魏少帝（齐王芳）在景初三年（公元239年）十二月之后增加一个"后十二月"，这就恢复了汉武帝以来以丑月为十二月的旧制，而翌年正始元年（公元240年）也就恢复了汉武帝以来以寅月为正月的定规。这便是诏书中所说的"复用夏正"。

如上所述，与常年不同，从正月到"后十二月"，景初三年共有十三个月。与常年相同，从正月到十二月，正始元年共有十二个月。正始元年的正月与景初三年的"后十二月"直接相连，根本不存在所谓"景初四年"。这样，前述日本出土的二面"同范"的三角缘盘龙镜决不可能是中国魏朝皇帝赐给倭国女王卑弥呼的所谓"魏镜"。

前已述及，制作这两面"景初四年"铭三角缘盘龙镜的工匠陈是与制作"景初三年"铭、"正始元年"铭三角缘神兽镜的工匠陈是为同一人。日本出土的、多达数百面的所谓"舶载"三角缘神兽镜在中国全境皆无任何出土例，而镜的形制、纹饰则与中国三国时代江南吴地广泛流行的画像镜、神兽镜颇为相似，从而可以认定它们实为当时吴地的工匠东渡日本，在日本所制作。我曾撰作题为《景初三年镜和正始元年镜的铭文考释》和《景初三年镜和正始元年镜铭文补释》的论文，也得出了它们是三国时代吴地的工匠在日本所制作的结论[①]。

---

① a. 王仲殊：《景初三年镜和正始元年镜的铭文考释》，《考古》1984年第12期。
b. 王仲殊：《景初三年镜和正始元年镜铭文补释》，《考古》1985年第3期。

三

现在，我想再就倭国女王卑弥呼首次遣使访问中国魏朝是在景初三年而不是在景初二年的事实作详细的说明。这里，我先将中华书局出版的《三国志·魏书·东夷（倭人）传》的有关记载的原文抄录如下：

> 景初二年六月，倭女王遣大夫难升米等诣郡，求诣天子朝献，太守刘夏遣吏将送诣京都。其年十二月，诏书报倭女王曰：制诏亲魏倭王卑弥呼，带方太守刘夏遣使送汝大夫难升米、次使都市牛利奉汝所献男生口四人、女生口六人、班布二匹二丈，以到。汝所在逾远，乃遣使贡献，是汝之忠孝，我甚哀汝。今以汝为亲魏倭王，假金印紫绶，装封付带方太守假授。汝其绥抚种人，勉为孝顺。汝来使难升米、牛利涉远，道路勤劳。今以难升米为率善中郎将，牛利为率善校尉，假银印青绶，引见劳赐遣还。今以绛地交龙锦五匹、绛地绉粟罽十张、蒨绛五十匹、绀青五十匹，答汝所献贡值。又特赐汝绀地句文锦三匹、细班华罽五张、白绢五十匹、金八两、五尺刀二口、铜镜百枚、真珠、铅丹各五十斤，皆装封付难升米、牛利还到录受。悉可以示汝国中人，使知国家哀汝，故郑重赐汝好物也。
>
> 正始元年，太守弓遵遣建中校尉梯儁等奉诏书、印绶诣倭国，拜假倭王，并赍诏赐金、帛、锦、罽、刀、镜、采物，倭王因使上表答谢恩诏。其四年，倭王复遣使大夫伊声耆、掖邪狗等八人，上献生口、倭锦、绛青縑、绵衣、帛布、丹木、㳣、短弓矢。

首先，要指出的是，如《三国志·魏书·明帝纪》所记述，景初二年春正月，魏明帝诏令司马懿率兵讨伐割据辽东的公孙渊（设在朝鲜半岛的乐浪、带方郡亦为公孙渊所占）。同年秋八月丙寅（七日），司马懿围公孙渊于襄平，大破之，并斩渊之首传送于京都（洛阳），海东诸郡（包括乐浪、带方郡）始告平定。由此可见，景初二年六月辽东及带方郡正处在战争之中，倭国使者是不可能于此时经带方郡及辽东各地前来魏朝都城洛阳的。

其次，景初二年十二月之后是景初三年，景初三年十二月（应是"后十二月"）之后才是正始元年。上述"亲魏倭王"金印及金、帛、锦、罽、刀、镜、采物等虽然是在景初二年十二月的诏书中宣布赐予的，却要经过长达一年多的时间之后，到正始元年才由带方郡新任的太守弓遵派遣梯儁等官员将它们携往倭国，向卑弥呼女王宣诏、授印、赐物，这岂不是延误时日，有违常情吗？

因此，应该认为，《三国志·魏书·东夷（倭人）传》记载中的"景初二年"实乃景初三年之误。这样，魏帝于景初三年十二月所发诏书、所授金印、所赐物品便能及时地于次年正始元年经由设在朝鲜半岛的带方郡携往倭国，这是合乎实情的。

其实，《三国志·魏书·东夷（倭人）传》中的文字属于刻印错误的，不独"景初三年"之误作"景初二年"一处。例如，对照《后汉书·东夷（倭）传》、《梁书·东夷（倭）传》、《北史·倭国传》等的记载，《魏书·东夷（倭人）传》中的"一大国"为"一支国"之误，"邪马壹国"为"邪马台（臺）国"之误，也是可以确认无疑的。此外，所记卑弥呼女王的继承者"壹与"应该是"台（臺）与"之误，这在学术界也是人所共知的。

关于以上的问题，《梁书》和《北史》的记述是很值得参照的。《梁书·东夷（倭）传》所记为"至魏景初三年，公孙渊诛后，卑弥呼始遣使朝贡，魏以为亲魏（倭）王，假金印紫绶"。《北史·倭国传》所记为"魏景初三年，公孙文懿（渊）诛后，卑弥呼始遣使朝贡，魏主假金印紫绶"（据中华书局标点本）。无待于言，《梁书》、《北史》的记述可证姚思廉、李延寿等在唐代初期参阅的《三国志·魏书·东夷（倭人）传》所记本为"景初三年"而非"景初二年"。此外，《太平御览（四夷部）》所录关于东夷倭国的史书记载称"景初三年，公孙渊死，倭女王遣大夫难升米等（自）带方郡求诣天子朝见"，亦可为证[①]。

[①] 王仲殊：《三国志·魏书·东夷（倭人）传中的"景初二年"为"景初三年"之误》，《考古》2006年第4期。

四

　　说到这里，我要把话题转向日本。中国唐代学者张楚金于唐高宗显庆五年（公元660年）著《翰苑》之书，虽多已散佚，却有抄本残卷遗留于日本，今藏日本九州福冈县大宰府天满宫。《宋史·艺文志》记"雍公睿注张楚金翰苑十一卷"，但据日本学者考证，《翰苑》正文自不待言，其注文亦多为张楚金本人自注，雍公睿所作仅少数补注而已①。《翰苑》抄本注文明记卑弥呼女王遣大夫难升米等献男女生口及班布之事在景初三年，足可为以上对《三国志·魏书·东夷（倭人）传》所记卑弥呼首次遣使朝贡是在何年的考核作明证。值得称赞的是，与《三国志·魏书·东夷（倭人）传》的记载相对照，《翰苑》抄本所记倭地南渡瀚海而至之国为"一支国"（今壹岐岛）而不是"一大国"，所记卑弥呼的继承者幼女王之名为"台（臺）与"而不是"壹与"，与《梁书·东夷（倭）传》、《北史·倭国传》等史书的记述一致，实属难能可贵②。

　　就上述《梁书》、《北史》以及《翰苑》的有关记述看来，与公元11世纪初北宋真宗咸平六年（1003年）以降的《三国志》刻本相比，公元7世纪至8、9世纪唐代的《三国志》抄本虽亦多有误字和漏字，但至少在所述《魏书·东夷（倭人）传》中的"三"、"支"、"台（臺）"等的那几个文字的正确性上是占有优势的。《太平御览》的编辑开始于宋太宗太平兴国二年（公元977年），完成于太平兴国八年（公元983年），从而可以判断，关于东夷倭国之事，其所参照的《三国志·魏书》亦应是唐代以来的抄本。我的这一判断，也可以在日本最为有名的史书《日本书纪》的有关记述中得到佐证。

　　《日本书纪》编纂的完成在于日本奈良时代（公元710—784年）元正天皇的养老四年（公元720年），是日本国的第一部正史。与此后日本的

---

①　汤浅幸孙：《翰苑校释》，国书刊行会1983年版。
②　王仲殊：《从中日两国文献资料看古代倭的国名及其他有关问题》，《中日两国考古学·古代史论文集》，科学出版社2005年版。

其他史书多为或长或短的断代史不同，其所记述的历史上起原始的神话传说时代，下迄7世纪的所谓"飞鸟时代"，乃是一部大通史。就记述的可信程度而言，年代越早，越不可信，年代趋晚，可信程度逐渐提高。所记7世纪"飞鸟时代"历史的可信程度是相当高的，而此前6世纪的历史虽大体上可信，却犹有一定的不足之处。5世纪历史的可信程度不高，但亦有相当的可信性。至于1—3世纪的历史，则必须参照中国《后汉书》和《三国志》的有关记载，而不能相信《日本书纪》自身的记述。这里，我举《日本书纪·神功皇后纪》为例，以求说明前述关于中国魏明帝"景初"年号的问题①。

《日本书纪·神功皇后纪》记"（神功皇后）三十九年（己未），是年也，太岁己未"，注引《魏志》云："明帝景初三年六月，倭王遣大夫难升米等诣郡求诣天子朝献，太守邓夏遣使将送诣京都也"。

又记"（神功皇后）四十年（庚申）"，注引《魏志》云："正始元年，遣建忠校尉梯儁等奉诏书、印绶诣倭国也"。

又记"（神功皇后）四十三年（癸亥）"，注引《魏志》云："正始四年，倭王复遣使大夫伊声者、掖耶约等八人上献"。

《日本书纪·神功皇后纪》将神功皇后比定为倭国女王卑弥呼，这当然是难以置信的。然而，注文所引《三国志·魏书·东夷（倭人）传》的文句虽有一些误字，但总的说来，实在是非常正确的。特别是其所引述的倭女王卑弥呼首次遣使访魏的年份在于景初三年而非景初二年，足证《日本书纪》编撰者所参照的《三国志》是七世纪至八世纪初中国唐代的抄本，这是值得称许的。如前所述，《三国志》最初的刻本是北宋咸平六年（1003年）的国子监刻本。唐代的《三国志》为抄本，而且《魏志》、《蜀志》、《吴志》三者各自为书，故《旧唐书·经籍志》以《魏志》入正史类，以《蜀志》、《吴志》入编年类。因此，《日本书纪》编撰者所参照的实为《魏志》的抄本。日本学术界称《魏志·倭人传》而不称《三国志·魏书·倭人传》，其原因或许便在于此。后述《佩文韵府》（卷二十

---

① 《日本書紀》（前篇）卷第九氣長足姫尊·神功皇后，《国史大系》普及版，吉川弘文馆1981年版。

九）所引亦称《魏志·倭人传》，可作同样的理解。

这里，我要强调指明的是，《日本书纪·神功皇后纪》所注景初三年、正始元年、正始四年的干支分别为"己未"、"庚申"、"癸亥"，更是十分准确而值得重视。这就是说，景初三年的干支纪年为己未，正始元年的干支纪年为庚申，两者紧密相连，毫无空隙，从而使得"景初四年"完全没有插足的余地，足证所谓"景初四年"实际上是不存在的。

据各种史书、文籍记述，早在上古的夏、商、西周时代，中国已有一定程度的历法，其特点在于以甲、乙、丙、丁、戊、己、庚、辛、壬、癸的十干与子、丑、寅、卯、辰、巳、午、未、申、酉、戌、亥的十二支配合而组成甲子、乙丑、丙寅乃至戊戌、辛亥等干支，每六十次为一轮，俗称六十花甲子。中国古代本以干支纪日，以后又以干支纪年月。只因夏、商、西周属年代久远的上古时代，年月难以确记，所以要到西周晚期的共和行政元年（公元前841年）才得到正确无误的记载，并确记共和行政元年的干支为庚申。显而易见，此年干支不是甲子而是庚申，可知早在共和行政元年之前，中国历法已用干支纪年月。

共和行政元年相当公元前841年，其干支为庚申，已如上述。事有凑巧，三国时代魏明帝的景初三年相当公元239年，其干支为己未，实属共和行政元年以来的第18个六十年之末，魏少帝（齐王芳）的正始元年相当公元240年，其干支为庚申，实属共和行政元年以来的第19个六十年之首，真可谓是完全相合，毫无差错。景初三年（己未）与正始元年（庚申）紧密相连，不容所谓"景初四年"之类的虚假年号插入其间[①]，已如前述。

五

以上所述总而言之，按照我的考证，日本出土的两面"景初四年"铭三角缘盘龙镜铭文中的"景初四年"的年号实际上是不存在的，故可判定两镜应与日本出土的、多达数百面的三角缘神兽镜一样，决不是中国魏朝

---

① 陈垣：《二十史朔闰表》（魏·蜀·吴），古籍出版社1956年版。

皇帝所赐的"魏镜",而是三国时代中国的工匠东渡日本,在日本所制作。由于三角缘神兽镜在形制、纹饰等各方面都与中国长江中下游江南地方出土的属于东汉至三国时代的画像镜和神兽镜相似,而与中原及北方地区出土的同时期的各种铜镜有异,我认定它们不是魏的工匠,而是吴的工匠在日本所制作。日本出土的三角缘神兽镜已多达数百面,而在中国和朝鲜半岛境内却绝无此种铜镜的出土例。因此,许多日本学者与我持相同的观点,主张日本出土的三角缘神兽镜不是在中国所制作,而是在日本本地制作的。"景初四年"铭三角缘盘龙镜之在日本被发现,更为三角缘神兽镜不是中国的魏镜之说增添强劲有力的证据。

值得重视的是,就在最近的数年之前,日本著名的金属考古学者新井宏根据三角缘神兽镜所含铅的同位素比率测定,确认铅出产于日本本地的铅矿,进一步从自然科学研究方面确证三角缘神兽镜不是中国的"魏镜",而是在日本本地制作的[①]。在日本考古学界,与我持相同观点的学者们为此而感到欣喜。有的学者特地撰写文章,在称赞新井宏氏的研究成果的同时,又重新举引我所主张的关于"景初四年"铭三角缘盘龙镜绝非在中国制作的见解[②],由此成为定论。

六

约当今年(2011年)春、夏之季,日本圣德大学名誉教授山口博经过广泛、深入的检阅、查证,指出中国史书《晋书·天文志》所记有"景初四年"之事,其事且为《佩文韵府》所引述,而《全唐文》所收王茂元《奏吐蕃交马事宜状》中则有"魏酬倭国,止于铜镜钳文"之语,从而认为"景初四年"不是虚假的年号,而三角缘神兽镜则系魏朝为交好倭

[①] a. 新井宏:《鉛同位体比から見て三角縁神獣鏡は非魏鏡》,《東アジアの古代文化》第129号,大和书房2006年版。

b. 新井宏:《理系の視点からみた〈考古学〉の論争点》第一章,《三角縁神獣鏡は魏鏡か》,大和书房2007年版。

[②] 奥野正男:《三角縁神獣鏡の製作地論争・私見》,《東アジアの古代文化》第137号,大和书房2009年版。

国，从倭人之喜爱，专为赐予倭方而特铸，故大量出土于日本各处，而不见于中国本地。山口氏博览群书，对中国的史书文籍十分熟悉，使我深感钦佩。但是，就山口氏的论点而言，我是持反对态度的。兹将事情的要点陈述如下。

《晋书·天文志》记："景初元年七月，公孙文懿（渊）叛。二年正月，遣宣帝（司马懿）讨之。三年正月，天子（魏明帝）崩。四年三月己巳，太白与月俱加景昼见，月犯太白"（括号内的文字为我自己所加，以求读者易于理解）。毫无疑问，"四年三月己巳"是指景初四年三月己巳。

但是，必须指出，《晋书·天文志》明记天子（魏明帝）死于景初三年正月。这样，按照汉武帝以来历代皇帝死去以后的翌年必须改元（改年号）的定规，编撰者当然知道所谓"景初四年"是不存在的。所以，可以认为，所记"（景初）四年三月"实乃正始元年三月之误。特别是所记月日为"三月己巳"，更能说明问题。查正始元年三月朔日干支为庚戌，"三月己巳"即是三月二十日，正与《晋书·天文志》所记"四年三月己巳"符合，足证"（景初）四年"为正始元年之误。

《晋书》为唐初房玄龄等于贞观十八年至二十年间（公元644—646年）编撰而成，其中《天文志》的撰作虽有著名天文学者李淳风参与，其在记年的细节上出现差错，也是可以理解的。如若彼等能与前述《日本书纪·神功皇后纪》的编撰者一样，仔细参阅当时《（三国志）魏志》的抄本，这种差错想必是可避免的。

山口博氏又以《佩文韵府》（卷五十三《影》）所引《晋书·天文志》的记述亦作"景初四年三月己巳"云云为佐证，认为"景初四年"的年号是真实可信的。但是，如所周知，《佩文韵府》为中国清代康熙（1662—1722年）年间刊行的辞书，所据资料系由其他"类书"（辑录各门类的资料，加以编排，以便检查、引证的工具书）辗转抄录，错误甚多。其中卷二十九（《缣》）所引述的《魏志·倭人传》文句为"景初四年倭王遣使上献生口、倭锦、绛青缣、绵衣、帛布"云云，竟将《魏志·倭人传》中的"正始四年"误作"景初四年"，实属误谬之极，便是一例。要之，《佩文韵府》所引《晋书·天文志》和所引《魏志·倭人传》

中的"景初四年"是不足以为《晋书·天文志》原文中的"景初四年"掩盖差错，更不足以提高其可信度的。

山口博氏认为日本出土的两面"景初四年"铭三角缘盘龙镜与以"景初三年"铭、"正始元年"铭三角缘神兽镜为首的数百面所谓"舶载"三角缘神兽镜一样，是中国魏朝皇帝为赐赠倭国女王卑弥呼而特铸的，所持最为重要的证据在于清嘉庆十九年（1814年）董诰、徐松等编集的《全唐文》（卷六百八十四）所收唐文宗（公元827—840年）时王茂元《奏吐蕃交马事宜状》中有"昔魏酬倭国，止于铜镜钳文"的这一非同寻常的词句。山口氏以为"钳"乃颈枷、脚镣之类的刑具，进而主张"钳文"是指深为倭人所厌恶的铜镜铭文，"止于铜镜钳文"则是说魏朝方面为求通好倭国，停止使用此种不祥铭文而特铸新式的铜镜以赠。这可谓是山口博氏的一大发明，引起群众的注意①。

但是，对于山口氏的上述见解，我是坚决反对的。应该指出，"止于铜镜钳文"句中的"止于"二字之意为"仅限"、"只有"，不是指停止、废止，而在中国自古至今的任何书籍、文章中皆无所谓"钳文"之词，故不可视"钳文"为倭人所憎恶的铜镜铭文。其实，"止于"二字指"仅限"、"只有"，与下句"汉遗单于，不过犀毗、绮袷"中的"不过"二字意义相似，"钳文"则为"绀文"之误，而"绀文"实指《魏志·倭人传》所记"绀地句文锦"之类。因此，与"不过犀毗、绮袷"之句一样，"止于铜镜绀文"之句应加顿号而为"止于铜镜、绀文"。

要之，王茂元在《奏吐蕃交马事宜状》中主张大唐朝廷为安抚吐蕃，须行怀柔政策，应吐蕃之要求而送交许多马匹，诚属"容养甚宏"、"赐赉非薄"之举措。与此相比，昔年魏朝之酬赏倭国，仅限于铜镜及绀地句文锦之类（见《魏志·倭人传》），汉朝之赠送匈奴单于，不过是黄金带钩和丝绸衣服等品物（见《汉书·匈奴传》）而已。从奏状中的语调看来，王茂元举"魏酬倭国"及"汉遗单于"之事，非属高度称赞，却稍含贬抑之意，不可据此以为魏朝曾特铸铜镜以赐倭国。

---

① 山口博：《（コラム）魏は倭国のために銅鏡を特注したか》,《環濠を構え石窟に住む神，イツノヲハバリ》前編52頁,《聖徳大学言語文化研究所論叢》18，2011年。

顺便言及，山口博氏怀疑"汉遗单于"的"遗"字或为"遣"字之笔误。其实，"遗"字一般读音为"yi"，如云遗留、遗传、遗失等等。此处"遗"字读音为"wei"，意为赠与、送给，实非"遣"字之误写。

附记：我于 2011 年 9 月阅日本报纸，得知日本圣德大学名誉教授山口博先生发表关于"景初四年"纪年问题的论说，引起读者重视，乃于 11 月下旬发电传信件致日本九州大学名誉教授西谷正先生，敬请惠送山口先生论说的相关文件，以供拜读。西谷先生接信后，立即与山口先生商议，由山口先生就论说要旨写成简明文件，交西谷先生邮送于我，使我深为感激，特此敬表谢忱。拙稿若有错误之处，亦请山口先生、西谷先生教正。

2011 年 12 月 20 日

（原载《考古》2012 年第 6 期）

从日本出土的铜镜看三世纪倭与中国江南的交往[①]

倭与中国的关系在3世纪有了新的发展。从景初三年开始,邪马台国多次派遣使者到中国的魏朝访问,魏朝也由带方郡派官吏到邪马台国回访,双方关系十分密切。倭魏的官方交往在《魏志·倭人传》中有详细的记载,是人所共知的历史事实。

另外,在同一时期,倭与中国江南的吴国也有交往。由于倭吴的交往限于民间,在文献中没有明确的记载,所以长期不为人所知。但是,根据对日本出土铜镜的研究,可以确认这种交往是存在的。

长期以来,日本学者认为三角缘神兽镜是中国的魏镜,是魏朝皇帝赠送邪马台国女王卑弥呼的礼物。但是,我从三角缘神兽镜的形制、图纹和铭文等各方面考察,确认它们是吴的工匠东渡日本,在日本制作的。我的理由是:(1)三角缘神兽镜在日本大量出土,但始终没有在中国出土;(2)三角缘神兽镜图纹中的某些纹样,不见于任何中国出土的铜镜;(3)与三角缘神兽镜相似的平缘神兽镜和三角缘画像镜等中国出土的铜镜,是吴镜而不是魏镜;(4)三角缘神兽镜铭辞中有"用青铜,至海东"等词句[②]。以上各点都说明,三角缘神兽镜不是在中国制作的,而是东渡的吴

---

① 对于日本学者樋口隆康在《卑弥呼的铜镜百枚》的《補論》中提出的几点意见,我已在《吴镜师陈世所作神兽镜论考》(《考古》1986年第11期)、《论日本出土的景初四年铭三角缘盘龙镜》(《考古》1987年第3期)、《"黄初"、"黄武"、"黄龙"纪年镜铭辞综释》(《考古》1987年第7期)等论文中详细回答,这里不再重复。本文是1987年11月我在北京举行的日本第9次古代史讲演会(全日本空输株式会社、日中文化交流协会主办)上的讲稿,顺便在这里发表,以便进一步阐明我对日本三角缘神兽镜的看法。

② 王仲殊:《关于日本三角缘神兽镜的问题》,《考古》1981年第4期,第346—358页。

的工匠在日本制作的。

日本岛根县神原神社古坟出土的1枚三角缘神兽镜有"景初三年"的纪年铭，群马县柴崎古坟、兵库县森尾古坟和山口县竹岛古坟出土的3枚"同范"的三角缘神兽镜有"正始元年"的纪年铭，铭辞记明它们都为工匠陈是所作。由于"景初"、"正始"是魏的年号，"景初三年"和"正始元年"又是倭魏首次正式交往的年份，所以上述4枚纪年铭三角缘神兽镜曾被认为是不容争辩的魏镜，而且肯定是魏帝所赐的"卑弥呼之镜"无疑。但是，必须指出，景初三年铭和正始元年铭三角缘神兽镜铭辞中有"本是京师，绝地亡出"、"本自荆师，杜地命出"的词句。按照我的考证，"京"是吴国的地名，在今江苏省镇江市，"京师"是指京的铸镜师。"荆师"即州师，是州的铸镜师，实际上是指吴地扬州的铸镜师[1]。"绝地亡出"和"杜地命出"是说陈是亡命出国，至于绝地。中国古代往往称周围的外国为"绝地"，镜铭中的"绝地"正是指海东的倭地[2]。总之，景初三年镜和正始元年镜的铭辞证实了作镜的工匠陈是本来是中国吴地扬州京城的铸镜师，他自故地亡命到日本，在日本制作三角缘镜神兽镜，铭辞中的"景初"、"正始"的年号不足以说明它们是魏镜。

大家都知道，1986年10月在日本发现了2枚有"景初四年"纪年铭的三角缘盘龙镜。1枚为京都府福知山市广峰15号坟发掘出土，1枚为兵库县西宫市辰马考古资料馆所藏。两镜的大小、形状、图纹和铭文完全相同，属"同范镜"。从铭辞可以确认，这两枚"景初四年"铭盘龙镜也系陈是所制作，他与制作景初三年铭和正始元年铭三角缘神兽镜的陈是为同一人。这样，如上所述，景初三年镜和正始元年镜既为陈是在日本所作，景初四年镜当然也应该为陈是在日本所作[3]。

我认为，就广峰15号坟出土的和辰马考古资料馆所藏的盘龙镜的本身而论，判断它们为陈是在日本所作，最有力的证据便是镜铭中的"景初四年"的纪年。

---

① 王仲殊：《景初三年镜和正始元年镜的铭文考释》，《考古》1984年第12期，第1118—1126页。
② 王仲殊：《景初三年镜和正始元年镜铭文补释》，《考古》1985年第3期，第267—268页。
③ 王仲殊：《论日本出土的景初四年铭三角缘盘龙镜》，《考古》1987年第3期，第265—272页。

据《三国志·魏志》的《明帝纪》和《少帝（齐王芳）纪》记载，魏明帝是在景初三年正月初一日死去的。明帝死后，齐王芳立刻即皇帝位。按照汉武帝以来西汉、东汉和魏朝关于皇帝嗣位的当年仍沿用先帝年号的一贯制度，齐王芳即位的当年仍称"景初三年"。景初三年十二月，魏朝颁发了一道重要的诏书。诏书强调要恢复使用夏代的历法，规定在景初三年十二月之后增加一个"后十二月"，并规定翌年改元"正始元年"①。

为什么要在景初三年十二月之后增加一个"后十二月"呢？这是因为魏明帝是在景初三年正月初一日死去的，为了表示哀悼，翌年正月初一日就不便举行新年的庆典。所以，要在景初三年十二月之后增加一个月，称为"后十二月"，以解决国家元旦庆典与先帝忌日丧礼之间的矛盾。这样，景初三年就有了两个十二月。在此前的青龙五年三月，魏明帝从儒臣高堂隆之议，改"青龙"的年号为"景初"，并采用新的"景初历"，将原来的青龙五年三月改为景初元年四月②。所以，景初元年、景初二年和景初三年的月份都往前提早了一个月，景初二年和景初三年都以原来的十二月为正月。十二月是"丑月"，以"丑月"为正月是商代的历法。诏书规定在景初三年十二月之后增加一个"后十二月"，这就恢复了汉武帝以来以"丑月"为十二月的旧制，翌年正始元年也就恢复了汉武帝以来以"寅月"（一月）为正月的旧制，这就是诏书所说恢复使用夏代的历法。

要之，与常年不同，从正月到"后十二月"，景初三年共有十三个月。与常年相同，从正月到十二月，正始元年共有十二个月。正始元年的正月与景初三年的"后十二月"直接相连，根本不存在所谓"景初四年"。1986年10月福知山市广峰十五号坟盘龙镜发现后，日本许多报纸引述某学者的意见，说景初四年以一月告终，从二月起改为正始元年。这是完全错误的。

总之，按照汉武帝以来的一贯制度，每一个皇帝死后，其年号只能沿用于当年，决不能延用于翌年。魏明帝是景初三年正月初一日死去的，所以绝对不可能有"景初四年"。这是有关国家体制的大事，是不允许任何

---

① 《三国志·魏书·明帝纪、三少帝纪》，《三国志》卷第三、第四，中华书局1962年版，第114—119页。

② 《三国志·魏书·高堂隆传》，《三国志》卷第二十五，中华书局1962年版，第712页。

人胡乱更改的。因此，十分明显，如若广峰十五号坟出土的和辰马考古资料馆所藏的三角缘盘龙镜为陈是在中国的洛阳所制作，那就决不可能在镜的铭辞中出现"景初四年"的纪年。

主张"魏镜说"的学者，认为景初四年铭盘龙镜与以景初三年镜、正始元年镜为首的大量三角缘神兽镜一样，是中国魏朝皇帝赠送给日本邪马台国女王卑弥呼的礼物。有的学者还主张"特铸说"，认为三角缘盘龙镜和三角缘神兽镜是在当时魏国最有力的实权人物司马懿的主持下，作为中国皇帝给"亲魏倭王"的下赐品而特铸的。但是，我不禁要问，既然是由魏国官方发布命令而隆重特铸的皇帝的御礼品，又怎能违反国家体制，在镜的铭辞中使用根本不允许存在的"景初四年"的纪年呢？

有的学者承认"景初四年"在历史上是不存在的，但为了坚持"魏镜说"，却新创一种"预制说"，说这两枚景初四年镜是魏朝为了赠送倭王，在景初三年预先制作的。必须指出，在景初三年制作的铜镜铭文中使用"景初四年"的纪年，这本来就是说不通的。特别是根据史书的明确记载，魏明帝是在景初三年正月初一日死去的，新皇帝立刻即位，谁都知道来年必定要改元。什么是"改元"呢？改元就是要停止使用"景初"这一旧年号，改用别的新年号。不管使用什么新年号，"景初"这一旧年号是绝对不能继续使用的。因此，纵使这两枚盘龙镜是在景初三年"预制"的，也决不可能在镜铭中使用"景初四年"的纪年。

前面已经说过，景初四年铭盘龙镜和景初三年铭、正始元年铭三角缘神兽镜一样，是工匠陈是在日本制作的。十分明显，正是因为陈是其人远在海东的倭地，不能及时得知魏朝已改用"正始"的年号，所以继在其所作三角缘神兽镜的铭辞中使用"景初三年"的纪年之后，又在其所作盘龙镜的铭辞中使用"景初四年"的纪年。这是完全可以理解的。

1984年我在东京举行的古代史讨论会上早就说过，中国人留居国外，仍然使用中国的年号，这样的事例不少，不仅限于镜工陈是在日本使用"景初"、"正始"等年号一例[①]。我曾着重指出，4世纪时，乐浪郡陷落后，朝鲜半岛北部高句丽境内的中国人营建坟墓，在墓砖铭文和墓壁题记

---

① 王仲殊：《日本三角缘神兽镜综论》，《考古》1984年第5期，第468—479页。

中仍然使用"泰宁"、"咸和"、"建元"、"永和"、"元兴"等中国东晋的年号。但是，值得注意的是，由于朝鲜半岛北部远离中国的江南，道路阻隔，消息难通，不能及时得知东晋皇帝改元之事，所以往往将上述各年号的年数延长一年。据史书明确记载，"泰宁"共四年，"咸和"共九年，"建元"共二年，"元兴"共二年，而朝鲜黄海北道和黄海南道各处古墓的墓砖铭文却有作"泰宁五年"、"咸和十年"、"建元三年"、"元兴三年"的[①]。晋穆帝的"永和"共十二年，以后改元为"升平"，但黄海南道有名的安岳三号墓（冬寿墓）的墓壁题记却使用"永和十三年"的纪年[②]，"永和十三年"其实是升平元年。魏明帝的"景初"一共只有三年，但远在日本的陈是却在其所作铜镜的铭辞中使用"景初四年"的纪年，"景初四年"其实是正始元年。这与上述朝鲜半岛北部高句丽境内中国人所作墓砖铭文和墓壁题记纪年有误的情形是相同的。总之，景初四年镜在日本出土，为判断三角缘神兽镜系吴的工匠在日本所作提供了铁证。

景初四年铭盘龙镜在铭辞中记作镜的日期为"五月丙午之日"。如所周知，五月丙午为铸镜的大吉日。许多铜镜在铭辞中记作镜的日期为"五月丙午"，这也许是择吉日而铸镜的真实之辞，也许是假借吉日之名而作的虚托之辞，而后者又有"五月"为真实、"丙午"为虚托或"五月"、"丙午"全为虚托之分，不可一概而论。经检查，正始元年五月没有丙午日。因此，景初四年镜铭辞所记"五月丙午之日"之是否真实，只有以下两种可能性：（1）铭辞全属虚托，此镜不是丙午日所铸，也不是五月所铸；（2）虽非丙午日所铸，但确实铸于五月。

据《魏志·倭人传》记载，景初三年六月邪马台国所遣使者难升米、都市牛利等自日本至带方郡，同年十二月在中国的首都洛阳接受皇帝封赏，完成了使命。据《三国志·魏志》的有关记载，中国从洛阳到辽东的行程约需三个月[③]，倭地从不弥国经投马国至邪马台国的行程约需两个

---

① 野守健等：《樂浪带方郡時代紀年銘磚集録》，《昭和七年度古蹟調查報告》第一册附録，东京，朝鲜总督府，1933年，第6—7页。
② 洪晴玉：《关于冬寿墓的发现和研究》，《考古》1959年第1期，第33页，图第14。
③ 《三国志·魏书·明帝纪》裴松之注引干宝《晋纪》，《三国志》卷第三，中华书局1962年版，第111页。

月①。因此，可以估计，纵使难升米、牛利等早在正始元年正月便从洛阳启程返国，恐怕也要到此年六月以后才能经带方郡回到邪马台国。我认为，限于当时的通讯条件，身在邪马台国的陈是必须等到以难升米为首的使节团返抵本国后才能得知魏朝已改元"正始"。因此，景初四年铭盘龙镜铸于正始元年五月的可能性决不是没有的。

当然，在邪马台国使者未归的情况下，陈是早在正始元年五月之前的某月便制作了这两枚盘龙镜，这样的可能性也是充分存在的。这样，镜铭中的"五月丙午之日"就全属虚辞。但是，必须指出，这两枚盘龙镜铸于正始元年正月的可能性是不存在的。因为，根据许多纪年铭铜镜的铭辞，正月丙午和五月丙午一样，也是铸镜的重大吉日②。所以，如若它们铸于正始元年的正月，那就应该在铭辞中直书作镜的日期为"正月丙午之日"，而不必虚托为"五月丙午之日"了。要之，纵使福知山市广峰十五号坟出土镜和辰马考古资料馆藏镜铸于正始元年五月之前，亦应排除其铸于正月的可能性。陈是得知中国定此年为"正始元年"之后，或许是为了补"景初四年"纪年失误之过，又铸造了群马县柴崎古坟、兵库县森尾古坟和山口县竹岛古坟出土的正始元年铭三角缘神兽镜。我们不能判断正始元年铭三角缘神兽镜是在正始元年何月何日铸造的，但可以断定它们的铸造日期必然晚于广峰十五号坟出土的和辰马资料馆所藏的景初四年铭盘龙镜。

如上所述，我们从日本出土的许多铜镜，特别是从景初三年镜、正始元年镜、景初四年镜等纪年铭三角缘神兽镜和盘龙镜的铭辞可以看出3世纪日本和中国的交往。这些铜镜在日本出土，既证实了倭魏之间的官方的交往，也说明了倭吴之间的民间的交往。

3世纪倭与中国江南吴地之间的民间的交往，除了上述东渡的吴的工匠在倭地制作铜镜之外，还包含倭人西渡到吴的会稽郡进行贸易。据《三国志·吴志》等史书记载，在中国吴地东方的远海中有亶洲，传说秦始皇

---

① 《三国志·魏书·东夷传》，《三国志》卷第三十，中华书局1962年版，第854页。
② a 梅原末治：《漢三國六朝紀年鏡図説》，桑名文星堂1942年版，第20、24、25、26、27、28、29、31页。
b 湖北省博物馆、鄂州市博物馆：《鄂城汉三国六朝铜镜》，文物出版社1986年版，图版说明第6—7页。

遣方士徐福率童男童女数千人至此洲不归，世代相传，到三国时代户口发展到数万家之多，其人民时有到吴的会稽郡进行贸易的①。我认为，亶洲是日本列岛的一部分。事实上，从东洋古代史和东亚考古学的视野来看，当时太平洋西部的岛国能远渡大海来与中国贸易的，也只有日本。日本各地出土的许多中国的吴的铜镜，便是关于亶洲的历史记载的物证。如所周知，日本山梨县鸟居原古坟出土的赤乌元年铭对置式神兽镜和兵库县安仓古坟出土的赤乌七年铭对置式神兽镜当然是中国的吴镜。应该指出，冈山市新庄上庚申山出土的对置式神兽镜和神户市梦野丸山古坟出土的重列式神兽镜也显然是吴镜无疑。此外，经过与中国出土铜镜的仔细对照，可以判定京都府椿井大塚山古坟出土的画文带对置式神兽镜、奈良县新山古坟出土的画文带环状乳神兽镜、熊本县船山古坟出土的神人车马画像镜、大阪府茨木市出土的二神二兽画像镜、兵库县姬路市奥山大塚古坟出土的佛像夔凤镜等也确实是中国的吴镜②。根据镜的形制和图纹的特征，可以认为这些吴镜是吴郡或会稽郡的产品。从三国时代中国南北分裂、魏吴敌对的政治形势来看，它们应该是由江南的吴地直接传入日本，而不是经过北方的魏境传入日本的。在中国黄河流域和北方地区的考古调查发掘中，极少发现神兽镜、画像镜和佛像夔凤镜等南方的吴镜，也足以说明这一问题。因此，我要说，大量吴镜存在于日本各地古坟时代的遗迹中，这正是倭人渡海到吴的会稽郡进行贸易的结果。

如所周知，4世纪的日中关系不见于文献记载。但是，可以认为，3世纪倭与中国江南吴地的民间交往为5世纪倭五王与中国东晋、南朝进行官方的交往开辟了道路。《古事记》、《日本书纪》称东晋和南朝为"吴国"，称东晋、南朝的人员和物件为"吴织"、"吴衣缝"、"吴服"、"吴床"等，溯其渊源，正是在于3世纪倭与江南吴地的密切的交往。

（原载《华夏考古》1988年第2期）

---

① 《三国志·吴书·吴主传》，《三国志》卷第四十七，中华书局1962年版，第1136页。
② a. 王仲殊：《日本三角缘神兽镜综论》，《考古》1984年第5期，第471页。
  b. 西田守夫：《姬路市奥山大塚古坟出土的吴代的仏像夔鳳镜とその〈同笵镜〉をめぐって》，《考古学雑誌》第73卷第1号，1987年版，第72—78页。

论日本巨大古坟箸墓所葬何人的问题
——是卑弥呼抑或是台与

箸墓古坟（"箸墓"为墓的名称，"古坟"为墓的性质，两者相连而称"箸墓古坟"，这是日本考古学上的常称）坐落在日本奈良盆地东南部，规模巨大。《日本书纪》崇神天皇十年九月条记箸墓为孝灵天皇皇女倭迹迹日百袭姬所葬的"大市墓"，其筑造是"昼为人所作，夜为神所作；从大坂山到墓的所在地，人民列长队用手传送石块，以筑此墓"[①]。据检察，箸墓的葺石（坟丘所铺石块）或许采自近处的初濑川，而墓室石材属斑晶为橄榄石、辉石的玄武岩，可推定产自大阪府柏原市国分的芝山，与《日本书纪》所记神话传说相符合[②]。

按照坟丘的形状、构筑的规制以及坟丘近旁出土土器（日本称软质陶器为"土器"）的型式，特别是所谓"特殊器台形埴轮"（"埴轮"为陶制明器，有许多不同的种类和形状）之类的性质，箸墓被认定为最初的定型化的"前方后圆坟"[③]（日本古坟时代流行的最主要的一种古坟，因坟丘的形状而定名）。大约从20世纪50年代以来，日本考古学界普遍认为箸墓的筑造年代在公元4世纪初，这基本上也就是日本"古坟时代"开始的年代。例如，20世纪80年代初，日本著名考古学、古代史学者们在其共同编著的《埋没了的邪马台国之谜》一书中主张古坟时代的上限不能超越

[①] 《日本書紀》卷第五前篇，《国史大系》，吉川弘文馆1981年版，第163—166页，崇神天皇十年（癸巳）九月壬子条。
[②] 大塚初重等：《日本古代遺跡事典》奈良县·箸墓古墳，吉川弘文馆1995年版，第555页。
[③] 大塚初重：《前方後円墳と大和政権》，《東国の古墳と大和政権》，吉川弘文馆2002年版，第5—7页箸墓古墳。

至 3 世纪末，而箸墓的筑造年代应在 4 世纪前期①，这可看作是代表当时日本学术界的占主流的见解。

至少自 20 世纪 20 年代以降，信奉邪马台国畿内说（日本的"畿内"指奈良、大阪、京都一带）的研究者即有将箸墓比定为卑弥呼之墓的。1966 年在箸墓的坟丘发现所谓"特殊器台形埴轮"，乃使箸墓的筑造年代有上溯至 3 世纪中叶的可能性，以致推定箸墓所葬为卑弥呼的研究者人数有增，却不足以改变当时日本学术界以认为古坟时代开始于 3 世纪末、4 世纪初的见解为主流的大局。

然而，最近 10 余年来，日本研究者中多有主张应将日本古坟时代开始的年代提早到 3 世纪后期乃至中期的。于是，作为最初的定型化的前方后圆坟，箸墓的筑造年代亦被提早到 3 世纪后期乃至中期，有的学者则重新推定箸墓所葬为卑弥呼。随着古坟时代开始的年代应提早到 3 世纪后期至中期的呼声越来越高的态势发展，主张箸墓所葬为卑弥呼的研究者人数进一步增多，白石太一郎氏则是其中最具代表性的学者之一②。

据《魏志·倭人传》（日本学术界称中国《三国志·魏书·东夷传·倭人》为《魏志》倭人传，笔者在讲演中按日本通例而用此称）记载，卑弥呼为公元 3 世纪前期的倭国女王，以邪马台国为其都邑所在。长期以来，日本学术界乃至社会各界有关人士多称卑弥呼为邪马台国女王。《魏志·倭人传》记中国魏少帝（齐王芳）正始八年或九年（公元 247 年或 248 年）卑弥呼死，立即造墓、埋葬③。这样，箸墓若为卑弥呼之墓，其筑造年代应在公元 250 年之前。要之，要认定箸墓所葬为卑弥呼女王，首先必须确认《魏志·倭人传》所记邪马台国的地理位置在畿内。

但是，如所周知，早从 18 世纪日本江户时代中期著名学者新井白石、本居宣长提出邪马台国地理位置在大和的"畿内说"与在筑紫的"九州

---

① 上田正昭、田边昭三：《埋もれた邪馬台国の謎》，《箸墓古墳と卑弥呼》，旺文社 1981 年版，第 120—121 页。

② 白石太一郎：《最初の前方後円墳——箸墓古墳》、《箸墓は卑弥呼の墓か》，《古墳とヤマト政権》，文艺春秋 1999 年版，第 44—46、60—64 页。

③ 《三国志》卷第三十，《魏书》东夷（倭人）传第三十，中华书局 1962 年版，第 854—858 页。

说"以来，关于邪马台国所在地问题就存在着"九州说"、"畿内说"两者的对立。进入20世纪以后，京都大学教授内藤虎次郎与东京大学教授白鸟库吉各自主张"畿内说"、"九州说"，激烈争论，延续至今，已近百年之久，仍然丝毫不见有终结的趋向。1988—1989年，九州佐贺县吉野里遗址的发掘调查处于高潮而获得显著成果之时，本来信奉"畿内说"的研究者中不无转而改奉"九州说"的。一般说来，在日本学术界，考古学者以坚持"畿内说"为主，文献史学者则多倾向于认同"九州说"。在此种情况下，主张箸墓所葬为卑弥呼女王的见解至少不为信奉"九州说"的许多学者所接受。

这里，我要着重指出，自1999年至2000年，日本学者大和岩雄连续发表《中国文献所见的邪马台国・女王国》[①]、《从考古资料看三世纪的王都》[②]、《关于箸墓古坟的所葬者》[③]等重要的论文。大和氏广泛参阅中国各种古代文献，仔细核对，详加考证，提出了许多值得重视的新见解。其中，最引人注目之点是，大和岩雄氏主张《魏志・倭人传》中的"女王国"在九州，为女王卑弥呼的都邑所在，邪马台国在畿内，为卑弥呼的继承者台与女王的都邑所在（《魏志・倭人传》记"邪马台国"为"邪马壹国"，记卑弥呼继承者之名为"壹与"，但从其他史书、文籍的记载看来，"壹"字为"台"（臺）字之误，至今已成学术界之通识）。大和岩雄氏认为：卑弥呼女王为了加紧与中国魏王朝交往，置其都邑于九州北部，使中国与倭国双方使节往来便捷，两国政治关系密切；魏王朝册封卑弥呼为"亲魏倭王"，可谓名符其实，十分恰当。然而，女王台与继位后，因魏王朝势力衰退，无须继续重视"亲魏倭王"的名号，尤其是与狗奴国交战之后，要向东海（指日本本州伊势湾以东的东海道地区）、东国（主要指日本本州的关东地区）方面扩充势力，所以台与女王自九州北部迁都至畿内

---

① 大和岩雄：《中国文献にみる邪馬台国・女王国》，《東アジアの古代文化》第101号，大和书房1999年11月版，第164—183页。

② 大和岩雄：《考古資料からみた三世紀の王都》，《東アジアの古代文化》第102号，大和书房2000年1月版，第152—181页。

③ 大和岩雄：《箸墓古墳の被葬者をめぐつて》，《東アジアの古代文化》第103号，大和书房2000年5月版，第136—157页。

的邪马台国。这样，按照大和氏的新说，坐落在畿内地区奈良盆地东南部的箸墓古坟所葬不可能是卑弥呼女王，而应该是迁都至邪马台国的台与女王。

与上述大和岩雄氏所倡"女王国"是卑弥呼女王的都邑，邪马台国是台与女王的都邑，两者地点分别在九州、畿内，不可混而为一之说不同，日本著名文献史学者西岛定生氏则于20世纪90年代初在其《倭国之出现——东亚细亚世界中的日本》一书（第一部《倭国之出现——伊都国·邪马台国与倭国》）中指出，《魏志·倭人传》中言及"女王国"计五次之多，每次所指皆为邪马台国，而邪马台国所在地只能是一处①。要之，按照西岛定生先生的论证，《魏志·倭人传》中的"女王国"即为邪马台国，是倭国女王卑弥呼的都邑之所在。

西岛定生先生主张《后汉书·倭传》（日本学术界称中国《后汉书·东夷列传·倭》为《后汉书》倭传）所记倭国王帅升（等）为九州北部的伊都国之王，而称《魏志·倭人传》中的邪马台国为再生的倭国的都邑之所在，但对邪马台国的地理位置在何处的问题则不作明确的判定。西岛定生先生参照当时日本考古学界的研究成果，指出奈良县缠向石冢与福冈市那珂八幡古坟坟型相似，前者为畿内地区前方后圆坟定型化之前不久的"坟丘墓"，后者为九州北部最古的"古坟"，两者的筑造年代皆属公元3世纪，后者的坟型受前者的规制，从而说明这一时期倭国的政治中心地与其规制所及的地区可比定为大和（畿内）与九州北部②。西岛定生先生态度慎重，言论多留余地，其对邪马台国所在地的看法似乎是介乎"九州说"、"畿内说"两者之间。其实，从西岛先生的论述看来，纵使邪马台国在畿内，作为定型化前方后圆坟的箸墓亦非卑弥呼所葬之墓。

关于《后汉书·倭传》所记倭国王帅升等（日本学者多认为倭国王之名为"帅升"，"等"字为表示复数的助词，与此不同，笔者主张"帅升等"三字为倭国王一人之名）及《魏志·倭人传》所记倭女王卑弥呼

---

① 西岛定生：《倭国の出現——東アジア世界のなかの日本》，东京大学出版会1999年版，第4、5、38页。

② 同上书，第38页。

（西岛先生主张卑弥呼为倭王，而不是邪马台国之王；笔者认为卑弥呼是倭王，又是邪马台国之王）之事，我与西岛定生先生在若干问题上的意见有所分歧[①]。但是，与西岛先生一样，我确认《魏志·倭人传》中的"女王国"无疑是指邪马台国。我认为，卑弥呼是倭女王，这是无待于言的，然而，必须认定，卑弥呼也是邪马台国的女王。长期以来，日本学术界乃至社会各界人士皆称卑弥呼为邪马台国的女王，实在没有任何不当之处。正是因为卑弥呼是邪马台国的女王，邪马台国才得以被称为"女王国"。卑弥呼作为倭王，统治着倭地除狗奴国之外的二十九国，境域广阔，故卑弥呼居留的邪马台国可视为"女王之所都"，但邪马台国却不是因其为卑弥呼之所都而被称为"女王国"的。

福冈市志贺岛出土的金印可证奴国早已有王[②]，《魏志·倭人传》明记伊都国世世有王[③]。这样，邪马台国当然亦应有本国之王。据《魏志·倭人传》记载，邪马台国人口7万余户，是倭地诸国中最大的一国。卑弥呼女王以邪马台国为根本之地，由此扩展势力，乃得统制倭国广大地区而成为大倭王（《后汉书·倭传》记载中有"其大倭王居邪马台国"之语[④]）。与此前以帅升等为王的倭国相比，卑弥呼为倭王时的倭国势力大增，面貌一新，故如西岛定生先生所言，邪马台国出身的卑弥呼是再生的倭国之女王[⑤]。

关于邪马台国的所在地问题，我充分尊重主张"九州说"与主张"畿内说"的双方学者的意见。特别是作为中国人，我不想卷入日本学术界由来已久的两说之间的激烈争论。但是，或许是因为我主要是研究考古学的，所以在邪马台国所在地的问题上我更倾向于采取"畿内说"。如前所述，我主张倭女王卑弥呼实际上也是邪马台国的女王，因而使我不先入为

---

① 王仲殊：《中日両国の文献资料からみた古代倭の国名とそれに關する諸問題》，《東アジアの古代文化》第92号，大和书房1997年8月版，第76—99页。
② 王仲殊：《漢委奴国王の金印》，《中国からみた古代日本》，学生社1992年版，第13—15页。
③ 《三国志》卷第三十，《魏书》东夷（倭人）传第三十，中华书局1962年版，第854页。
④ 《后汉书》卷八十五，东夷（倭）列传第七十五，中华书局1973年版，第2820—2822页。
⑤ 西岛定生：《倭国の出現——東アジア世界のなかの日本》，东京大学出版会1999年版，第39页。

主地排除坐落在奈良盆地东南部的箸墓古坟所葬为卑弥呼的可能性。但是，经过仔细考量，我坚信箸墓所葬不是卑弥呼女王。

箸墓为后圆部直径约 155 米，前方部长约 125 米，全长约 280 米的规模巨大的前方后圆坟。据《魏志·倭人传》记述，卑弥呼之墓为"径百余步"的大塚①。按当时中国六尺为一步，一尺合今约 24 厘米计算，"径百余步"合今约 150 米，与箸墓后圆部的直径约略相等。因此，有的研究者认为《魏志·倭人传》所记"径百余步"是指箸墓的后圆部，从而产生了作为前方后圆坟的箸墓古坟是先筑后圆部，以后再筑前方部的说法。然而，经 1998 年奈良县樱井市教育委员会的实地勘察，证实了箸墓的坟丘最初便是按前方后圆坟的整体形状设计、构筑，前方部与后圆部是同时筑成的②。所以，从《魏志·倭人传》所记"径百余步"看来，卑弥呼之墓应该是一座圆坟，而不是属于前方后圆坟的箸墓③。以上事项皆经大和岩雄氏在其论文中详细叙明，实属无可争辩。

如大和岩雄氏所说，更为重要的问题是，据日本研究者估计，箸墓坟丘积土总量达 30 万立方米，必须动用大量人力劳动，至少须经 10 年之久才可筑造完毕，有的研究者甚至认为需要 20 余年的更长时期方能造成。"昼为人所作，夜为神所作"之语虽属神话传说，却反映了作为前方后圆坟的箸墓古坟规模之宏伟，营造工程之艰巨。《魏志·倭人传》记卑弥呼死于魏少帝（齐王芳）正始八年或九年（公元 247 年或 248 年），这样，按照上述的估算，从此年开始造墓，要到公元 260 年乃至 280 年前后才能造就。然而，《魏志·倭人传》明记中国魏王朝带方郡官员张政受遣在邪马台国执行公务，滞留未归，亲自在当地耳闻目睹卑弥呼死亡及筑墓、埋葬之事，证实自死亡至埋葬为时不过 1—2 年，足见其墓构造粗简，规格不高④。可以说，此乃否定箸墓所葬为卑弥呼的最为有力的证据。

此外，我想补充一点意见，那就是据《魏志·倭人传》记载，卑弥呼

---

① 《三国志》卷第三十，《魏书》东夷（倭人）传第三十，中华书局 1962 年版，第 858 页。
② 大和岩雄：《箸墓古墳の被葬者をめぐつて》，《東アジアの古代文化》第 103 号，大和书房 2000 年 5 月版，第 137—139 页。
③ 同上书，第 155、156 页。
④ 同上书，第 141、142、156 页。

死于与敌国狗奴国交战期间，当时倭国形势动荡，政局不稳，若谓国人于其时为卑弥呼营造如箸墓古坟那样巨大的定型化的前方后圆坟，实在是难以想像的。

1998年12月，我出席在日本群马县前桥市举行的亚洲史学会第8次研究大会，作题为"从中国看日本古代东国的成立"的讲演，并与白石太一郎氏等日本学者及韩国学者一同参加讨论。在论及箸墓所葬为何人的问题时，白石太一郎氏强调箸墓所葬为卑弥呼女王的盖然性甚高。与此相反，我则认为卑弥呼的继承者台与女王葬于箸墓的可能性最大①。据《魏志·倭人传》记载，卑弥呼死后，其宗女13岁的台与成为邪马台国的新女王，从而亦是新的倭国王。《晋书·武帝纪》记泰始二年（公元266年）十一月"倭人来献方物"②，《晋书·东夷（倭人）传》记"泰始初，遣使重译入贡"③，《日本书纪·神功皇后纪》引《晋起居注》则记"倭女王遣使重译贡献"④，可知此时的倭王为年方31岁的台与女王。若台与在位至50岁而亡，其时约当3世纪80年代中叶。要之，判定箸墓筑成于3世纪后期，墓内所葬为台与女王的可能性确实是很大的。

在当时与白石太一郎氏等的讨论中，我指明《魏志·倭人传》记狗奴国在邪马台国之南是不正确的。我以《后汉书·倭传》所记"自女王国东渡海千余里，至拘（狗）奴国"为根据⑤，强调邪马台国的地理位置在畿内，与卑弥呼敌对的狗奴国必然是在伊势湾以东的爱知、静冈、长野、山梨县一带，而伊势湾实为女王卑弥呼境界之所尽⑥。据《魏志·倭人传》记载，卑弥呼在与狗奴国交战期间死亡。可以推想，台与继位后，选择适当的时机向狗奴国发起攻击，乃使倭国的境域向东扩展，促进古代东

---

① 群马县教育委员会、上毛新闻社、亚洲史学会：《東アジアから見た古代の東国》，上毛新闻社1999年3月版，第91—95页。
② 《晋书》卷第三帝纪第三，中华书局1974年版，第55页。
③ 《晋书》卷第九十七第2536页，东夷（倭人）列传第六十七，中华书局，1974年。
④ 《日本書紀》卷第九前篇，神功皇后六十六年条，《国史大系》，吉川弘文館1981年版，第264页。
⑤ 《后汉书》卷第八十五，东夷（倭）列传第七十五，中华书局1973年版，第2822页。
⑥ 群马县教育委员会、上毛新闻社、亚洲史学会：《東アジアから見た古代の東国》，上毛新闻社1999年3月版，第91—92页。

国的成立。与卑弥呼统治时期相比，台与女王统治的倭国在政治、经济等各方面的实力大为增长。这样，台与作为新的强大倭国的女王，死后葬在规模宏伟、型式标新的箸墓古坟，可以说是十分合乎情理的。

据检察，箸墓古坟前方部坟丘的边缘处及周围壕沟底部的土砂中出土的土器属所谓"布留０式"土器（日本考古学上的"布留式"土器以奈良县天理市布留遗址的出土例为标式，布留０式土器的年代相当公元３世纪后半，即公元250—300年）。在日本考古学界，虽有主张布留０式土器的开始使用可上溯至３世纪中叶的250年代的，但更为合理的见解则是此式土器流行于３世纪中叶至末年，而３世纪后期的280年代应是最为盛行的时期①。因此，从考古器物型式学（土器的分期、断代）的立场出发，亦可判定箸墓古坟所葬以系台与女王的可能性为最大。

按照《日本书纪》所记的神话传说，箸墓所葬倭迹迹日百袭姬为孝灵天皇的皇女，又是三轮山之神・大物主神的神妻②，作为女性，其高贵的身份、神秘的性格与《魏志·倭人传》所记"事鬼道，能惑众"的卑弥呼女王有相似之处，此乃日本学术界的共识。然而，台与为卑弥呼之宗女，以13岁的幼年继承王位，长期主政，正说明其与卑弥呼一样，也是具有"巫女"性质的女王。总之，箸墓所葬之人为女性，身份高贵，善于巫术，这是卑弥呼、台与两者共同具备的条件，而不限于卑弥呼一人。

从邪马台国畿内说的立场出发而论，３世纪前期卑弥呼在位期间的倭国虽以畿内的邪马台国为都邑之所在，却主要是加强其在以九州北部为重点的西日本地区的统治力，特别是通过朝鲜半岛与中国的魏王朝密切交往，建立亲密的政治关系，而３世纪后半台与女王在位期间的倭国则除继续巩固其在西日本地区的统治以外，还开始转而自邪马台国往东，向从来未曾纳入其统治范围的伊势湾以东的"东海"、"东国"地区扩充新的领域，增强国力。这在日本古代史上的重大意义是无与伦比的。

我认为，上述以卑弥呼、台与分别为王的两个时期倭国局势的转变，

---

① 大和岩雄：《箸墓古墳の被葬者をめぐつて》，《東アジアの古代文化》第103号，大和书房2000年5月版，第148、155、156页。
② 《日本書紀》卷第五前篇，崇神天皇十年（癸巳）九月壬子条，《国史大系》，吉川弘文館1981年版，第156页。

其关键在于以邪马台国为都邑的倭国与狗奴国之间的战事。不言而喻，狗奴国的领地主要是在以台与为倭王之时开始纳入倭国版图的。台与女王的业绩与卑弥呼女王的业绩相比，可谓有过之而无不及。据中国史书《梁书·东夷（倭）传》①、《北史·倭国传》②记载，台与女王死后，倭国随即改以男子为王。这便是我所思考的大约开始于4世纪初的所谓"大和政权"的成立，而3世纪后期以畿内邪马台国为都邑的台与女王则为其国的统治向"大和政权"转换准备了充分的条件。

（原载《考古》2007年第8期）

---

① 《梁书》卷第五十四，列传第四十八，中华书局1973年版，第806、807页。
② 《北史》卷第九十四，列传第八十二，中华书局1974年版，第3135—3137页。

再论好太王碑文辛卯年条的释读

1990年4月我曾写作《关于好太王碑文辛卯年条的释读》一文，刊登在《考古》1990年第11期①。现在，我想作若干补充，以求进一步阐明自己的观点。

为了使读者易于理解，本文在叙述上必须顾及以往学术界对好太王碑文辛卯年条释读的研究过程，从而不得不与前文稍有重复。但是，我尽量在这方面做到简单扼要，而将主要的篇幅用于详细发表新增的内容。

一

好太王碑（又称广开土王碑）碑文辛卯年条说："而倭以辛卯年来渡海破百残□□［新］罗以为臣民"。其中，"百残"之后的二个字因碑面磨损而不明，难以判读；［新］字亦因磨损而不全，但剩有右旁的"斤"②，因其后为"罗"字，故可相连判读为"新罗"。

如所周知，关于碑文辛卯年条的释读，重要的关键在于此条文句中的"来"字。如我在《关于好太王碑文辛卯年条的释读》中所述，在第二次世界大战以前，学者们多认为碑文中的这个"来"字是动词，因磨损而不明的二字是一个名词，故对此条文句施标点而解释为"而倭以辛卯年来，渡海破百济、［任］［那］（或［加］［罗］）、新罗，以为（倭之）臣民"。

但是，从20世纪50年代以来，有的学者认为若按以上的标点和解

---

① 王仲殊：《关于好太王碑文辛卯年条的释读》，《考古》1990年第11期，第1037—1044页。
② 据水谷悌二郎旧藏本、傅斯年藏（甲）本、金子鸥亭藏本等拓本。见武田幸男《広開土王碑原石拓本集成》第45、95、154页（东京大学出版社1988年版）。

释，则"来"字与"渡海"二字之间显然存在着矛盾，在文理上不通。这就是说，好太王碑文的记述是站在高句丽的立场上，而高句丽的地理位置在朝鲜半岛，所以倭人来到朝鲜半岛之后，若又渡海破百济、新罗等，则所渡为何处之海，就难以理解①。要之，从这些学者看来，倭为"来"的主语，就不能兼为"渡海破"的主语，由于碑文的记述是站在高句丽的立场上，所以提出了主张"渡海破"的主语是高句丽（好太王）的新说，尽管文句中根本没有"高句丽"（或"好太王"）字样。

持新说的学者们认为文句中因磨损而不明的二字不是"任那"或"加罗"，有的学者连"新"字的存在也不予承认，从而使不能判读的字增为三个。在认定高句丽（好太王）为"渡海破"的主语的前提下，持新说的几位学者按照各自的理解施标点，对不能判读的字作推测，就全句的含义作出各种解释，归纳起来，则为高句丽渡海破倭说和高句丽渡海破百济说两种②。他们主张不是倭以百济、新罗为臣民，而是百济以新罗为臣民，或高句丽（好太王）以百济、新罗为臣民。

在众说纷纭的情况下，1978 年日本学者武田幸男发表了题为《广开土王碑文辛卯年条的再吟味》的重要论文③。通过深入的分析和详细的论证，武田氏有力地反对上述高句丽渡海破倭说和高句丽渡海破百济说，使此类新说被认为是不能成立的。

武田幸男氏指出碑文辛卯年条中的"来"字与"渡"字是不可分割的，其间不能加句号，也不能加逗号，从而使二字相连成为"来渡"的动词，而倭则是这一动词的主语。武田氏举《三国志·魏志·倭人传》"其行来渡海诣中国"和好太王碑文"因遣黄龙来下迎王"之句为例证，以说明辛卯年条中的"来渡"确是"来"、"渡"二字相连而成的一个动词④。这里，

---

① 郑寅普：《広開土境平安好太王陵碑文釈略》，《古代日本と朝鮮の基本問題》，学生社 1974 年版，第 24—29 页（郑氏原作为朝鲜文，发表于 1955 年）。

② a 朴时亨：《広開土王陵碑》，朝鲜社会科学出版社 1966 年版，第 163—166 页。
　b 金锡亨：《古代朝日关系史——大和政権と任那》，劲草书房 1969 年版，第 367—371 页（原作书名《初期朝日关系研究》，为朝鲜文，发表于 1966 年）。

③ 武田幸男：《広開土王碑文辛卯年条の再吟味》，《古代史論叢》上卷，吉川弘文馆 1978 年版，第 51—84 页。

④ 同上书，第 58、59 页。

我称之为"'来渡'连词说"。

二

1984年和1985年，中国学者王健群和日本学者西岛定生分别发表关于好太王碑文的专书①和关于辛卯年条的论文②，明确主张此条碑文的主要含义是倭渡海破百济、新罗，以百济、新罗为倭的臣民。王氏和西岛氏断然否定20世纪50年代以后提出的高句丽渡海破倭说和高句丽渡海破百济说等新说，却充分承认持新说的学者们关于"来"字与"渡海"二字之间存在矛盾的指摘是合理的。

王健群和西岛定生氏认为武田幸男氏的"来渡"连词说不妥，是不足取的。王氏简单、率直地说，"把'来渡海'连续，把'来'字作动词处理，当然是不对的。两个动词连在一起（来渡），又不是连动式的句子，自然要费解了"③。西岛氏则详细地指出好太王碑文"黄龙来下迎王"的"下"字不是体现动作的一般动词，而只是表示动词"来"字的方向，所以"来下"与"来渡"在文法的性质上有异，两者不能相提并论④。武田幸男对《魏志·倭人传》"其行来渡海诣中国"之句的释读有牵强之嫌⑤，西岛氏在充分考证"行来"一词的意义之后，指出此句文字不足以为好太王碑文辛卯年条中存在"来渡"这一动词作例证⑥。

于是，王健群和西岛定生氏一反通说，主张"来"字不是动词，而是表示时间推移的助词，其意义与"以来"相同，而"以"字则是表示时

---

① 王健群：《好太王碑研究》，吉林人民出版社1984年版。
② 西岛定生：《広開土王碑文辛卯年条の読み方について》，《三上次男博士喜寿記念論文集》歷史編，平凡社1985年版。
③ 王健群：《好太王碑研究》，吉林人民出版社1984年版，第155页。
④ 西岛定生：《広開土王碑文辛卯年条の読み方について》，《三上次男博士喜寿記念論文集》歷史編，平凡社1985年版，第199—200页。
⑤ 武田幸男：《広開土王碑文辛卯年条の再吟味》，《古代史論叢》上卷，吉川弘文館1978年版，第59页。武田行男氏释"其行来渡海诣中国"句中的"行"为"一行"（指一群同行的人），未必妥切。
⑥ 西岛定生：《広開土王碑文辛卯年条の読み方について》，《三上次男博士喜寿記念論文集》歷史編，平凡社1985年版，第200页。

间开始的助词，与"自"字相通。这样，两氏不约而同地释辛卯年条文句中的"倭以辛卯年来"为"倭自辛卯年以来"，以消除"来"字与"渡海"二字之间的所谓矛盾①。由于碑文明记永乐六年好太王亲率水军讨伐百济，所以王氏和西岛氏所说"自辛卯年以来"在时间上是指辛卯年（公元391年）至永乐五年（公元395年）。这里，我称两氏之说为"以来说"。

如我在《关于好太王碑文辛卯年条的释读》中所指出，王氏和西岛氏的"以来说"虽然在一定程度上受到学术界的重视，但仔细分析，却有许多疑问，未必妥当②。我的理由简述如下：

（1）"以"字有时虽与"自"字相通，但在中国古代史书文籍中却没有用"以××年来"表示"自××年以来"的任何句例。

（2）好太王碑文中使用"以后"、"以来"的助词各有两处，其句式为"自今以后"、"从今以后"、"自此以来"、"自上祖先王以来"。因此，若辛卯年条所述时间为"辛卯年以来"，则碑文原文应作"自（从）辛卯年以来"，不应作"以辛卯年来"。

（3）作为表示时间推移的助词，"来"与"以来"一样，是指从过去某一时候开始，一直继续到现在。上述碑文中的"自上祖先王以来"在时间上就是指远从高句丽的上祖先王之时开始，一直继续到好太王时期；"自此以来"则是指从好太王永乐八年开始，一直继续到永乐末年，甚至到长寿王初年③。要之，好太王碑为长寿王二年（公元414年）所建，从辛卯年（公元391年）到永乐五年（公元395年）的短短五年的时间推移在碑文中是不能用"来"或"以来"的助词表示的。

（4）碑文中使用与日期、年份有关的"以"字，除"倭以辛卯年来渡海"一处以外，还有"以甲寅年九月廿九日乙酉迁就山陵"④、"以六年

---

① a 王健群：《好太王碑研究》，吉林人民出版社1984年版，第156、213页。
　b 西島定生：《広開土王碑文辛卯年条の読み方について》，《三上次男博士喜寿記念論文集》歴史編，平凡社1985年版，第202、203页。
② 王仲殊：《关于好太王碑文辛卯年条的释读》，《考古》1990年第11期，第1038—1041页。
③ 同上书，第1043页。
④ 王健群：《好太王碑研究》（此句在好太王碑文第一面第六行），吉林人民出版社1984年版，第206页。

丙申王躬率水军"①两处。三处"以"字都是表示时间所在的助词（相当现代汉语中的"于"、"在"），不是表示时间开始的助词（相当现代汉语中的"自"、"从"）。从文句形式和文法结构上说，甲寅年条中的"迁（就）"和丙申年条中的"（躬）率"皆为动词，可见辛卯年条中的"来渡"也应该是动词。作为同属好太王时期的高句丽文辞，德兴里古坟墓志铭中有"以永乐十八年太岁在戊申十二月辛酉朔廿五日乙酉迁移玉柩"之句②，句中的"以"字与上述碑文中的三处"以"字用法相同，而"迁移"亦属动词，可为旁证。

三

西岛定生先生在其《关于广开土王碑文辛卯年条的读法》的论文中，列举中国古代汉语中"来"字与其他的字组成的双字动词"来援"、"来游"、"来谒"、"来嫁"、"来贺"、"来降"、"来假"、"来学"、"来感"、"来归"（指《白虎通·封禅》中的"百神来归"，其意为前来集合）、"来匡"、"来享"、"来飨"、"来觐"、"来会"、"来观"、"来诣"、"来迎"、"来见"、"来献"、"来观"、"来领"、"来攻"、"来贡"、"来寇"、"来告"、"来摧"、"来集"、"来杂"、"来袭"、"来仕"、"来示"、"来咨"、"来徙"、"来侍"、"来辞"、"来舍"、"来让"、"来从"、"来侵"、"来食"、"来讯"、"来萃"、"来绥"、"来接"、"来迁"、"来讨"、"来谈"、"来听"、"来朝"、"来抵"、"来庭"、"来同"、"来访"、"来附"、"来赴"（指《左传·襄廿八年》中的"来赴"，其意为前来告丧）、"来服"、"来聘"、"来命"、"来问"、"来谕"等60余例，指出此类动词的含义皆属来到之后才作有关的行为，如"来援"为来到以后作援助，"来朝"为来到以后行朝见，"来贡"为来到以后进贡献，等等。西岛先生说"来航"（其意为航行而来，不是来到以后才航行）不属古代汉语，而属

---

① 王健群：《好太王碑研究》（此句在好太王碑文第一面第九行），吉林人民出版社1984年版，第210页。

② 朝鲜社会科学院、朝鲜画报出版社：《德兴里高句丽壁画古坟》，讲谈社1986年版。

现代语中的新词，所以不能作为他的上述论点的反证①。

西岛定生先生在他的论文中引述朝鲜汉语书籍《三国史记·新罗本纪》中的"渡海而来"和《三国遗事（引《高丽古记》）》中的"渡海来征"等文句，却没有举出中国古代汉语中有"来渡"这一动词。他只是认为，就好太王碑文辛卯年条的文句而言，若按武田幸男氏的意见将"来"字与"渡"字连结成"来渡"一词，其含义亦应指来到以后才渡海，而不能解释为渡海而来。西岛先生强调倭人来到朝鲜半岛以后又渡海破百济、新罗在文理上不通，所以在经过详细分析之后，终于完全否定了武田氏的"来渡"连词说，已如前述。

但是，据我查考，正是在公元 3—6 世纪的中国两晋南北朝时期的书籍中，"来渡"二字被作为一个动词而使用，例证不少。应该着重指出，书籍中的"来渡"这一动词都是指渡长江而来，不是指来到以后才渡江（长江简称为江）。这里，特举数例如下：

（1）葛洪《抱朴子》："昔左元放于天柱山（在今安徽省潜山县西北）中精思，而神人授之金丹仙经，会汉末乱，不遑合作，而避地来渡江东，志欲投名山以修斯道。"（内篇卷四《金丹》）②

（2）陶弘景《真诰》："杜契者，字广平，京兆杜陵（今陕西省西安市东南）人，建安（公元 196—220 年）之初来渡江东，依孙策。"（卷十三《稽神枢第三》）③

（3）陶弘景《真诰》："括苍山（在今浙江省东南部）中有学道者平仲节，河中（今山西省西南部）人，以大胡（指匈奴族的刘渊、刘聪，以区别于羯族石勒之称'小胡'）乱中国时来渡江，入括苍山。"（卷十四《稽神枢第四》）④

---

① 西岛定生：《広開土王碑文辛卯年条の読み方について》，《三上次男博士喜寿記念論文集》歴史編，平凡社 1985 年版，第 197 页。

② 葛洪：《抱朴子·内篇》卷第四《金丹》，《丛书集成初编》第〇五六二，中华书局 1985 年版，第 52、53 页。

③ 陶弘景：《真诰》（三），卷第十三《稽神枢第三》，《丛书集成初编》第〇五七二，中华书局 1985 年版，第 168 页。

④ 陶弘景：《真诰》（三），卷第十四《稽神枢第四》，《丛书集成初编》第〇五七二，中华书局 1985 年版，第 180 页。

（4）陶弘景《真诰》："剡（今浙江省嵊州）小白山中有学道者赵广信，阳城（今河南省登封）人，魏末来渡江，入此山。"（卷十四《稽神枢第四》）①

　　（5）陶弘景《真诰》："许长史六世祖名光，字少张，即司徒许敬之第五子也，灵帝时，兄训及兄子相并党附阉人贵盛，光惧患及，以中平二年（公元185年）乙丑岁来度江（'度'通'渡'），居丹阳之句容县（今江苏省句容）。"（卷二十《翼真检第二》）②

　　如我在前面所指出，在以上所举《抱朴子》和《真诰》的5处文句中，"来渡"二字作为一个动词，其意义都是指渡长江而来到江南（即江东）之地，不是指来到江南之地以后才渡江。关于这一点，我将在后面详加论述，以求确证。

　　其实，在中国古代汉语和现代汉语中，以"来"字开头的双字动词的意义虽然多指来到以后才作有关的行为，但决不是没有例外的。据我查考，除"来渡"和"来航"③以外，中国古代诗歌中的"来归"指归来而不是指来了又归去④，中国古代汉语、现代汉语和古典小说中的"来赴"指赴援、赴战、赴会、赴宴而来而不是指来了又往赴⑤，而西岛先生所举中国古代汉语中的"来迁"和"来徙"亦是指迁徙而来而未必是指来了以后才迁徙⑥，等等。要而言之，武田幸男氏所举《三国志·魏志·倭人

---

　　① 陶弘景：《真诰》（三），卷第十四《稽神枢第四》，《丛书集成初编》第〇五七二，中华书局1985年版，第180页。

　　② 陶弘景：《真诰》（三），卷第二十《翼真检第二》，《丛书集成初编》第〇五七二，中华书局1985年版，第249页。

　　③ "来航"为日本现代语，由于中日两国交往密切，近年来中国汉语中亦有使用此词的。

　　④ 例如古诗"生当复来归"（苏武《别妻》），"来归相怨怒"（乐府歌辞《陌上桑》），"五日一来归"（乐府歌辞《相逢行》），"腊月来归"（乐府歌辞《孤儿行》），"去家千岁今来归"（杂歌谣辞《丁令威歌》），"驱车复来归"（阮籍《咏怀》）等句。见沈德潜《古诗源》第47、73、74、77、102、137页（中华书局1963年版）。

　　⑤ 《晋书·孝愍帝纪》记"凉州刺史张实遣步骑五千来赴京都"，句中的"来赴"指赴援而来；见《晋书》卷第五，帝纪第五第130页（中华书局1974年版）。中国古典小说中有"明日便来赴宴"等语，见罗贯中《三国演义》第六十六回《关云长单刀赴会》。

　　⑥ 张衡《南都赋》云"夫南阳者，真所谓汉之旧都者也，远世则刘后甘厥龙醢，视鲁县而来迁"。句末的"来迁"，意为迁来。见林尹等《中文大辞典》第三册第8页（台北中国文化学院出版部1968年版）。

传》"其行来渡海诣中国"和好太王碑文"因遣黄龙来下迎王"的句例虽不足以说明问题，但他主张辛卯年条碑文中的"来渡"是"来"字与"渡"字相连而成的一个双字动词，则是无可非议的。

四

在前面所举葛洪《抱朴子》和陶弘景《真诰》两书使用"来渡"这一动词的5处句例中，就文句的形式和结构而论，（1）、（2）二例属一类，（3）、（4）、（5）三例属又一类，两者意义虽然相同，但用法稍有差异，故须分别作解说和考证。

葛洪《抱朴子》说"会汉末乱，（左元放）不遑合作（金丹），而避地来渡江东"。陶弘景《真诰》说"（杜契）京兆杜陵人，建安之初来渡江东依孙策"。非常明显，"来渡"二字在这里是一个独立的动词，在文法的词类上与前述西岛定生先生在其论文中所举"来援"、"来游"、"来谒"、"来嫁"、"来贺"、"来降"等60余例以"来"字开头的双字动词是完全相同的。如前面所说，《抱朴子》文句中的"来渡江东"是指左慈（字元放）渡长江而来到江东（长江自江西省九江至江苏省南京的一段水流基本上为南北向，汉末、魏晋时期北方士人南迁，多在此处渡江而东，故江南之地又称"江东"）之地，决不是指来到江东之地以后才渡江。《真诰》文句中的"来渡江东"也是指杜契（字广平）渡长江而来到江东（即江南）之地，决不是指来到江东之地以后才渡江。

据考证，葛洪生于西晋武帝太康四年（公元283年），卒于东晋穆帝永和元年（公元345年）以后[①]。《抱朴子（外篇）·自叙》[②]和《晋书·葛洪传》[③]明记葛洪为江南丹阳郡句容（今江苏省句容县）人，早年虽曾北上洛阳等地，但不久即南下至广州（辖境相当今广东、广西两省区的大部分地区，治所在番禺，即今广州市），数年后归句容乡里，著作

---

① 王明：《抱朴子内篇校释》第351页对《晋书·葛洪传》所作注释，中华书局1980年版。
② 葛洪：《抱朴子·外篇》卷第五十自叙，《丛书集成初编》（〇五六九），中华书局1985年版，第811—834页。
③ 《晋书》卷第七十二，《葛洪传》列传第四十二，中华书局1974年版，第1910—1913页。

《抱朴子》等，至东晋元帝建武年间（公元317—318年）定稿成书，晚年又至广州，在罗浮山（在今广东省增城、博罗、河源诸县间）学道，其地亦属以建康（今江苏省南京）为都城的东晋王朝的领域之内。

据《南史·陶弘景传》等史书记载①，陶弘景为南朝丹阳郡秣陵（今江苏省南京）人，生于宋孝武帝孝建三年（公元456年），卒于梁武帝大同二年（公元536年），一生在江南著书、学道，主要经历之处限于秣陵（今江苏省南京）、句容（今江苏省句容）、东阳（今浙江省东阳）、鄞县（今浙江省宁波市）、南徐州（即京口，今江苏省镇江）等，其地皆在长江之南，是南朝政治重心之所在，也是经济和文化的发达地区。

在考明了葛洪和陶弘景的籍贯、经历和著作的地点之后，便可以作出明确的结论说，《抱朴子》中的"（左元放）来渡江东"和《真诰》中的"（杜契）来渡江东"无疑是葛洪和陶弘景站在江东（即江南）之地的立场上而言的，而左、杜二人的出发处各在天柱山和京兆，或近或远，皆在长江之北。这对理解"来渡"这一动词的确切含义是十分重要的。

长期以来，如许多学者所强调指出，好太王碑文所记各种事情是高句丽统治者站在朝鲜半岛地理位置的立场上叙述的。因此，在阐明了《抱朴子》和《真诰》文句中的"来渡江东"是葛洪和陶弘景站在居住于江东之地的立场上而言的之后，实可将碑文辛卯年条中的有关部分看作是"（倭）来渡破百残"，而在"来"、"渡"二字之间不会产生任何矛盾之感。

五

陶弘景《真诰》说："有学道者平仲节，河中人，以大胡乱中国时来渡江，入括苍山"；"剡小白山中有学道者赵广信，阳城人，魏末来渡江入此山"；"许光以中平二年乙丑岁来度江，居丹阳之句容县"。以上《真诰》三处文句中的"来渡江"，在使用"来渡"这一动词的方式上与好太

---

① 《南史》卷第七十六，《陶弘景传》列传第六十六《隐逸下》，中华书局1975年版，第1897—1900页。

王碑文辛卯年条中的"来渡海"没有什么差别,这是十分显而易见的。

前面已经说过,陶弘景为南朝丹阳郡秣陵人,一生在江南著书、学道,游踪虽广,始终不曾北逾长江一步。因此,上述《真诰》文句中的"来渡江"是陶弘景站在江南之地的立场上叙说自河中、阳城、洛阳①南迁的平仲节、赵广信、许光等人渡长江而来到江南的括苍山、小白山和句容县,决不是说他们来到江南之地以后又渡江。由此可见,好太王碑文辛卯年条中的"来渡海"也是碑文作者站在朝鲜半岛的立场上说倭人渡海来到朝鲜半岛的境域,决不是说他们来到朝鲜半岛之后再渡海。

必须指出,除了"来渡江"与辛卯年条中的"来渡海"相当以外,《真诰》文句中"以大胡乱中国时"、"以中平二年乙丑岁"的"以"字亦皆与辛卯年条中"以辛卯年"的"以"字同为表示时间所在的助词,不是表示时间开始的助词,从而进一步说明王健群、西岛定生两氏所主张的"以来说"是难以成立的。总之,陶弘景《真诰》站在江南之地的立场上说"(平仲节)以大胡乱中国时来渡江入括苍山"和"(许光)以中平二年乙丑岁来度江居丹阳之句容县",无论从文句的形式而言,或是从文法的结构而言,都是与好太王碑文辛卯年条站在朝鲜半岛的立场上说"倭以辛卯年来渡海破百残"完全一致,毫无差别的。

应该说明,葛洪、陶弘景才高学深、著述丰富。《抱朴子》和《真诰》虽属道家的书籍,却以文章秀丽、文字通顺、文法严密而著称,所云"来渡江东"、"来渡江"决不存在任何语病。我在《关于好太王碑文辛卯年条的释读》中曾说好太王碑文辛卯年条中的"来渡海"三字"有语病"或"稍有语病"②,但从《抱朴子》、《真诰》的"来渡江东"和"来渡江"的文句看来,碑文辛卯年条中的"来渡海"其实并无语病可言。

中国古代汉语,与各外国的古代语文一样,在语法上有其自身的特点,不仅词汇丰富,而且词义也变化多端,不能笼统地以固定的模式硬加拘束。进入20世纪以来,世界各国语文交流日趋繁盛,在一定程度上逐

---

① 从汉灵帝时许光之父任司徒、其兄及侄依附朝廷中的宦官以求富贵的情形看来,当时许光本人亦应在都城洛阳。

② 王仲殊:《关于好太王碑文辛卯年条的释读》,《考古》1990年第11期,第1040、1041页。

渐形成国际共通的语法概念。但是，在用外国语翻译中国古代汉语时，却不能用现代国际上的共通语法概念为尺度，机械地衡量中国古代汉语约定俗成的语法习惯。日本语虽多含汉字，但作为语文，其语法与中国汉语的语法颇有差异。日本语的翻译纵然是出于名家之手笔，但因两国语法有异，也是难以完全表达中国古代汉语的语法习惯的。

由于日本语中没有"来渡す"的动词①，所以可按文句的真实含义将《抱朴子》和《真诰》中的"来渡江东"译为"江東に渡りて来たり"，将《真诰》中的"来渡江"译为"江を渡りて来たり"。同样，好太王碑文辛卯年条中的"来渡海"可译为"海を渡りて来たり"。总之，按照我的考证，碑文辛卯年条的句读和解释应为：

"而倭以辛卯年来渡海，破百济、［任］［那］（或［加］［罗］）、新罗，以为（倭之）臣民"。

翻译成日本语则为：

"而るに倭は辛卯の年を以て（辛卯の年に）、海を渡りて来たり、百济・［任］［那］（あるいは［加］［羅］）・新羅を破りて、以て（倭の）臣民と为す"。

如我在本文中多次指出，碑文辛卯年条中"以辛卯年"的"以"字是表示时间所在的助词，相当现代汉语中的"于"字或"在"字，一般应译为日本语的助词"に"。但是，在日本的文语翻译中，为了保留中国汉字的原字，并突出其作为"手段"的一面，却习惯于将此字译为"以て"。特此说明，以免误会②。

六

对于辛卯年条中因碑面磨损而不能判读的二字，有的学者提出或许是因碑石此处在刻碑前早已龟裂，所以本来就未曾刻此二字的看法③。但是，

---

① 日本语中有"渡来"一词，其意为由外国输入或由外国乘船来到，但无"来渡"之词。
② 王仲殊：《关于好太王碑文辛卯年条的释读》，《考古》1990年第11期，第1039页。
③ 西岛定生：《広開土王碑文辛卯年条の読み方について》，《三上次男博士喜寿記念論文集》歷史編，平凡社1985年版，第194、204页。

通读好太王碑全文，碑上所刻文字凡属可识的，除第一面第六行"其词曰"之下因款式关系留出相当于二个字的空缺以外，其余都是紧密相连，没有空缺。若谓唯独此处碑石在刻碑前早已龟裂而未刻字，这样的可能性是不大的。与此二字紧接的"新"字剩有右旁的"斤"，也足以说明此二字与"新"字左偏的"亲"一样，是刻字以后才磨灭的。

自20世纪50年代以来，主张这二个字为动词的学者颇多。他们推测此二字为"击"、"更讨"、"又伐"、"兼伐"、"又服"、"兼服"、"胁降"或"随破"[①]。无待于言，上述各动词的主语是倭，宾语是新罗。但是，应该指出，作为中国的汉语，"击新罗以为臣民"在文理上是不通的。因为，击而破之，固然能以其为臣民，击而不破，是不能以其为臣民的。如所周知，好太王碑文的用词是十分注意褒贬之别的。如西岛定生先生所指摘，从高句丽的政治立场出发而言，倭人侵攻朝鲜半岛是不正当的，所以不可用"讨"、"伐"、"服"等含有褒义的动词[②]。我赞同西岛定生先生的意见，并认为"降"字也不宜用于倭对新罗的不正当行为[③]。

这样，若推定这二个字为一个动词，就只能是"随破"了。然而，"（倭）破百济，随破新罗，以为臣民"的文句，在文法上虽然不能说不通，但在修辞上却严重地犯了重复之病。与"（倭）破百济、新罗，以为臣民"相比，"随破"二字显然是多余的赘词。其实，不用"随破"而用上述别的动词，其在文章修辞上的不良效果也是一样的。要之，在辛卯年条后半句的寥寥十一个字中，重复地使用以倭为主语的二个相同或相似的动词以说明百济、新罗一同被征服而成为倭的臣民，这对精通汉语、善于属文的碑文作者来说，实可谓未必是简练、明快之笔。

我认为，从文理上判断，因碑面磨损而不明的这二个字应该是一个名词。只要此二字是一个名词，那就与"百残"、"新罗"一样，无疑是

---

① a 王健群：《好太王碑研究》，吉林人民出版社1984年版，第150页。
　b 西岛定生：《広開土王碑文辛卯年条の読み方について》，《三上次男博士喜寿記念論文集》歴史編，平凡社1985年版，第194页。
② 西岛定生：《広開土王碑文辛卯年条の読み方について》，《三上次男博士喜寿記念論文集》歴史編，平凡社1985年版，第194页。
③ "降"字有他动词和自动词二种。前者如云"降龙伏虎"，意为降伏，含褒义；后者如云"屈膝降敌"，意为投降，含贬义。碑文不能直接褒倭，也不宜贬新罗而间接褒倭。

"任那"或"加罗"等国名。事实上,好太王碑记事的特点正在于将城邑、"鸭卢"、"国烟"、"看烟"等名词按类别在各处文句中一一列举,少自五鸭卢,多至五十余城名,不厌其烦①。辛卯年条中并列"百残"、"任那"(或"加罗")、"新罗"三个国名,这是不足为怪的。就碑文所述而言,倭人能破百济和新罗,当然也能破百济、新罗以南的任那、加罗。碑文明记永乐十年(公元400年)好太王的军队往救新罗,"自倭背急追至任那加罗从拔城"②,正说明辛卯年(公元391年)倭人所破除百济、新罗以外,还包括任那和加罗。对于这一问题,我已在《关于好太王碑文辛卯年条的释读》中详细论及,这里就不再多说了。

附记:本文是笔者1991年5月26日在我国吉林省长春市举行的,有中国、日本、朝鲜和韩国学者参加的,以公元4世纪为中心的国际东亚古代史研究会上的讲稿。返回北京后加以增改,在《考古》上发表,以就正于有关的诸位先生及读者方家。

(原载《考古》1991年第12期)

---

① 王健群:《好太王碑研究》,吉林人民出版社1984年版,第210、221、222、223、224页。
② 同上书,第216、217页。

东晋南北朝时代中国与海东诸国的关系

这里所谓"海东诸国",是指东晋南北朝时代朝鲜半岛上的高句丽、百济、新罗等国和日本列岛上的倭国。

本文以论述当时中国与倭的关系为主,兼及中国(主要是南朝)与高句丽、百济、新罗的关系,同时也论述倭与高句丽、百济、新罗等的关系。

一 "空白的 4 世纪"

日本史学界称公元 4 世纪为"空白的世纪","谜的世纪"①。这是因为 4 世纪倭与中国的官方交往断绝,中国史书中完全没有关于当时倭国的记述,而日本《古事记》和《日本书纪》关于 4 世纪历史的记述则是难以凭信的。与 3 世纪之有《三国志·魏志·倭人传》、5 世纪之有《宋书·倭国传》相比,4 世纪的日本历史全无可靠的记载,确实成为"谜"。

据《魏志·倭人传》记载,从景初三年(公元 239 年)到正始八年(公元 247 年),倭国(邪马台国)女王卑弥呼及其继承者台与多次遣使到洛阳向魏朝进贡,魏朝由带方郡派官员到邪马台国回访,使中倭国交进一步确立。泰始元年(公元 265 年),晋武帝废黜魏帝而即位。可能仍然以台与为女王的倭国,及时地于翌年泰始二年(公元 266 年)遣使到洛阳入贡,企图维持自景初三年(公元 239 年)以来的友好关系。但是,自此

---

① 西岛定生等:《空白の四世紀とヤマト王権—邪馬台国以後》,角川选书 179,角川书店 1987 年版。

年以后，倭与中国的官方关系却长期断绝了。直到东晋安帝义熙九年（公元413年），倭国才重新向江南的建康遣使。总之，以"空白的4世纪"为主的公元267—412年的145年是中倭国交的大断绝时期。

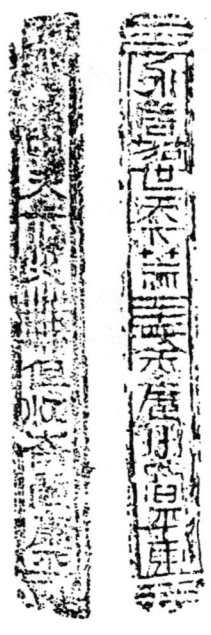

造成中倭国交大断绝的原因，也许是多方面的。但是，主要的原因无疑是由于中国方面在这一时期经历了空前的大乱。

从晋惠帝永平元年（公元291年）开始，中国发生了所谓"八王之乱"，激烈的内战延续10余年，严重地削弱了西晋的政权。接着，晋怀帝永嘉元年（公元307年）又爆发了称为"永嘉之乱"的民族大动乱，在匈奴等少数民族的武力攻击下，西晋的都城洛阳和长安相继陷落。以黄河流域为主体的中国北方地区战争不绝，社会动荡，政权分裂，进入了混乱的"五胡十六国"时代。这便是当时广泛流传的谚语之所谓"永嘉中，天下灾"，"永嘉世，九州空"①（图14）。晋穆帝升平元年（公元357年）至孝武帝太元七年（公元382年），以长安为都城的前秦逐渐征服北方地区。但是，经过太元八年（公元383年）的"淝水之战"，前秦的势力顿时瓦解，黄河流域又陷入四分五裂的状态。总之，从西晋永嘉元年（公元307年）发生"永嘉之乱"到北魏太延五年（公元439年）灭北凉而统一华北，中国黄河流域的战乱和分裂延续达130余年之久。在这样的情势下，倭与中国北方的政权通交当然是不可能的。

图14　"永嘉中，天下灾"等的砖铭

晋怀帝永嘉七年（公元313年）以后，随着乐浪郡和带方郡的陷落，中国在朝鲜半岛的统制力也丧失了。高句丽占据半岛的北部乃至中部，百济和新罗也分别在半岛的西南部和东南部崛起。这使得东亚的国际形势也

---

① 广东省广州市和广西壮族自治区梧州市晋墓出土的砖各有"永嘉中，天下灾，但江南，尚康平"和"永嘉世，九州空，余吴土，盛且丰"等铭文。见麦英豪等《广州西郊晋墓清理报导》（《文物参考资料》1955年第3期）；广西梧州市博物馆《梧州市晋墓、南朝墓发掘简报》（《文物资料丛刊》第8期）。

大大改变了。

建武元年（公元317年），晋元帝在江南即位，史称东晋。与北方的"五胡十六国"相比，东晋是中国的正统所在，保持着比较强大的实力，其都城建康甚为繁荣，成为中国政治、经济和文化的中心。因此，高句丽早在晋成帝咸康二年（公元336年）便遣使到建康入贡。百济向东晋遣使从简文帝咸安二年（公元372年）开始，但此前曾奉行东晋的年号①。在这样的国际情势下，倭国当然也充分认识到有与东晋建立国交的必要。从《宋书·倭国传》的记载可以认为，倭国越海向东晋遣使必须得到百济的引导和协助，而高句丽却始终加以阻挠。这就使得倭王的使者迟至晋安帝义熙九年（公元413年）才能前往江南的建康，从而使4世纪完全成为"空白的世纪"。

二　倭五王的遣使和上表

如所周知，汉光武帝建武中元二年（公元57年），倭奴国王遣使到洛阳朝贡，光武帝赐以印绶②。汉安帝永初元年（公元107年），倭国王帅升等又遣使到洛阳，献上"生口"（奴隶）160人③。这两次遣使，使倭与中国建立了初步的、但不失为正式的外交关系。桓、灵之间（公元147—189年），倭国大乱，历时数十年，倭与汉朝的关系中断。到景初三年（公元239年），邪马台国女王卑弥呼才遣使到洛阳，与魏朝重建国交。

但是，如前面所说，造成以"空白的4世纪"为主的140余年中倭国交大断绝的主要原因是"中国大乱"，而不是"倭国大乱"。相反，考古学研究表明，在"空白的4世纪"里，倭国社会经济的发展是相当明显的。在日本考古学上，发端于公元前3世纪的"弥生时代"，经前期、中期、后期，延续500—600年，到公元3世纪而告结束。大约从3世纪末到4世纪初开始，随即进入了"古坟时代"。4世纪是古坟时代的前期，铁器

---

① 福山敏男：《石上神宫七支刀の銘文》，《美术研究》第158号，1951年。
② 王仲殊：《说滇王之印与汉委奴国王印》，《考古》1959年第10期。
③ 王仲殊：《古代的中日关系——从志贺岛的金印到高松塚的海兽葡萄镜》，《考古》1989年第5期。

图15 大阪平野的巨大古坟("履中陵")

的使用推广,稻作农耕的效率提高,各种手工业的产品也都有所改进①。到了5世纪,即古坟时代的中期,倭国的国力进一步增强,在武器军备方面尤有显著的改善②。大阪府河内平野的巨大古坟,显示了"大和政权"(以畿内地区为根本的倭国)的倭王们在国内有着强大的统制权(图15)。于是,在这样的情况下,以倭王为首的统治集团便急切地谋求向海外扩张,首先是企图控制朝鲜半岛南部的新罗和百济,进而与半岛北部的高句丽相抗争。为了实现以上的计划,必须得到中国方面的支持。这便是倭王们屡次向中国遣使的主要目的之所在。

所谓"倭五王",是指《宋书·倭国传》所记先后遣使到建康朝贡的赞、珍、济、兴、武五王,珍为赞之弟,兴为济之子,武为兴之弟。据《梁书·倭传》记载,倭五王之名各为赞、弥、济、兴、武,弥为赞之弟,济为弥之子,兴为济之子,武为兴之弟。两书的记载稍有差异(主要是《梁书》以弥代珍),何者为是,将在下文述及。这里按《宋书·倭国传》

---

① 田边昭三:《倭王権成立期の生產と社会構造》,《空白の四世紀とヤマト王権》,角川书店1987年版,第109—112页。

② 辰已和弘:《武器·武具に古代の戰鬪をさぐる》,《日本の古代》(6),中央公论社1986年版,第143—208页。

所记，以赞、珍、济、兴、武为倭之五王。据《晋书·安帝纪》和《宋书·倭国传》记载，自晋安帝义熙九年（公元413年）到宋顺帝昇明二年（公元478年），倭五王向东晋和南朝的宋遣使共达10次之多。

《宋书》记宋的皇帝对倭五王的除授甚详，其要点如下：

永初二年（公元421年），宋武帝始授倭王赞以官职。

元嘉十五年（公元438年），倭王珍自称"使持节都督倭、百济、新罗、任那、秦韩、慕韩六国诸军事，安东大将军"，宋文帝仅授珍为安东将军。

元嘉二十年（公元443年），宋文帝授倭王济为安东将军。

元嘉二十八年（公元451年），宋文帝始授倭王济为使持节都督倭、新罗、任那、加罗、秦韩、慕韩六国诸军事，而授安东将军如故。

大明六年（公元462年），宋孝武帝授倭王兴为安东将军。

昇明二年（公元478年），倭王武自称"使持节都督倭、百济、新罗、任那、加罗、秦韩、慕韩七国诸军事，安东大将军"，宋顺帝授武使持节都督倭、新罗、任那、加罗、秦韩、慕韩六国诸军事，安东大将军。

昇明二年（公元478年），倭王武向宋顺帝上表。表文全属汉文，多有引用《左传》、《毛诗》等中国古典之处，当系出于被称为"归化人"的汉人之手笔。《宋书·倭国传》载表的全文如下：

> 封国偏远，作藩于外。自昔祖祢躬擐甲胄，跋涉山川，不遑宁处。东征毛人五十五国，西服众夷六十六国，渡平海北九十五国。王道融泰，廓土遐畿。累叶朝宗，不愆于岁。臣虽下愚，忝胤先绪，驱率所统，归崇天极。道遥百济，装治船舫。而句骊无道，图欲见吞，掠抄边隶，虔刘不已。每致稽滞，以失良风，虽曰进路，或通或不。臣亡考济实忿寇仇雍塞天路，控弦百万，义声感激。方欲大举，奄丧父兄，使垂成之功不获一篑。居在谅闇，不动兵甲，是以偃息未捷。至今欲练甲治兵，申父兄之志。义士虎贲，文武效功，白刃交前，亦所不顾。若以帝德覆载，摧此强敌，克靖方难，无替前功。窃自假开府仪同三司，其余咸假授以劝忠节。

如所周知，"祖祢"是一个普通的名词，泛指祖先。但是，根据《梁书》编撰者的理解，表文中的"祖祢"实为"祖弥"，专指倭王武的祖父，"弥"是其名。这便是《梁书·倭传》以"弥"为倭五王之一的原因。但是，《宋书》明记遣使的五王之名为"赞"、"珍"、"济"、"兴"、"武"，所以《梁书》以"弥"代"珍"是不合理的。我认为，倭王的名单应按照《宋书·倭国传》（连同武的表文）并参考《梁书·倭传》所记，包含弥、赞、珍、济、兴、武六王。倭王武在表文中称弥为"祖弥"，则弥可能是武的祖父，也可能是武的曾祖。《宋书》记赞为珍之兄，济为兴之父，兴为武之兄，却未记珍与济的关系，故珍与济或许为父子，也或许为兄弟。这样，倭王的名单和世系应如以下两表所示：

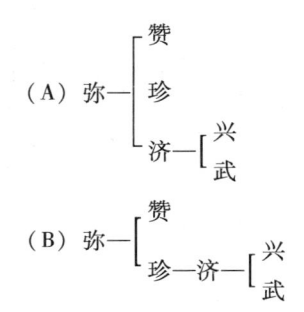

$$(A)\ 弥—\begin{matrix}赞\\珍\\济\end{matrix}—\begin{bmatrix}兴\\武\end{bmatrix}$$

$$(B)\ 弥—\begin{matrix}赞\\珍—济\end{matrix}—\begin{bmatrix}兴\\武\end{bmatrix}$$

如表（A）所示，若济为珍之弟，则弥为武的祖父。如表（B）所示，若济为珍之子，则弥应为武的曾祖。不论两表所示世系以何者为是，结合《晋书·安帝纪》的记载，弥应在位于晋安帝义熙九年（公元413年）之前，不曾向中国遣使，从而不属于向中国遣使的"倭五王"之列。倭王武在表文中主要是颂扬弥的拓境安邦之功，所谓"累叶朝宗"则是指以后赞、珍、济、兴四代的遣使，并不包括弥在内。

与《日本书纪》的记载相对照，《宋书》中的赞、珍、济、兴、武五倭王可比为《书纪》中的履中、反正、允恭、安康、雄略五天皇，而倭王武表文所述的"祖弥"则可比为仁德天皇，尽管《书纪》关于各代天皇在位年数的记载不是完全准确的。据《书纪》记述，仁德天皇为履中、反正、允恭三天皇之父，允恭天皇为安康、雄略二天皇之父。因此，与表（B）相比，表（A）所示世系应该是更切合实际的。

三 高句丽的《好太王碑》

在倭人的心目中，从1世纪到3世纪，朝鲜半岛本来是中国的统治范围。到了4世纪，随着乐浪郡和带方郡的陷落，中国在朝鲜半岛的势力丧失。因此，以中国的藩臣自居的倭王有充分的理由可以与新罗、百济乃至高句丽争夺半岛上的统制权。倭王们相信，向朝鲜半岛出兵，是无损于中国的利益的。这在倭王武致宋顺帝的表文中已表露无遗。

最近30、40年来，日本学术界有以新的观点和立场重新对《日本书纪》关于"大和政权"向朝鲜出兵的记载作批判性的分析和考察的。学者们认为，《日本书纪》是8世纪的奈良时代编纂的，其所记述，多有虚妄之处，关于出兵朝鲜的记述尤其不足为信。4、5世纪倭国的实力欠强，就军事方面而论，倭国的步兵实无从与高句丽等国的骑兵相抗，从而主张入侵朝鲜是不可能的①。

在中国吉林省集安县的洞沟（通沟），竖立着一块巨大的石碑，称为《好太王碑》（图16）。这是公元414年高句丽的长寿王为表彰先王好太王的功绩而建立于他的陵墓之前的。好太王名谈德，碑文中称"国冈上广开土境平安好太王"，因其年号为"永乐"，又称"永乐太王"。碑文述及倭、百济（碑文作"百

图16 《好太王碑》全景

残"）、新罗之处甚多。其中，"百残新罗旧是属民，由来朝贡。而倭以辛

---

① 石田英一郎：《日本国家の起源》，《日本文化論》第四章，筑摩书房1969年版，第111—114页。

卯年来渡海，破百残□□新罗，以为臣民"的二句，是最关重要的。对这二句文字，从来的解释是："百济、新罗旧是（高句丽的）属民，由来（向高句丽）朝贡。而倭（兵）以辛卯年（公元391年）来渡海，破百济、□□、新罗，以为（倭的）臣民"。这样，从碑文看来，倭国的兵队在4世纪末已大举侵入朝鲜半岛的南部。

但是，从第二次世界大战结束以来，学术界有对上述的碑文提出疑问的[①]。有的学者修正了碑文的句读，更改了文句中的主词，主张这二句碑文应释读为："百济、新罗旧是（高句丽的）属民，由来（向高句丽）朝贡。而倭（兵）以辛卯年（公元391年）来。（高句丽）渡海破百济，云云"。以后，有的学者又认为碑文经过近代的篡改，特别是"渡海破"三字是出于别有用心的捏造，根本不能凭信。总之，持新见解的学者们是要彻底否定倭国在4世纪末入侵朝鲜半岛的旧说。

1963年秋，我作为中国科学院考古研究所东北工作队副队长（队长夏鼐先生因故留在北京，未曾前往现场）兼第二组（吉林、黑龙江组）组长，赴吉林省集安县，在洞沟（通沟）考察《好太王碑》，并向当地有关单位及附近居民做调查。考察和调查的结论是，此碑历年既久，石质风化，碑文多有损蚀，但未有篡改的迹象。多年以来，我仔细考核碑文的文句，就其句读和含义作反复的推敲。我坚信，从前后的文辞和文法的结构来看，这二句碑文应明确释读为："百济、新罗本来是（高句丽的）属民，一向（向高句丽）朝贡。而倭（兵）于辛卯年（公元391年）来渡海，破百济、□□、新罗，以为（倭的）臣民"。日本学者西岛定生先生近年在他的有关论文中提出"倭以辛卯年来"的"来"字可解为"以来"，从而主张倭兵渡海进攻不限于辛卯一年，而是在辛卯年（公元391年）以来的数年间，但仍然认为是倭"渡海破百济、□□、新罗以为臣民"，而不是高句丽"渡海破百济"[②]。要之，就文句本身而论，《好太王碑》的碑文确实记述着4世纪末倭国兵队渡海侵入朝鲜半岛的南

[①] 寺田隆信、井上秀雄：《好太王碑探访记》，日本放送出版协会1985年版，第139—148页。
[②] 西岛定生：《広開土王碑文辛卯年条の読み方について》歷史編，《三上次男博士喜寿記念論文集》，平凡社1985年版，第187—205页。

部（图17）。当然，《好太王碑》是长寿王为颂扬先王功绩而建造的，碑文的记述有所夸张，这是可以理解的。

如前面所说，《宋书·倭国传》所载倭王武致宋顺帝的表文中有"自昔祖祢渡平海北九十五国"等语。倭人之谓"海北"，无疑是指对马海峡以北的朝鲜半岛。因此，可以说，倭王武表文所述与《好太王碑》碑文所记是一致的。倭王武称祢为"祖祢"，不知是祖父还是曾祖。但是，如上文所说，不论祢是武的祖父或是曾祖，根据《宋书·倭国传》和《晋书·安帝纪》的记载，他的在位期间应在晋安帝义熙九年（公元413年）之前，即公元4世纪末至5世纪初，正与《好太王碑》所记"辛卯年"（公元391年）接近。诚然，《宋书·倭国传》的记载虽然是十分可靠的，但倭王武在致中国皇帝的表文中称颂祖先的功绩，也难免有夸张之辞，这也是完全可以理解的。然而，将高句丽《好太王碑》的碑文与中国史书所载倭王的表文相对照，两者竟不谋而合。这就不能不使人深信从4世纪末到5世纪初倭国兵队入侵朝鲜半岛南部的历史事实是难以全盘否定的。

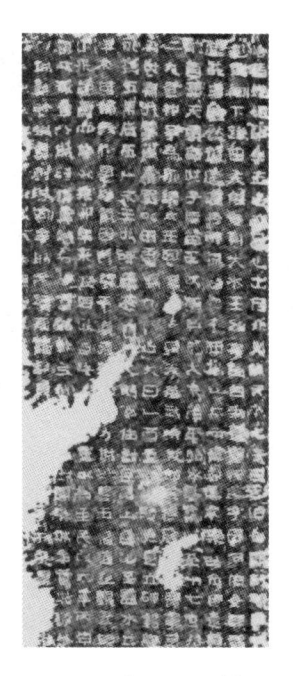

图17 《好太王碑》碑文（局部）

据《宋书·倭国传》记载，倭王珍早在元嘉十五年（公元438年）便要求授予"都督百济、新罗、任那、秦韩、慕韩等国诸军事"之权。从元嘉二十八年（公元451年）起，宋的皇帝也承认倭王们有"都督新罗、任那、加罗、秦韩、慕韩等国诸军事"之权。无待于言，这不是反映倭王们的虚幻的梦想，而是反映了当时倭国在朝鲜半岛南部有着某种程度的军事存在。

四 南朝的外交政策

泰常八年（公元423年），北魏太武帝在平城即位。神麚四年（公元

431年)至太延五年(公元439年),北魏先后灭夏、北燕和北凉,统一了华北,国势进一步强大。太平真君十一年(公元450年),太武帝的大军长驱南下,直达长江北岸的瓜步,严重威胁宋的都城建康。长期以来,为了抵抗来自北魏的巨大军事压力,宋朝除充实自身的力量以外,在外交上必须与高句丽、百济、倭等海东诸国保持友好关系,以求加强与北魏相抗的地位。

在海东诸国之中,高句丽的军事实力最强,其地理位置又与北魏接近。因此,对南朝的宋来说,为了牵制北魏,与高句丽交好是最为重要的。元嘉十六年(公元439年),宋文帝为了与北魏作战,曾向高句丽求战马,便是最好的例证。高句丽采取两面外交的手法,既向南朝入贡,旋即又向北魏入贡。这使得宋朝更有必要拉拢高句丽,以免它完全倒向北魏。宋武帝早在永初元年(公元420年)就封高句丽的长寿王为征东大将军,以后又多次加授官位,以示恩宠。大明七年(公元463年),宋孝武帝更进授长寿王为车骑大将军、开府仪同三司,这在当时对外国的册封上几乎可以说是达到了无以复加的地步。

百济的军事力量远不如高句丽强大。在高句丽的攻击下,百济处境困难。长寿王十五年(公元427年),高句丽的首都从鸭绿江畔的丸都南迁大同江边的平壤,锐意南征,增加了对百济的威胁。对南朝的宋来说,百济虽然也能在军事上牵制北朝,但所能起的作用不是很大。然而,与高句丽的两面外交不同,百济一贯忠诚于南朝。除延兴二年(公元472年)曾向孝文帝上表谴责高句丽以外,百济从来不与北魏勾结。所以,宋对百济是十分信任的。永初元年(公元420年),宋武帝在授高句丽王为征东大将军的同时,授百济王为镇东大将军。后者在次序上虽处于前者之后,但官位的等级是与前者相同的。

5世纪新罗的国力尚未充分发展。在外交方面,除早在东晋孝武帝太元年间(公元377、382年)曾向前秦遣使以外[①],新罗一直不向北魏进贡,也不向南朝的宋进贡。因此,宋与新罗之间是没有国交的(图18)。

中国古代王朝都以"四夷来朝"为荣,南朝亦不在例外。对南朝的宋

---

① 《三国史记》卷第三,《新羅本紀》第三奈勿尼師今,朝鲜史学会1928年版,第2页。

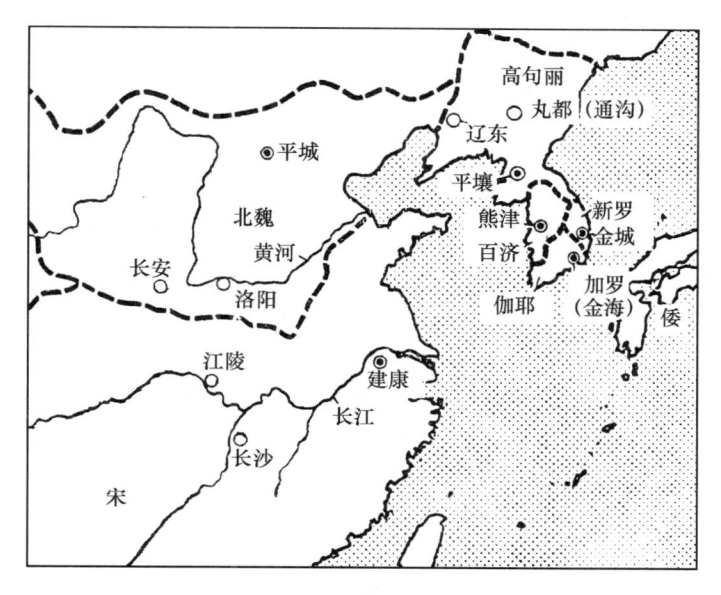

图18　5世纪东亚国际形势示意图

来说，倭国入贡当然是好事。由于倭国始终不与北朝勾结，其入贡更值得欢迎。但是，倭国地理位置遥远，国力又不很强大，不能在军事上牵制北朝。特别是倭国致力于向朝鲜半岛扩张，谋求控制新罗、百济，又坚持与高句丽抗争，这不能不引起宋朝的顾虑。宋朝欢迎倭国入贡，但不能给它以过多的支持，以免招致高句丽和百济的不满。

在倭国的强烈要求下，宋朝承认倭王有"都督新罗、任那、加罗、秦韩、慕韩等国诸军事"之权，但始终否定其有"都督百济诸军事"之权。从《宋书·倭国传》的记载可以看出，倭国视高句丽为敌国，视新罗、百济为藩国，而以两国的上国自居。但是，与倭国的自视甚高相反，宋的皇帝早就授高句丽王为征东大将军乃至车骑大将军，授百济王为镇东大将军，却长期仅授倭王为安东将军。只是到了最后，宋顺帝才于昇明二年（公元478年）晋升倭王武为安东大将军。其实，安东大将军在官位的等级上虽与征东大将军、镇东大将军相等，但就次序而论，仍处于两者之后，更不能与高级的车骑大将军相提并论。总之，从《宋书·东夷传》的全部记载看来，5世纪中国南朝的对倭政策和对朝鲜政策是紧密相关的，是充分注意力量对比、权衡利害关系的现实主义的外交政策。

五 "大王"的称号

1968年，在日本埼玉县行田市发掘了一座古坟，称为稻荷山古坟。10年后的1978年9月，日本学者利用X光照射，发现稻荷山古坟出土的铁剑有115个字的错金铭文（图19）①。经已故京都大学教授岸俊男先生等学者判读，铭文中的"获加多支卤大王"应读作Wakatakeru大王②。《古事记》和《日本书纪》各称雄略天皇为"大长谷若建命"或"大泊濑幼武天皇"，"若建"和"幼武"都读作Wakatakeru，正与"获加多支卤"的读音相同。因此，可以确认，"获加多支卤大王"即《记·纪》中的雄略天皇。学者们考定，铁剑铭文中的"辛亥年"相当于公元471年，与《宋书·倭国传》所记倭王武的在位年份基本上相符。从《日本书纪》所述雄略天皇的事迹看来，他也应该是《宋书》中的倭王武。这在日本学术界已取得一致的意见，可谓已成定论。

稻荷山古坟铁剑铭文的发现，还使得1873年日本熊本县玉名郡江田船山古坟出土铁刀错银铭文中的开头十个字被纠正而判读为"治天下获□□□卤大王"③。十分明显，船山古坟铁刀铭文中的"治天下获□□□卤大王"与稻荷山古坟铁剑铭文中的"獲加多支卤大王"为同一人，即《记·纪》中的雄略天皇，亦即《宋书》中的倭王武。

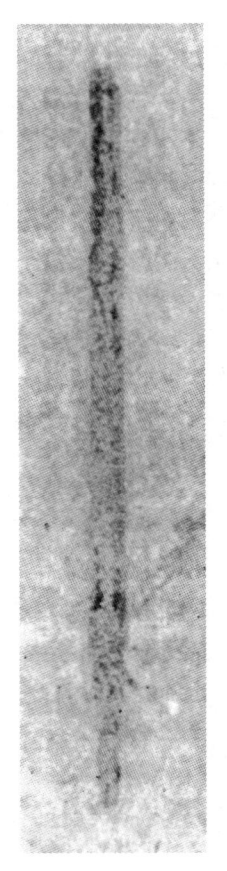

图19 稻荷山古坟铁剑

---

① 埼玉县教育委员会等：《埼玉稻荷山古墳辛亥銘鉄剣修理報告書》，埼玉県立さきたま史跡の博物館1982年版。
② 岸俊男：《稻荷山鉄剣銘の意義》，《日本の古代》（6），中央公论社1986年版，第9—21页。
③ 岸俊男：《稻荷山鉄剣銘の意義》，《日本の古代》（6），中央公论社1986年版，第9—21页。

日本古代史研究表明，雄略天皇在位时，倭国的国力和倭王的权势得到空前的发展。据《宋书·倭国传》记载，宋的皇帝始终仅授倭国的赞、珍、济、兴四王为安东将军，但昇明二年（公元478年）宋顺帝忽然晋升倭王武为安东大将军。这也许是与倭国国力和倭王权势的增长有关的。

如所周知，日本采用"天皇"的称号是从7世纪初期的推古朝（公元593—628年）或后期的天武朝（公元672—686年）开始的。《古事记》和《日本书纪》所记6世纪以前的许多"天皇"，包括"雄略天皇"在内，其称号是出于8世纪初期编纂《记·纪》时的附会和追崇（"仁德"、"履中"、"反正"、"允恭"、"安康"、"雄略"等名则是8世纪后半追加的中国式谥号）[1]。其实，他们起初只被称为"王"，以后又自称为"大王"。何时开始自称"大王"，这是日本古代史上的重要问题。从稻荷山古坟铁剑铭文和船山古坟铁刀铭文来看，倭王武（即雄略天皇）至少在被中国的皇帝晋升为安东大将军之前7年，已号称"大王"[2]。当然，在倭王武之前，5世纪其他各倭王也有号称"大王"的可能性。"大王"称号的成立，正说明倭国的国力和倭王的权势有了划时代的增长。

要了解"大和政权"的倭王们为什么进号"大王"，这不仅须从5世纪倭国国内情势的发展着眼，而且还应该从当时东亚国际情势的视野出发，来加以考察。

前面已经说过，当时倭国视高句丽为敌国，视百济、新罗为藩国。据《好太王碑》记载，高句丽王谈德称"国冈上广开土境好太王"，因其年号为"永乐"，故又称"永乐太王"。由于韩国庆州壶杆塚古坟出土的青铜碗也有"（乙卯年）国冈上广开土地好太王（壶杆）"的铭文[3]，可见高

---

[1] 佐藤宗諄：《律令制と天皇》，《日本の古代》（15），中央公论社1988年版，第13、14页。从大阪府柏原市松岳山出土的船王後墓志看来，不论"天皇"称号的开始成立是在7世纪初期的推古朝还是在后期的天武朝，至少在《记·纪》成书之前，6世纪的倭王已被追称为"天皇"。见奈良国立文化财研究所《日本古代の墓誌》第74、75页，图版第10—12（1977年版）。

[2] 《宋书·倭国传》记载："大明六年诏曰'倭王世子兴奕世载忠……宜授爵号，可安东将军、倭国王'。兴死，弟武立，自称'使持节都督倭、百济……慕韩七国诸军事，安东大将军，倭国王'，顺帝昇明二年遣使上表。"从这段记载看来，倭王武的即位应在大明六年（公元463年）之后，昇明二年（公元478年）以前，不能限于昇明二年（公元478年）这一年。所以，稻荷山古坟铁剑铭文中的"辛亥年"（公元471年）与倭王武的在位年限未必抵触。

[3] 金載元：《壶杆塚と金铃塚》，《国立博物館古蹟調査報告》第1册，乙酉文化社1948年版。

句丽的威势和好太王的名声已广泛播扬到新罗的都城。1979年韩国忠清北道发现高句丽的《中原碑》，碑文中的"辛酉"说明它建造于公元421年或481年①，从而可以判断碑文所记"（五月中）高丽太王"应该是指好太王的嗣王长寿王（名巨琏）。《中原碑》中的"高丽太王"还说明，"太王"不仅是高句丽王死后的敬称，而且是生前的尊号。这不能不使人认识到，倭王们之进号"大王"，是为了与号称"太王"的敌国高句丽王相抗衡，同时也是为了从称号上居于百济王和新罗麻立干②之上，突出倭国对百济、新罗两藩国的上国地位。要之，"大王"称号的成立不仅是出于5世纪倭国国内情势发展的需要，而且是与当时倭国对朝鲜三国的外交姿势紧密相关的。可以说，这也是雄心勃勃的倭王们对中国皇帝的册封（封高句丽王为征东大将军乃至车骑大将军，封百济王为镇东大将军，而仅封倭王为安东将军）所持不满态度的一种表现。

高句丽长寿王在位时称"太王"，还可以从韩国庆州瑞凤塚古坟出土的银盖碗铭文得到证明。瑞凤塚的银盖碗，在碗底和盖内各有"延寿元年太岁在辛三月（中）太王教造合杅，三斤"和"延寿元年太岁在卯三月中太王教造合杅，用三斤六两"的铭文。学者们认为，"延寿"是新罗的逸年号，"辛卯岁"相当于公元511年③。对照《三国史记·新罗本纪》，公元511年应为新罗智证王十三年。《新罗本纪》称"智证"为王的谥号，新罗用谥号从此开始，但未记智证王在位时曾用年号。《新罗本纪》明记法兴王二十三年（公元536年）称"建元元年"，新罗之用年号应以此为始④。因此，智证王十三年（公元511年）实无称"延寿元年"之理。我认为，瑞凤塚银盖碗铭文中的"辛卯岁"相当于公元451年，"延寿元年"为高句丽长寿王三十九年（公元451年）⑤。高句丽好太王用

---

① 上田正昭、田边昭三：《埋もれた邪馬台国の謎》，《日本歷史展望》第1卷，1981年版，第232、233页。
② 4、5世纪新罗国势微弱，其君主先称"尼师今"，后称"麻立干"，而不称"王"；6世纪初国势转强，智证麻立干乃于即位后的第四年（公元503年）始称"新罗国王"。
③ 金元龙：《韩国美术史》，日本株式会社名著出版1976年版，第156页。
④ 《三国史記》卷第四，《新羅本紀》第四智證麻立干、法興王，朝鲜史学会1928年版，第2、4页。
⑤ 关于"延寿"为高句丽长寿王的年号，延寿元年相当公元451年的问题，近年日本学者已有论及，见鎌田元一《大王による国土の統一》第58页（《日本の古代》(6)，中央公论社1986年版）。

"永乐"年号,其嗣王长寿王用"延寿"年号是可以理解的。长寿王三年(公元415年)所作青铜碗(壶杆)存在于新罗的"壶杆塚",长寿王三十九年(公元451年)所作银盖碗(合杆)当然也可以存在于新罗的"瑞凤塚"。瑞凤塚银盖碗铭文记作器月份为"三月中"而不明记日期,其方式正与《中原碑》碑文所记"五月中"相一致。以上都说明,瑞凤塚银盖碗铭文中的"太王"与《中原碑》碑文中的"高丽太王"一样,是高句丽长寿王在位(公元413—491年)时的称号。总之,倭王们自称"大王",主要是为了在称号上与在位的高句丽太王抗衡。

六 友好的百济国

在朝鲜三国之中,百济与东晋、南朝的关系最为亲密,与倭国的关系也甚为友好,尽管倭王们多次向中国皇帝谋求授予对百济的军事控制权。如前所述,据《三国史记》和《晋书》记载,百济向东晋朝贡始于近肖古王二十七年,即晋简文帝咸安二年(公元372年)。但是,从日本奈良县天理市石上神宫所藏"七支刀"的铭文看来,至少在此前的太和四年(公元369年),百济曾奉行东晋的年号(图20)①。据《日本书纪》记载,百济肖古王在向东晋遣使的同年,也向倭国遣使。"七支刀"是肖古王为赠送倭王而作的,在刀的铭文中使用东晋"泰和四年"(公元369年)的年号,正说明百济是此后倭与东晋通交的媒介。事实上,如倭王武致宋顺帝的表文所述,倭国遣使往建康,就是取道于百济的。

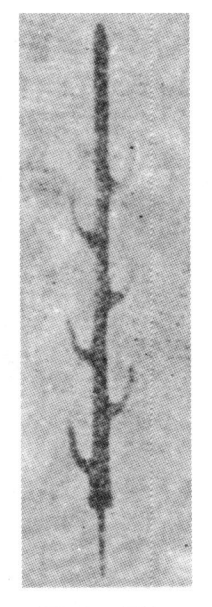

永初元年(公元420年),宋武帝即位,将百济王的官位从东晋所授镇东将军晋升为镇东大将军。文帝元嘉二十七年(公元450年)、孝武帝大明元年(公元457年)、明帝泰始七年(公元471年),百济多次入贡,使宋和百济的友好关系不断加深。前面多

图20 石上神宫的七支刀

---

① 福山敏男:《石上神宫七支刀の銘文》,《美術研究》第158号,1951年。

次说过，从元嘉十五年（公元438年）开始，倭王珍就向宋的皇帝要求授予"都督百济、新罗、任那、秦韩、慕韩等国诸军事"之权。对此，宋文帝于元嘉二十八年（公元451年）授倭王济为"都督新罗、任那、加罗、秦韩、慕韩等国诸军事"，以加罗（伽耶）替换百济。昇明二年（公元478年），宋顺帝进授倭王武为安东大将军，而授"都督新罗、任那、加罗、秦韩、慕韩等国诸军事"如故，仍然拒绝武对授以"都督百济诸军事"的要求。由此可见，宋与百济的关系是何等亲密无间！

百济的军事力量虽然不强，但它在文化和工艺技术方面却是相当发达的。这主要是依靠百济自身的努力，同时也是由于得到中国方面的帮助。就史书记载而言，宋文帝元嘉二十七年（公元450年）赠百济《易林》、式占、腰弩等，便是很好的说明①。据《日本书纪》记载，雄略天皇（即倭王武）在位时，倭国从百济引进"陶部"、"鞍部"、"画部"、"锦部"等各种技术工人，这对倭国十分有益。日本考古学上称为"须惠器"的硬质陶器，便是由来自百济的"陶部"工人制造的。

建元元年（公元479年），齐高帝即位，进授倭王武为镇东大将军。但是，从《南齐书》的记载看来，倭国没有向齐遣使，而百济却在永明八年（公元490年）遣使入朝，齐武帝授百济王牟大为镇东大将军。

图21 梁《职贡图》中的百济使者（宋代摹本）

梁武帝天监元年（公元502年）进授百济王为征东大将军，普通二年

---

① 《宋书·百济传》记元嘉二十七年，百济王余毗"上书献方物，私假台使冯野夫西河太守，表求易林、式占、腰弩，太祖并与之"。见《宋书》卷第九十七，第2394页（中华书局1974年版）。

（公元521年）又改授为宁东大将军。在梁武帝在位的40余年间，百济与南朝的亲密关系又达到一个新的高潮。百济的使者多次来到建康，向梁贡献方物，而梁则向百济赠送涅盘等佛教经义，并派遣毛诗博士和画师、工匠等人员（图21）。太清二年（公元548年），梁朝发生"侯景之乱"。百济圣明王不知建康有变，犹于次年（公元549年）遣使入贡。使者见城阙荒毁，痛哭流涕，竟被侯景所执囚，数年后始获释而归。

梁武帝在开国的天监元年（公元502年）也按例进授倭王武为征东大将军。但是，从《日本书纪》的编年看来，倭王武（雄略天皇）已经在几年前死去①。也许是由于5世纪以来倭国因未能如愿以偿地从南朝的宋得到最大的支持而感到失望，进入6世纪以后，倭王们始终不与梁交往，从而使倭与中国的国交又陷入一个相当长的断绝时期。但是，据《日本书纪》记载，在6世纪前期，倭国却大大加强了与百济的友好关系。百济向倭派遣五经博士，中国的典籍、文物通过百济而传入倭国。6世纪中期，百济还向倭派遣僧侣，传授佛教。总之，作为朝鲜半岛上的友好之国，百济在沟通中国与倭国的关系上自始至终起着极为重要的作用，在文化方面尤其如此。

七　武宁王墓

武宁王是中国《梁书》所记的百济王余隆，也是朝鲜《三国史记·百济本纪》所纪的斯麻王，"武宁"是他的谥号。

公元475年，因受高句丽（长寿王）的攻击，百济文周王自汉城（广州）迁都于南方的熊津（公州）。自文周王元年（公元475年）至圣明王十六年（公元538年），百济以熊津为都城凡五代63年，武宁王是其中的第四代。其父东城王牟大于公元479年即位，百济的国力稍稍恢复。据《南齐书·百济传》记载，永明八年（公元490年）牟大抗北魏获胜，遣

---

① 《日本書紀》记雄略天皇在位共二十三年。若倭王武即位于宋顺帝昇明二年（公元478年），则武应在齐和帝中兴元年（公元500年）死去。若按稻荷山古坟铁剑铭文中的"辛亥年"（公元471年）计算，则雄略之死应早在公元493年以前。

使向齐报捷称功，齐武帝授为镇东大将军，已如前述。

武宁王余隆即位于公元501年，次年（公元502年）被梁武帝进授为征东大将军。据《梁书·百济传》记载，普通二年（公元521年）余隆始遣使奉表，自称累破高句丽，国势转强，梁武帝改授为宁东大将军。普通四年（公元523年），武宁王死。两年以后（公元525年），葬于熊津的登冠（"登冠"二字见于武宁王墓志，虽未能详考，信系陵墓所在的地名），即今韩国忠清南道公州宋山里（图22）。

1971年，在韩国公州宋山里发掘了武宁王的墓①。土筑的坟丘成圆形，直径约20米。墓道长9.3米，成斜坡状。地下的墓室为用模印有莲花纹和菱格网状纹的砖券砌的单室，长4.2米，宽2.7米，高2.9米，顶部为圆拱状，门向南。东西两壁各设二个直棂窗，北壁设一个直棂窗，这五个假窗的上方都有一个灯龛。砖砌的棺床在墓室的北部，其上置木棺二具，东侧为王棺，西侧为妃棺。在通往墓室的甬道内，置王和妃的石质墓志（背面兼作买地券）各一方，其后立一石雕的镇墓兽。墓志（包括买地券）用汉字镌刻，形式和内容都与中国南朝的墓志相似。武宁王的墓志全文为："宁东大将军百济斯麻王，年六十二岁，癸卯年五月丙戌朔七日壬辰崩，到乙巳年八月癸丑朔十二日甲申安厝登冠大墓，立志如左"。

棺内的随葬品有金冠饰、金簪、金耳饰、金钏、银钏、银带具、镀金的铜履以及由金、玉、琥珀、玻璃制成的各种珠饰，有用金银装饰的铁刀，有钵、盏、盌、熨斗、镜等青铜器皿和用具，有瓶、壶、盏等青瓷

图22 武宁王墓墓室

---

① 金元龙、有光教一：《武宁王陵》，三和出版社、学生社1974年版。

器。青瓷器多与中国南朝的产品相似，应该是从南朝输入的。铜镜中的 1 枚"七乳兽带镜"，也许与梁简文帝在其《望月》诗中所咏的"七子镜"有类同之处①。另 1 枚"宜子孙兽带镜"与日本群马县绵贯观音山古坟出土的完全相同，两者应属"同范镜"②；由于它们是"翻铸镜"，不是中国的原产品，所以其产地有系在百济的可能性。金冠饰和镀金的铜履与日本熊本县船山古坟、滋贺县鸭稻荷山古坟、群马县二子山古坟③，以及新近发掘的奈良县藤之木古坟等古坟出土的镀金的铜冠和铜履相似④，说明日本古坟中的这种冠、履是受百济的影响，也许是从百济输入的。总之，武宁王墓出土的各种器物，正反映了当时百济与中国、倭国两方面的密切的关系。

从墓的形制和构造来看，武宁王墓显然是采用中国南朝的制度。据记载，中国东晋的帝陵在建康，南朝的帝陵在建康和丹阳。其他贵族和官僚等人的墓，则多在建康及其附近地区。最近 30 余年来，在江苏省南京、丹阳等地发掘了许多东晋、南朝的陵墓。就地下的墓室而言，它们的特点是都为砖筑的单室，室前附甬道，室内设棺床，室内壁间往往用砖雕砌直棂窗，窗上有灯龛⑤。要之，武宁王墓的墓室与东晋、南朝陵墓的墓室甚为相似。墓砖的砌筑方式，特别是墓室壁上雕砌的直棂窗和灯龛，几乎与东晋、南朝的墓完全相同（图 23）⑥。这说明，百济在丧葬仪礼制度上受中国南朝的影响至深。

1989 年 4 月，我在日本福冈市举行的国际学术讨论会上就武宁王墓的营建问题向汉城大学名誉教授金元龙先生提出如下的看法：东晋、南朝的陵墓与中国其他各时代的陵墓一样，其墓室是建筑在地下的。在营建和待葬期间，按理不许一般的官民等人进入观看。埋葬以后，封闭严密，更是

---

① 梁简文帝《望月》诗有"形同七子镜"之句，见《艺文类聚》卷第一《天部》所引。见杨泓《吴、东晋、南朝的文化及其对海东的影响》，《考古》1984 年第 6 期。
② 金元龙、有光教一：《武宁王陵》，三和出版社、学生社 1974 年版，第 35 页。
③ 《世界考古学大系》3（日本Ⅲ），图版第 129、第 134，平凡社 1959 年版，第 119—120 页。
④ 奈良县立橿原考古学研究所：《（斑鸠）藤ノ木古坟》，吉川弘文馆 1989 年版。
⑤ 王仲殊：《中国古代墓葬概说》，《考古》1981 年第 5 期，第 455 页。
⑥ 杨泓：《吴、东晋、南朝的文化及其对海东的影响》，《考古》1984 年第 6 期，第 565、571 页。

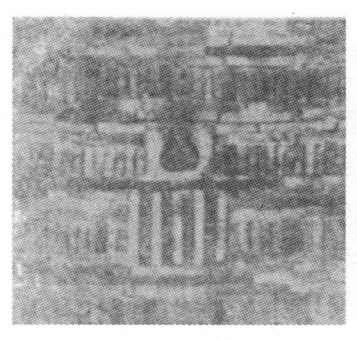

图 23　武宁王墓（左）与南京南朝墓（右）的直棂窗和灯龛

谁也无从看见。百济的使者虽多次到建康访问，但作为外国人，决无被邀请深入到墓室内参观的可能性。武宁王墓在形制和构造上与中国南朝的陵墓如此相似，不能不使人推想其建造也许有中国的工匠参加。当然，陵墓规模宏大，其建造自应以众多的百济工匠为主，但中国的工匠起了指导的作用。公州宋山里其他古坟所用的砖有"梁官瓦为师矣"的铭文（"瓦"字兼指砖、瓦），便是梁的砖瓦工匠在百济传授工艺技术的有力的物证[①]。《梁书·百济传》记大通六年（公元534年）、大同七年（公元541年）梁武帝两次满足了百济请求派遣工匠和画师等人的愿望，可以推证此前梁的工匠也有前往百济的。

八　"扶桑馆"里无倭人

如前面所说，在自晋安帝义熙九年（公元413年）至宋顺帝昇明二年（公元478年）的60余年间，倭五王先后向东晋和南朝的宋遣使达10次之多。由于4世纪以来中国北方长期处于动乱状态，5世纪的倭国只向江南的建康进贡，从来不派使节往北方诸国。进入6世纪以后，倭国不再向梁遣使，也不向北魏遣使，从而使倭与中国的国交又告断绝。

孝文帝太和十九年（公元495年），北魏自平城南迁洛阳，在东汉、

---

① 關野貞：《塼より見たる百済と支那南北朝特に梁との文化關係》，《朝鮮の建築と芸術》，岩波书店1934年版，第475—490页。

魏晋洛阳城的旧址上重建新都（图24）。自此年以迄孝武帝永熙三年（公元534年），北魏以洛阳为都城凡40年。在这40年间，以黄河流域为主体的广大北方地区出现了相当安定的局面，却终究没有招致倭国的遣使入贡。从6世纪前期东亚的国际情势来看，当时的倭国除仍与高句丽为敌以外，还与渐趋强盛的新罗发生激烈的冲突，从而不得不加深与百济的友好关系。从5世纪后期以来，百济与高句丽的抗争愈益严重，与支持高句丽的北魏也曾发生战争而处于敌对状态，这也许是倭国不与北魏建交的原因之一。

图24　北魏孝文帝陵（洛阳）

　　景明二年（公元501年），北魏宣武帝在洛阳大兴土木，增筑里坊，使都城的规模扩大，建置齐备。为了招致"四夷来朝"，特在洛阳的南郊多设专为招待宾客的馆舍和住宅区，称为"四夷馆"和"四夷里"。据《洛阳伽蓝记》记述，"四夷馆"和"四夷里"各在永桥（宣阳门外洛水上的浮桥）以南、圜丘以北的大道两旁。大道之东为"四夷馆"，一名"金陵"，二名"燕然"，三名"扶桑"，四名"崦嵫"；大道之西为"四夷里"，一曰"归正"，二曰"归化"，三曰"慕化"，四曰"慕义"。吴（南朝）人投国者处"金陵馆"，三年后赐宅"归正里"；北夷来附者处"燕然馆"，三年后赐宅"归化里"；东夷来附者处"扶桑馆"，赐宅"慕化里"；西夷来附者处"崦嵫馆"，赐宅"慕义里"。

如上文所述，倭国始终不向北魏遣使，这是毋庸置疑的事实。但是，由于"四夷馆"中有"扶桑馆"，乃使某些学者揣测倭人来到了北魏的洛阳。其实，这是出于对"扶桑"二字的误解，应予纠正。

"扶桑"是中国古代神话中的树木名，最初见于《楚辞·离骚》之谓"饮余马于咸池兮，总余辔乎扶桑"。《山海经·海外东经》说"汤谷上有扶桑，十日所浴"，郭璞注"扶桑，木也"。《淮南子·天文训》说"日出于旸谷，浴于咸池，拂于扶桑，是谓晨明"；陆机《日出东南隅行》也说"扶桑升朝晖，照此高台端"。由于相传扶桑是太阳所由升起之处，乃被作为东方的代名词，所以洛阳"四夷馆"中的东夷馆称为"扶桑馆"。东夷馆之称"扶桑馆"，犹西夷馆之称"崦嵫馆"（《楚辞·离骚》云"吾令羲和弭节兮，望崦嵫而勿迫"；《山海经·西山经》谓"鸟鼠同穴山西南三百六十里曰崦嵫之山"，郭璞注"日没所入山也"），其道理是十分清楚的。据《魏书·东夷传》记载，与北魏有联系的东夷诸国为高句丽、百济、勿吉、失韦、豆莫娄、地豆于、库莫奚、契丹、乌洛侯等，而没有倭国。由此可见，住在"扶桑馆"里的"东夷来附者"虽多，但不包含倭人。总之，历史事实说明，没有任何倭人来到过北魏的都城洛阳。自《后汉书》、《三国志》以降，《晋书》、《宋书》、《南齐书》、《梁书》皆于《东夷传》中记倭国倭人之事，唯《魏书》独无，这决不是偶然的①。

"扶桑"之被作为国名，实始于《梁书》。据《梁书·东夷传》记载，扶桑（国）在大汉国东二万余里，地在中国之东，其地多扶桑木，故以为名。《梁书·东夷传》中的扶桑国与同书同传中的倭国虽同在中国的东方海外，但两者相距遥远，并无关联，决不能混为一谈。只是到了唐代，倭国改称"日本"，其国名乃与太阳升起的所谓"日出处"相联系，故以后有"扶桑"之称。时代大不相同，岂可同日而语！

九 新罗的强盛

据《三国史记·新罗本纪》记载，早在奈勿尼师今二十六年（公元

---

① 王仲殊：《关于日本古代都城制度的源流》，《考古》1983年第4期，第364—365页。

377或382年），新罗曾向前秦进贡。对照《晋书·苻坚载记》和《资治通鉴·晋纪》的记述，其入贡之年应为东晋孝武帝太元二年（公元377年）或七年（公元382年），《载记》中的"薛罗"便是《通鉴》中的新罗①。但是，除了说明它对当时国际形势的失察以外，这次入贡没有产生任何积极的效果。从此以后，新罗长期不与中国交往。

5世纪的新罗先是依附于高句丽，中期以后转而与百济交好，因国势微弱，仍无力遣使与中国的南朝或北朝建立关系。但是，到了5世纪末、6世纪初，新罗的国力渐渐充实，智证麻立干乃于即位后的第四年（公元503年）进号称王，已如前述②。庆州附近"金冠塚"、"金铃塚"、"瑞凤塚"、"壶杆塚"和"天马塚"等古坟的发掘，说明当时新罗在政治、

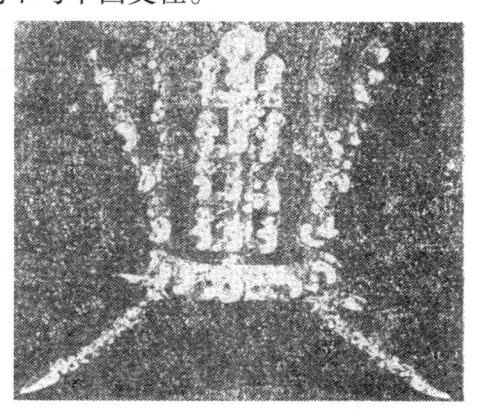

图25 庆州天马塚出土金冠

经济和工艺技术等各方面的发展已经达到相当的水平，其冠服、马具等类对倭国也有一定的影响（图25）。6世纪前期法兴王在位（公元514—540年）时，新罗的国势骤然强盛。普通二年（公元521年），法兴王的使者终于随同百济武宁王的使者来到建康，受到梁朝的欢迎。中国的佛教，也从此传入新罗。这与倭国相比，正是所谓"后来居上"，成为鲜明的对照。

《三国史记·新罗本纪》记法兴王于十一年（公元524年）"出巡南境拓地"，侵占伽耶（加罗）诸国，从而与长期盘据任那的倭国军队发生冲突。据《日本书纪》记载，继体天皇二十一年（公元527年）大和朝

---

① 《晋书·苻坚载记（上）》记"（太元四年）分遣使者征兵于鲜卑、乌丸、高句丽、百济及薛罗、休忍诸国"，"康居、于阗及海东诸国，凡六十有二王，皆遣使贡其方物"；《苻坚载记（下）》记"（太元七年）益州西南夷、海东诸国皆遣使贡其方物"。见《晋书》卷第一百十三、卷第一百十四第2902、2904、2915页（中华书局1974年版）。《资治通鉴·晋纪》记"太元二年春，高句丽、新罗、西南夷皆遣使入贡于秦"。见《通鉴》卷第一百四第3281页（中华书局1976年版）。

② 《魏书·世宗纪》记北魏宣武帝景明三年（公元502年）、永平元年（公元508年）诸外国并遣使朝贡，其中有"斯罗"。对照《梁书·新罗传》所述，"斯罗"应该便是新罗。这样，智证王在位时新罗也许已开始与北魏建立外交关系，但《三国史记·新罗本纪》未记此事。

廷发大兵征讨新罗，却在筑紫（今福冈县境内）遭到当地豪族的遮击，这便是有名的"磐井之乱"。磐井的叛乱说明，新罗的势力已影响到今九州的北部各地。叛乱虽然于次年（公元528年）平定，但后果之深使倭国与新罗的军事力量对比从此更处于不利的地位。

真兴王即位（公元540年）以后，新罗先是联合百济攻击高句丽，不久又转而与百济相争夺。当时百济已自熊津迁都于泗沘（夫余），励精图治的圣明王竟在率军出击新罗的战斗中阵亡。从此以后，百济陷入高句丽、新罗两面夹攻的困境。圣明王在位（公元523—554年）期间，百济与倭国进一步结成联盟。但是，联盟的成果主要在于倭国从百济引进经书、佛教、历法和医术等，却没有改变两国在军事上与新罗相抗的劣势。圣明王死后，新罗的军势更加显得强劲。据《日本书纪》记载，钦明天皇二十三年（公元562年），新罗攻灭任那，5世纪以来倭国设在朝鲜半岛南部的根据地终于彻底丧失。

在这之前，陈武帝于永定元年（公元557年）即位，取代了梁朝的统治。两年以后（公元559年），武帝死去，文帝、废帝先后继位。高句丽、百济、新罗相继于天康元年（公元566年）、光大元年（公元567年）和二年（公元568年）开始往建康遣使。宣帝即位以后，新罗等三国又各在太建二年（公元570年）至十年（公元578年）的数年中不止一次地相竞向陈朝入贡（百济、高句丽也向北齐、北周入贡）。太建十一年（公元579年），淮南、江北诸郡为北周所夺，陈的版图限在长江中下游江南地区，国势日趋衰落。但是，百济和高句丽依然分别于陈后主至德二年（公元584年）、三年（公元585年）遣使来建康。只有倭国在海北挫折以后，忙碌于国内力量的调整，仍无意于追求中国皇帝的册封。7世纪初圣德太子向大一统的隋朝开展不执臣礼的"对等外交"，究其根源，也许正在于6世纪的倭国早已长期置身于中国的册封体制之外。

（原载《考古》1989年第11期）

新罗的历史、文化及都城的形制

一

据《三国史记·新罗本纪》记载，早在奈勿尼师今二十六年，新罗便向中国的前秦遣使朝贡。对照《晋书·苻坚载记》及《资治通鉴·晋纪》的记载，朝贡之年相当东晋孝武帝太元二年（公元377年）或七年（公元382年）。《苻坚载记》所记"薛罗"，便是《通鉴》中的"新罗"。与百济于简文帝咸安二年（公元372年）向东晋遣使朝贡相比，在时间上相差不过5年至10年。但是，经太元八年（公元383年）的淝水之战，前秦的势力迅速瓦解，从而可说新罗的朝贡是出于对国际形势的误判，其欲与中国通好的企划以失败告终。或许是由于初次的重大外交活动遭受意外的挫折，教训深刻，此后新罗乃长期蛰居在朝鲜半岛东南隅，不涉足于中国内地。

据好太王碑碑文所记，从4世纪末开始，新罗受到倭国的侵攻，不得不依附于高句丽的好太王，而5世纪前期的新罗仍然须受好太王及其继承者长寿王的庇护。新罗都城庆州附近壶杅塚古坟的筑造年代虽推定在5世纪末至6世纪初，但出土的青铜碗（壶杅）在底部铸有"乙卯年国冈上广开土地好太王壶杅"的铭文（图26），可证其为以5世纪初期去世不久的高句丽好太王名义所制作[①]。同在庆州附近的瑞凤塚古坟亦大约筑造于5世纪末至6世纪初，而出土的银盒（合杅）分别在底部和盖上记有"延寿

[①] 此青铜碗（壶杅）出土于1946年，收藏于韩国首尔市中央博物馆。底部所铸铭文为凸起的阳文，在韩国初期金石文字中可称罕见的特例。铭文中的"乙卯年"相当公元415年，在好太王逝世之后3年。

元年太岁在辛，三月中太王教造合杅"和"延寿元年太岁在卯，三月中太王教造合杅"的铭文，经考证，"延寿元年"为长寿王在位的第三十九年（公元451年），其干支为辛卯，故可判定此盒为5世纪中叶长寿王在位时所制作①。这2件高句丽的重要文物在新罗的古坟中存在，说明4世纪末至5世纪中叶之时新罗与高句丽关系之密切，而好太王和长寿王皆号称"太王"，可见当时的新罗实际上是高句丽的从属之国。1979年在韩国忠清北道发现的高句丽"中原碑"碑文记"新罗寐锦"与"高丽太王"相比，"高丽太王"显然居优位，而"新罗寐锦"则居下位，亦可说明问题②。

图26　韩国庆州壶杅塚出土铜碗

5世纪中叶以后，新罗的国策一变，主要是联结西邻百济，以求从北方大国高句丽的势力范围脱身而出。只因国力微弱，加之交通不便，虽欲与中国的南朝或北朝通好，却难以实现。因此，中国方面以新罗为化外之邦，不加任何支持和援助。更有甚者，为了满足倭国的要求，中国南朝宋的皇帝于元嘉二十八年（公元451年）开始授倭王以"都督新罗诸军事"

---

① 此银盒（合杅）出土于1926年，收藏在韩国首尔市中央博物馆。关于铭文所记"延寿元年（太岁在辛卯）"的年次虽曾有各种不同见解，要以主张为长寿王三十九年（公元451年）干支属"辛卯"说为妥切。对此，朝鲜学者孙永锺、韩国学者李丙焘等早在20世纪60年代、70年代发表有关论文，详加论证。

② a. 上田正昭、田边昭三：《高句麗の中原碑》，《埋もれた邪馬台国の謎》，旺文社1981年版，第232—233页。

b. 武田幸男：《高句麗"太王"の用例》，《高句麗史と東アジア》，岩波书店1989年版，第259页。

的名号，力图扩张势力的倭王乃据以视新罗为其藩国。当时的新罗文化滞后，制度欠备，其国名除"新罗"以外，或称"薛罗"、"休罗"，或称"斯罗"、"斯卢"，颇显杂乱，没有定规。

5世纪末至6世纪初，新罗的国力终于渐见充实。据《三国史记·新罗本纪》记载，智证麻立干于即位的第四年（公元503年）正式定国名为"新罗"，并废除"尼师今"、"麻立干"等旧称，正其国的君主名号为"新罗国王"。从中国《魏书·世宗纪》的记载看来，智证王于北魏景明三年（公元502年）、永平元年（公元508年）先后遣使洛阳，向宣武帝朝贡，也足以显示新罗国势增强的趋向。只是由于事属其国遣使远赴中国参与国际政治、外交活动之伊始，两次朝贡皆未受到北魏的重视，而《魏书》仍记其国名为"斯罗"，亦在某种程度上反映了相关的情况。

但是，必须指出，从考古学的立场出发而言，新罗都城庆州附近被判定为5世纪后期至6世纪前期筑造的"金冠塚"、"金铃塚"、"天马塚"以及前已述及的"壶杆塚"和"瑞凤塚"等诸多古坟的调查发掘则充分表明当时新罗在政治、经济乃至工艺技术等许多方面已达到相当高的水平。出土的遗物与同时期日本古坟中的随葬品相比，不仅毫无逊色，反而可证新罗的工艺技术其实是居日本之

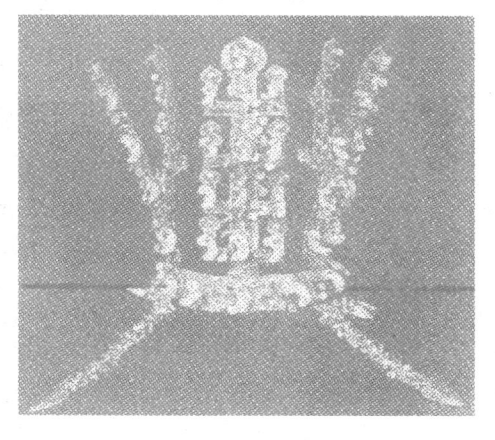

图27　韩国庆州天马塚出土金冠

上位。就冠服和马具之类的形制、规格而论，新罗对倭国具有一定的影响力，这是显而易见的（图27）。

二

到了6世纪前期的法兴王在位期间（公元514—540年），新罗的国势突然趋向隆盛。由于其父智证王向北魏遣使朝贡未有功效，法兴王乃求善邻百济作媒介，与中国江南的梁王朝通交。普通二年（公元521年），在

百济武宁王所遣使者的伴同下，新罗的使者终于首次来到向往已久的建康城，在朝堂上觐见威名远扬的梁武帝。于是，自此以后，新罗开始进一步吸取中国的制度、文化，而佛教亦随之传入新罗。

作为新兴之邦的新罗，大力实行国家体制的整顿、改革，以求国力的大幅度上升和强化。据《三国史记·新罗本纪》记载，法兴王于其即位的第七年（公元520年）便正式颁布律令，可谓政治上的重大创举。众所周知，1988年在韩国庆尚北道蔚珍郡凤坪里发现有"甲辰年"纪年铭的石碑，称为"凤坪新罗碑"①。碑文记法兴王十一年（公元524年）制定的执行法律的具体规则，正表明新罗的国家体制、机能有了长足的改善和提高。与倭国相比，虽说是起步稍迟，而如今的新罗却大有凌驾于倭国之上而阔步前进之势。随着国力的充实，制度的完备，法兴王于在位的第二十三年（公元536年）采用中国式的年号而称此年为"建元元年"。这与倭国于7世纪中期始用"大化"的年号相比，要早出100余年之久。

特别值得注意的是，《三国史记·新罗本纪》记法兴王十一年（公元524年）新罗向国境南方地区扩展势力，占据伽耶诸国。倭国称伽耶之地为"任那"，长期设置称为"任那日本府"的管理机构，实施统治②。新罗军事力量的扩张对"任那日本府"的存在构成威胁，乃使朝鲜半岛南部形势高度紧张。据《日本书纪》记载，倭国朝廷于继体天皇二十一年（公元527年）命近江毛野臣率大军征讨新罗。征讨军的行进至筑紫（今日本福冈县）之地因当地豪族的军事动乱而受阻，这便是有名的所谓"盘井之乱"。动乱虽于次年（公元528年）平息，却使倭国的军事力量遭受一定的打击，甚至可据以认为新罗势力的影响已及于日本九州地方的北部。

真兴王即位（公元540年）以后的新罗，先是联合百济以讨高句丽，

---

① 日本学者井上秀雄对"凤坪新罗碑"碑文的内容作简要的叙述，对书体的特点作确切的评论，并在所录碑文全文中标明何者为受损之字，何者为有异议之字，何者为出于推测之字。见井上秀雄：《五一六世纪の主要な金石文》第349—351页（《古代東アジアの文化交流》，溪水社1993年版）。

② 倭国之改用"日本"国号始于7世纪后期，《日本書紀》所记"任那日本府"的名称是不适当的。考虑到成书于8世纪20年代的《日本書紀》往往称古代的倭国为"日本"，故可推定所谓"任那日本府"其实是"任那倭府"，亦即所谓"任那之官家"。见王仲殊《新羅の强盛》第130页（《中国からみた古代日本》，学生社1992年版）。

在取得不少战果之后,又转而将矛头指向久为同盟之国的百济,将百济北部从高句丽夺还的旧都汉城之地纳入自国的版图。当时的百济已自熊津(公州)迁都于泗沘(扶余),励政图治、力求复兴的君主圣明王在与新罗的战斗中阵亡。从此以后,百济遂处于高句丽、新罗两国的夹击之下,境况艰难。圣明王在位期间(公元523—554年),百济与倭国结成同盟,但结盟的成果主要表现在倭国自百济传入经书、佛教、历法、医术等,却无从改变两国在军事上对新罗的弱势状态。百济圣明王战死之后,新罗的军事力量进一步处于强劲的优势,难以与之抗衡,终于使倭国于钦明天皇二十三年(公元562年)被迫放弃"任那日本府",从而使其国的势力彻底从朝鲜半岛撤出。真兴王巡视各地,抚慰人民,鼓励军政官员,并多建石碑以为纪念,而远在今咸镜南道所建"磨云岭碑"碑文则记新创的"太昌"年号,且以"真兴太王"的名号自称,显示了长期以来其与"高丽太王"抗衡的雄心壮志[①]。

在此之前,在中国的南朝,陈武帝于永定元年(公元557年)即位,取代梁王朝的统治。不久,高句丽、百济、新罗的使者接踵而至,向陈王朝的嗣君朝贡,前后达20余年之久,而高句丽、百济同时亦向北朝的北齐、北周朝贡。开皇元年(公元581年)隋文帝建立隋王朝,高句丽、百济迅速遣使前来,分别接受"辽东郡公"、"带方郡公"的封号,长期以来只与江南的陈通交的新罗亦于开皇十四年(公元594年)遣使来向隋王朝进贡,受封为"乐浪郡公"。

倭国自6世纪中叶以来在朝鲜半岛因新罗的崛起而丧失势力,故忙碌于国政的整顿、改革,无意与朝鲜半岛诸国相竞而向中国皇帝求册封。6世纪末至7世纪前期推古天皇在位时,执政的圣德太子于隋炀帝的大业三年(公元607年)向早已统一全中国的隋王朝遣使,使者小野妹子所呈国书称"日出处天子致书日没处天子无恙"云云,决意实行不执臣礼的所谓"对等外交"。隋炀帝览国书不悦,称其为"无礼",却不加任何处分与

---

① 关于"磨云岭碑"碑文中的"真兴太王"的名号,学术界有持怀疑态度的。但是,研究高句丽史的日本专家武田幸男则坚信碑文中的"真兴太王"是指刻石立碑的新罗真兴王本人。见武田幸男《東アジアの「太王」号》第271页(《高句麗史と東アジア》,岩波书店1989年版)。

制裁。

三

6世纪后期，以朝鲜半岛北部为根本的高句丽领有辽河以东的广大地域，国力强大。高句丽与中国隋王朝境界交接，争端不绝，特别是其向辽西地区的攻略为隋朝方面所不容。开皇十八年（公元598年）隋文帝征讨高句丽，因战况不利，难以取胜，不得不撤兵而返。大业七年至十年（公元611—614年），隋炀帝倾全国之力，再度发动对高句丽的战争，并按"远交近攻"的策略，联络百济、新罗，对通过小野妹子呈递无礼国书的倭国亦采取宽容的态度以求友好。但是，当时的百济以新罗为主要的敌国，有意与高句丽相依，表面上对隋朝的出兵表示支持，实际上却持旁观态度，在隋军与高句丽冲突之时按兵不动，不加任何支援。结果，隋炀帝的远征以大失败告终，隋王朝不久亦随之覆灭。

贞观二十年（公元646年），唐太宗亲自率大军征伐高句丽，因对方防守坚强，抵抗有力，不能取胜。在此期间，百济义慈王加强与高句丽合作，趁机夺取东邻新罗的许多城市、乡镇，并一反往常，以敌对的态度面向中国唐朝，不留余地。因此，唐朝方面决定采取先灭百济以孤立高句丽的战略方针。考虑到倭国与百济的关系十分亲密，唐王朝特于高宗显庆四年（公元659年）十二月暂时扣留正在东都洛阳访问的津守吉祥等倭国遣唐使者，以免泄漏军事机密①。显庆五年（公元660年）三月，唐将苏定方受朝廷派遣，率大军进入百济熊津江地区，新罗武烈王（金春秋）亦统军前来配合作战。同年八月，百济都城泗沘陷落，义慈王被俘。龙朔三年（公元663年）八月，倭国为支持义慈王之子丰璋的复国之战，特派海军船队赴援，却在白村江口受唐海军猛击，大败而退（图28）。乾封元年（公元666年）九月，唐高宗趁高句丽内乱，发大军征讨，新罗文武王亦

---

① 《日本書紀》齐明天皇五年己未（公元659年）条记遣唐使"以陆奥虾夷男女二人示唐天子"句下注引《伊吉連博德書》所述其年十二月唐朝敕旨称"国家来年必有海东之政，汝等倭客不得东归，遂逗西京，幽置别处，闭户防禁，不许东西，困苦经年"。见《日本書紀》后篇第271页（《国史大系》，吉川弘文館1982年版）。

出兵与唐军组成联合战线，遂于乾封三年（公元668年）九月攻陷高句丽首都平壤，宝藏王遭拘捕。这样，继百济之后，高句丽终告灭亡。

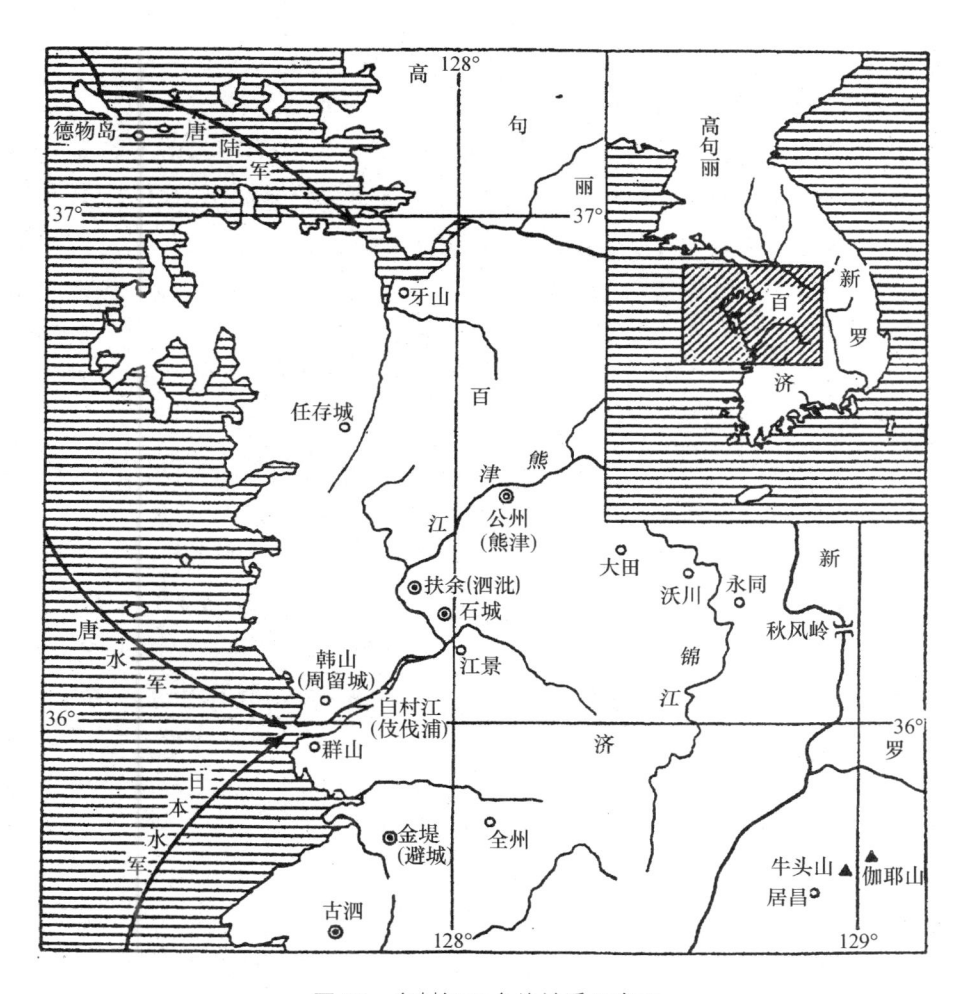

图28　白村江口会战关系示意图

此后不久，高句丽遗民奋起抗战，新罗亦为本国的利益而与唐军发生冲突。新罗的对唐战争延续到文武王十六年（公元676年），其结果是唐朝的军政势力不得不从朝鲜半岛撤出。这样，几乎领有朝鲜半岛全域的、称为"统一新罗"的强大王朝乃以全新的姿态登上东亚的历史舞台，影响巨大。

四

长期以来，新罗的都城始终在于今韩国庆尚北道的庆州市地区，至统一新罗时期而不变。据《三国史记》记载，其最初的王宫为新罗的始祖赫居世在位第二十一年（公元前37年）时所建的"金城"。其后，婆娑尼师今于其在位的第二十二年（公元101年）移居筑造于金城东南方的称为"月城"的王宫。此类传说虽不能尽信，但照知麻立干于其在位的第九年（公元487年）七月"葺月城"，并于翌年正月从明活城"移居月城"的记载则应该是确实的。"月城"的位置被比定在今庆州街市区东南方的丘陵地，因丘陵的平面形状呈半月形而得名。

据《三国史记》记述，创立统一新罗的文武王于其在位的第十四年（公元674年）在宫内"穿池、造山，种花草，养珍禽、奇兽"。记述中的"池"，无疑是指位于月城东北方的"雁鸭池"。以"海"喻池，池旁的宫殿称为"临海殿"。《三国史记》记孝昭王六年（公元697年）九月"宴群臣于临海殿"，是"临海殿"之名在史书中的初见，从而可以推知临海殿的建置应在雁鸭池造成之后不久。"雁鸭池"是后世相传的俗称，其当初的原名为"月池"，这是研究者们参照《三国史记·职官志》所记"月池典"、"月池嶽典"等东宫官名推定的。1975年和1976年，对雁鸭池遗迹进行调查发掘，多有收获。

唐高宗龙朔二年（公元662年），建于长安城东北部的新宫大明宫落成，其规模视太极宫有过之而无不及。皇帝于次年移居大明宫，使此宫取代太极宫而成为京师长安政治中枢之所在。大明宫内穿凿称为"太液池"的大水池，池中耸立着以"蓬莱山"为名的岛屿。近年以来，中国社会科学院考古研究所的研究者们发掘太液池遗址[①]，不禁使我联想到新罗庆州都城宫内之设雁鸭池是否与对太液池的模仿有关。太液池面积广大，远非

---

① 中国社会科学院考古研究所、日本奈良文化财研究所联合考古队：《唐长安城大明宫太液池遗址考古新收获》、《唐长安城大明宫太液池遗址发掘简报》，《考古》2003年第11期。

雁鸭池之可比，却不能以此为由否定后者的设置有仿自前者的可能性。应该指出，雁鸭池面积虽小，但池中有岛，可视为其与太液池的重要相似之点，决非牵强附会。

据《三国史记·新罗本纪》记述，文武王六年至九年（公元666—669年），新罗遣金庾信之子三光与金天存之子汉林入唐任宿卫，又遣大奈麻汁恒世入唐进贡献，并遵唐朝皇帝之命遣祗珍山级湌等入唐献磁石（"奈麻"、"级湌"等皆为新罗职官名称），等等。担任宿卫的贵族、权臣的子弟及前往朝贡、奉献的使臣皆进入大明宫，是在大明宫内完成其使命的。在此前真德王在位（公元647—654年）之时，以金春秋（以后的武烈王）之子文注为先例，金仁问等亦曾在太极宫为唐朝皇帝任宿卫。文武王六年（公元666年）金三光等改在大明宫任宿卫，故能详知大明宫内的各种情况。尤其是文武王十四年（公元674年）正月，在唐大明宫任宿卫的大奈麻金德福期满归国，来到庆州都城，而文武王恰于此年二月开始在宫内整备池苑，可推想德福所传大明宫太液池的景观正好作为参考。这似乎是偶然的巧合，却属无可置疑的事实。要之，作为唐长安城宫殿对新兴的统一新罗庆州都城宫殿建制所加影响之一例，我试就雁鸭池与太液池之间的关系作如上的论说。

如《三国史记·地理志》所记述，月城作为王居所在的宫城而有"在城"的别称，延至8世纪以后的时期仍然如此，而遗址上发现的瓦片则有"在城"的铭文，可证史书记述之不虚。文武王十九年（公元679年）创建的东宫指雁鸭池、临海殿所在之处的宫殿，则可以从遗址发掘出土的木简及有墨书铭文的陶器上所见"洗宅"、"龙王典"等东宫官署之名得到证实。因雁鸭池原名为"月池"，东宫之有"月池宫"的别称亦见于《三国史记》的记载。此外，应该特别指出的是，称为"北宫"的宫殿之名见于《三国遗事》所记惠恭王（公元765—780年）在位时期，而在《三国史记》的相应记载中则称"王庭"。1939年调查发掘的城东里遗址位于月城的正北方，经过对遗迹、遗物的考察，研究者强调其为北宫遗址的可能性甚高。

五

如所周知，据《三国史记》记述，真德王三年（公元649年）新罗采用唐朝的衣冠，次年又使用唐高宗的"永徽"（公元650—655年）年号。据考古学者们的调查发掘，庆州市将军路第一号坟、蔚州郡华山里第三十四号坟、釜山市华明堂第三号坟、公州邑熊津洞第二十九号坟、金海郡礼安里第四十九号坟等韩国的许多古坟以及庆州市普黄洞皇龙寺遗址、庆州市仁旺洞雁鸭池遗址等庆州都城内重要遗址皆曾出土铜质的带扣、铊尾与方形或半圆形的銙饰，它们的制作年代可判定为7世纪中叶至末年[①]，在雁鸭池遗址的调查发掘中还发现"仪凤四年"（公元679年）的纪年铭平瓦和"调露二年"（公元680年）的纪年铭砖[②]。要之，直到统一新罗时期，以衣冠、服饰与年号的使用为代表的中国唐朝规章制度之被新罗王国接受、容纳不仅见于史籍的记载，而且亦为考古调查发掘工作所证实。这样，认为统一新罗的庆州都城在形制上的改造、更新是出于对中国唐王朝京师长安城的仿效，可谓是理所当然的。

据《三国遗事》记载，新罗全盛之时，京城中有178936户、1360坊、55里、35金入宅（富润大宅）。这是见于《三国遗事》卷第一的《辰韩》条中的记载，但如在紧接其后的《四节游宅》条中所明示，所记实为包含宪康王（公元875—886年）在位期间在内的8世纪初至9世纪末的统一新罗时代的状况。特别是卷第五《念佛师》条中的"360坊、17万户"，确为对于8世纪中叶景德王（公元742—765年）时期实况的记述无疑[③]。当然，无论是怎样不可一世的"全盛之时"，多达17万余的户数对新罗的都城来说，显然是被夸张了的。但是，"1360坊"应为"360

---

① 伊藤玄三：《統一新羅の銙带金具》，《律令期銙带金具の調查研究》，法政大学文学部1998年版，第14—39页。
② 韩国文化部文化财管理局：《雁鸭池发掘调查报告书》，学生社1993年版，本文编第86页，图第20—443；第87页，图第31—552。
③ 《三國遺事》卷第一《辰韓》条及《四節遊宅》条、卷第五《念佛師》条，分别见韩国精神文化研究院姜仁求等：《譯注·三國遺事》Ⅰ第216、第221页；Ⅳ第364页（以會文化社2002年版）。

坊"的笔误，而非故意的捏造。与《三国史记·地理志》所见新罗始祖赫居世于中国西汉宣帝五凤元年（公元前57年）开国时都城内有"35里"的古远难信的记载相比①，《三国遗事》所记"55里"之数的正确程度是相当之高的。

要而言之，根据上述《三国遗事》的记载，统一新罗时代的庆州都城全域首先是划分为55个"里"，然后又可细分为360个"坊"。"里"与中国唐长安城、日本平城京等都城内的"坊"相当，"坊"则相当于日本平城京内的"坊"进一步细分而成的"町"或"坪"。

2002年12月，我应邀在日本京都就新罗都城作演讲时曾引用韩国著名学者绘制的"庆州王京平面复原图"（图29），却对此图提出个人独自的解析②。我认为，《三国遗事》所记虽为"360坊"，但除去月城的王宫、月池的东宫以及其后新建的北宫（城东里遗址）所占的面积，复原图中的方格形区划共约330个，它们便是以上所说的"坊"。330个"坊"被55个"里"所均分，每个"里"包含6个"坊"。必须注意，从复原图和我对此图的解析看来，"坊"的平面为正方形，而"里"的平面则为东西横长方形，长与宽的比率为3：2。这样，若将"南北大路"以东和以西的京域分别称为"左京"与"右京"，则左京的幅度相当于2个"里"的长度，而右京的幅度倍增，相当于4个"里"的长度。据1976年至1983年对遗迹的调查发掘，作为规模宏伟的伽蓝，皇龙寺的位置在于左京中部的东侧边缘，全寺面积相当于4个"坊"，即三分之二个"里"。

应该说明，由于我所引用的"庆州王京平面复原图"本身未必准确③，我对此图的解析当然是有不切实之处的。然而，如前所述，我坚持

---

① 《三國史記》卷第三十四，《雜志》第三，《地理》一，朝鲜史学会1928年版。
② 王仲殊：《唐長安城および洛陽城と東アジアの都城》第411—420页，《東アジアの都市形態と文明史》，国際文化研究センター2004年版。
③ 韩国学者尹武炳的"庆州王京平面复原图"是根据现今地面上隐约察见的道路、里坊的不确切的形迹推测复原的。1987年，尹氏本人改变了思路，又按《三國史記》所见"35里"的记载，重新绘制庆州都城平面复原图，方方正正，非常规整。但是，2002年、2003年以来，韩国国立庆州文化财研究所等学术单位和学者们发表多篇新有关庆州都城遗迹的调查发掘报告和论文等，说明历时数百年之久的庆州都城在形制、布局上的变迁甚为复杂，不能简单地对里坊的区划作完全整然的复原。见黄仁镐《新羅王京の変遷》第2—19页（《東アジアの古代文化》第126号，大和书房2006年版）。

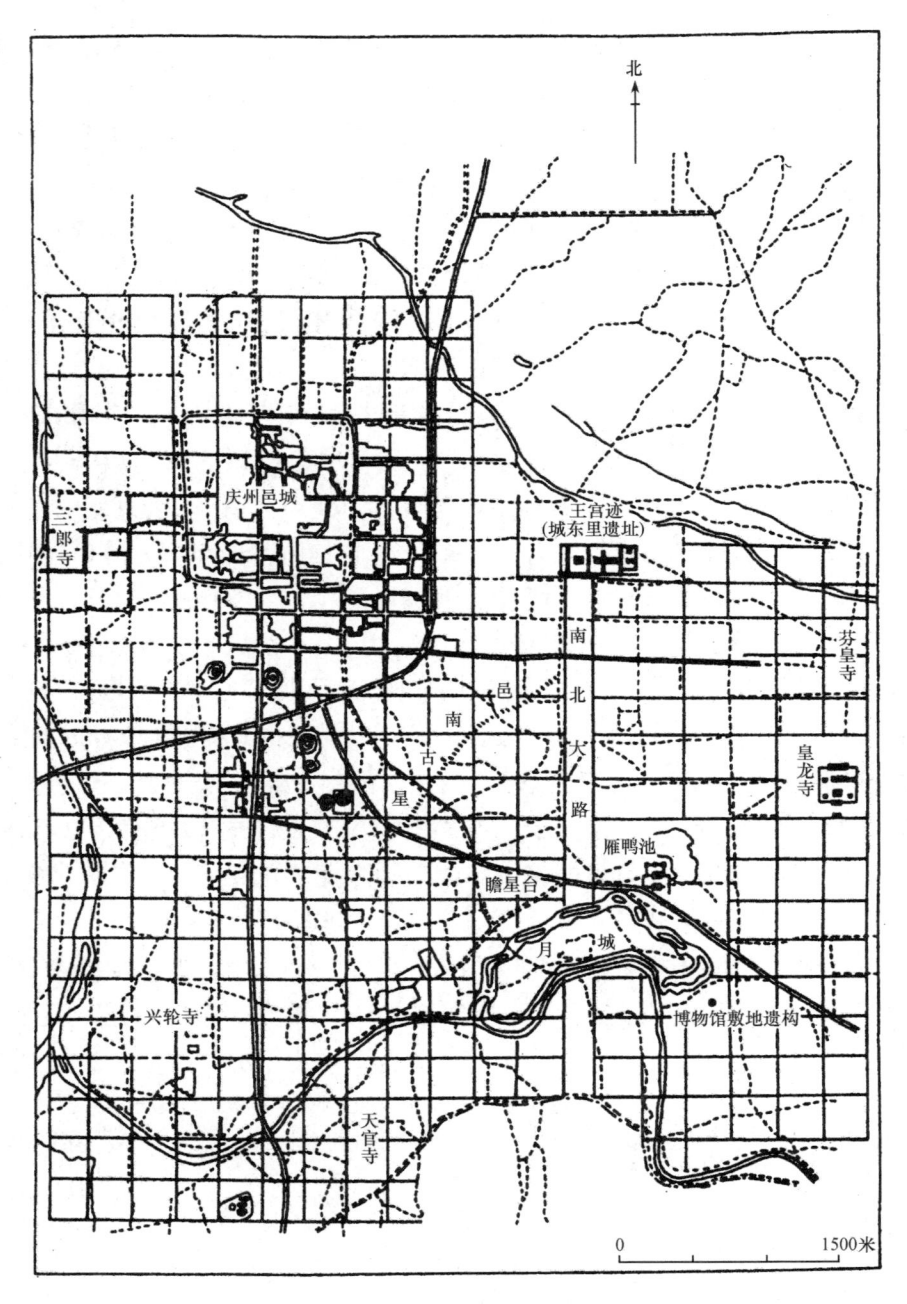

图 29 庆州都城平面复原图（韩国尹武炳作图，日本佐藤兴治部分加笔）

认为，与《三国史记》所记"35里"相比，《三国遗事》所记"55里"是可信的，而后者《辰韩》条所记"1360坊"则为《念佛师》条所记"360坊"之误，这是可以确信无疑的。

统一新罗庆州都城的改造虽说是以唐长安城的形制为模仿对象，但从上古的原初时代开始，直到新的所谓律令制的统一新罗时代，新罗的都城始终在于庆州的原址，历代相继，前后延续，建筑物纷乱、错落，甚至互相重叠，改造是十分困难的，所以不能如日本的平城京、平安京那样成为左右对称的、整然有序的所谓"条坊制都城"。在庆州都城的周围，有明活山城、南山城、仙桃山城等山城可担当首都的防卫任务，故无须特意筑造围绕首都全域的城墙。尽管如此，按照我个人的一贯主张，与日本的平城京、平安京一样，没有城墙围绕的庆州亦可称为"都城"[①]。

（原载《探古求原》，科学出版社 2007 年版）

[①] 20世纪70年代以来，日本学者创"宫都"一词以称日本的藤原京、平城京、长冈京、平安京，理由是它们的周围皆无城墙围绕，故不能以"都城"称之。我举《日本书纪》天武天皇十二年（公元683年）十二月"凡都城宫室非一处，必造两参"及《続日本纪》桓武天皇延历三年（公元784年）六月"经始都城，营作宫殿"的记载，指出藤原京、平城京、长冈京、平安京等皆应按上述《日本书纪》、《続日本纪》的记载称为"都城"，而"宫都"之词不见于任何古籍，不宜采用。

中国古代宫内正殿太极殿的建置及其与东亚诸国的关系

最近数年来,我连续写了几篇关于中日两国古代都城、宫殿制度比较研究的文稿,发表在《考古》杂志上。文稿内容涉及各个方面,太极殿(日本称"大极殿")则是其中的重点之一。然而,仔细想来,有关太极殿的论述尚需进一步深入,且应力求全面、系统化。故重新提笔,撰作此文,以为补充。

一

唐开元中由徐坚、韦述等编撰的、题为《初学记》的类书共三十卷,引用广泛,叙述清楚。其中第二十四卷述及中国古代宫殿建置而谓"历代殿名或沿或革,唯魏之太极,自晋以降,正殿皆名之",可称言简意赅,十分确切。要之,太极殿是公元3世纪30年代魏王朝始建的宫内正殿,其名称为以后各朝代长期传承,经久不改。

从20世纪60年代初开始,中国社会科学院考古研究所派遣田野工作队,在河南省洛阳市东约15公里的汉魏洛阳城遗址进行调查发掘,持续至今,多有成果。在汉魏洛阳故城的北部,有一处规模宏大的宫殿址,经勘探,主殿基址南北纵长约60、东西横宽约100米,可判定为拓跋氏魏王朝即北魏后期(公元494—534年)的太极殿[1]。至于北魏太极殿是否建造在三国时代(公元220—265年)魏王朝即曹魏始建的太极殿的故址,则

---

[1] 中国科学院考古研究所洛阳工作队:《汉魏洛阳城初步勘查》,《考古》1973年第4期。

因遗迹未经发掘，难作确断。就文献记载而言，学者们或以为曹魏的太极殿建在东汉洛阳城内的南宫，或以为建在北宫，见解各有不同，亦须作进一步论究。

认为曹魏太极殿建在东汉洛阳南宫的理由主要有下列几点。

1. 《三国志·魏书·文帝纪》记"黄初元年（公元220年）十二月初营洛阳宫，戊午幸洛阳"。裴松之注："诸书记是时帝居北宫，以建始殿朝群臣……至明帝时，始于汉南宫崇德殿处起太极、昭阳诸殿"。

2. 《水经注·谷水》称"魏明帝上法太极，于洛阳南宫起太极殿于汉崇德殿之故处，改雉门为阊阖门"。

3. 《三国志·魏书·明帝纪》记"（青龙三年）是时，大治洛阳宫，起昭阳、太极殿，筑总章馆"。裴松之注引《魏略》曰："是年起太极诸殿，筑总章馆"。

4. 《三国志·魏书·高堂隆传》记"青龙中大治殿舍……帝愈增崇宫殿，雕饰观阁，凿太行之石英，采谷城之文石，起景阳山于芳林之园，建昭阳殿于太极之北"。

综合以上各项记载，曹魏太极殿是魏明帝青龙三年（公元235年）在东汉洛阳南宫崇德殿的故址兴建的。

另一方面，主张曹魏太极殿建在东汉洛阳北宫范围内的学者则有如下的认识。

1. 《三国志·魏书·文帝纪》裴松之注谓"于汉南宫崇德殿处起太极、昭阳诸殿"云云，这显然是由于裴氏在引用、梳理有关记载时失误所致①。

2. 曹魏所建洛阳宫全宫的位置在东汉洛阳的北宫范围内，故《水经注·谷水》所言"魏明帝上法太极，于洛阳南宫起太极殿于汉崇德殿之故处"中的"洛阳南宫"为曹魏洛阳宫的南半部，而"汉崇德殿"应指东汉北宫的崇德殿（或为德阳殿之误），而非东汉南宫的崇德殿②。

---

① 钱国祥：《汉魏洛阳故城沿革与形制演变初探》，《21世纪中国考古学与世界考古学》，中国社会科学出版社2002年版。

② 同上。

3. 《全三国文》所收曹植《毁鄄城故殿令》之文言及曹魏修洛阳宫是"夷朱雀而树闾阖，平德阳而建泰极"（"朱雀"指汉北宫南门，"德阳"为汉北宫正殿），这更加说明曹魏洛阳的宫城修建于东汉北宫的故址①。

于此，我要指出的是，根据各种记载，曹魏太极殿建于魏明帝的青龙三年（公元235年），乃是学术界公认的事实。查曹植死于魏明帝太和六年（公元232年），在青龙三年的3年之前，《毁鄄城故殿令》之文作于魏文帝的黄初三年（公元222年），更早出青龙三年达13年之久。这样，曹植又怎能预先确知魏明帝建太极殿于何处？所以，曹魏太极殿建在东汉德阳殿故址之说不免令人困惑②。

《后汉书·安帝纪》记"（延平元年）八月殇帝崩⋯⋯皇太后御崇德殿，百官皆吉服"。李贤注："洛阳南宫有崇德殿，不可以凶事临朝，故吉服也"。这里，《后汉书》李贤注与《三国志》裴松之注一样，亦认为崇德殿的位置在东汉的南宫。但是，从李贤为《后汉书》作注时引用的《西征记》、《洛阳记》等晋代书籍的记述看来，却不能确认崇德殿是在东汉的南宫。兹举崇德殿与太极殿密切相关的记述如下，以供查考。

1. 《后汉书·杨赐传》记"光和元年（公元178年）引赐及议郎蔡邕等入金商门崇德署（殿）"，李贤注引《西征记》曰："太极殿西有金商门"。

2. 《后汉书·蔡邕传》记"（其年七月）诣金商门，引入崇德殿"。李贤注引《洛阳记》曰："南宫有崇德殿、太极殿，西有金商门"。

从以上记述看来，曹魏太极殿应是建于东汉崇德殿的故址。东汉崇德殿故址在魏晋洛阳的南宫自无疑问，但魏晋洛阳的南宫是在东汉的南宫抑或在东汉的北宫范围内，仍然不能判定。换言之，裴松之、李贤虽认定崇德殿为东汉洛阳南宫中的殿舍，但就若干书籍的有关记述而论，崇德殿亦可能建在东汉洛阳的北宫。

---

① 钱国祥：《汉魏洛阳故城沿革与形制演变初探》，《21世纪中国考古学与世界考古学》，中国社会科学出版社2002年版。
② 《曹植集校注》卷第二第250页注25，人民文学出版社1984年版。

因此，我要就太极殿始建之事稍作引申、归纳的是，魏明帝青龙二年（公元234年），蜀国丞相诸葛亮死，消除了曹魏王朝在军事上的西顾之忧，明帝乃于次年青龙三年在首都洛阳大兴土木，起太极、昭阳诸殿，筑总章馆，又增饰芳林园（以后因避魏少帝曹芳讳，改称华林园）等，以示国家的太平景象。至于太极殿的地点位置，则因学者们对文献记载的理解不同，暂且不作结论。

必须指出，自魏明帝建太极殿以后，此殿即成为洛阳宫中的正殿，为历代皇帝即位的场所。《三国志·魏书·三少帝纪》记高贵乡公曹髦于嘉平六年（公元254年）十月庚寅被迎入洛阳，至太极东堂见皇太后，同日即皇帝位于太极前殿，又记陈留王曹奂于甘露五年（公元260年）六月甲申被迎入洛阳见皇太后，同日即皇帝位于太极前殿，可为例证。《魏书·三少帝纪》未记当初齐王芳是否即皇帝位于太极殿，而裴松之注所引《魏略》则明记曹芳废黜时是由太极殿南出而去的，从而亦可说明相关的问题。学者们有认为太极殿之设东、西二堂始于4世纪前半以后的东晋、南朝的①，但从上述曹髦见皇太后于太极东堂的记载看来，3世纪中期曹魏洛阳宫中太极殿已置东堂与西堂，应无疑问。

3世纪60年代中叶，司马氏以"禅让"方式取代曹魏而建晋王朝，不曾因政权更迭而在都城发生战事，故曹魏以来的洛阳宫殿皆得保持完好，继续使用。《晋书·武帝纪》记泰始元年（公元265年）冬十二月丙寅设坛南郊行禅让之礼毕，晋武帝即至洛阳宫幸太极前殿宣诏称帝，足证西晋的太极殿是曹魏太极殿原殿的延续。

二

3世纪90年代，西晋发生"八王之乱"。惠帝永康（公元300—301年）年间，战乱及于洛阳的宫廷。接着，晋怀帝永嘉四年（公元310年）又爆发称为"永嘉之乱"的大动乱。匈奴族前赵的刘曜于次年率军破洛阳，纵兵烧掠，西晋的宫殿毁坏，自不待言。

---

① 岸俊男：《日本の宫都と中国の都城》，《都城》，社会思想社1976年版，第127页。

羯族石勒的后赵初据襄国（在今河北省邢台西南），以后迁邺（今河北省临漳）。元《河南志》称后赵石虎于建武十一年（公元345年）以26万人城洛阳宫，但详情如何，不得而知。据《晋书·石季龙载记》记述，石虎于襄国起"太武殿"，于邺造东、西宫，邺北筑华林园，但未见有以"太极殿"为名的宫殿。"太武"、"太极"属两个不同的概念，太武殿不可与太极殿混为一谈。

此后，鲜卑族慕容氏的前燕（公元337—370年）初都龙城（今辽宁省朝阳），后迁于邺，氐族苻氏的前秦（公元350—394年）、羌族姚氏的后秦（公元384—417年）都长安，慕容氏的后燕（公元384—407年）都中山（今河北省定县），西燕（公元385—394年）先后都长安、长子（今山西省长治），如此等等，皆未有以洛阳为都城的。总之，在4世纪初年至5世纪中期的所谓"十六国时代"（公元304—439年），除前秦的长安以外，黄河流域、北方地区各处都城中皆无称为"太极殿"的宫殿，而洛阳城内曹魏、西晋的太极殿早因上述永嘉五年（公元311年）六月刘曜等的兵燹毁坏而久已荒废。

晋愍帝因永嘉之乱自洛阳出走，至于长安，建兴元年（公元313年）即位。愍帝名"邺"，故改三国时代（公元220—265、280年）江南孙吴所建都城"建业"（今江苏省南京）之名为"建康"。建武元年（公元317年）晋元帝在建康即位，史称"东晋"。

由于政治、经济，尤其是地理环境等各方面的条件不同，建康作为营造于江南之地的都城，在城的规模、形制上与中原的洛阳多有差异。例如，与曹魏、西晋洛阳之有12个城门相比，建康外郭仅有6个城门，设竹篱为屏障，至齐高帝建元二年（公元480年）始立都墙以加固①。然而，就门的名称而言，"宣阳"、"开阳"、"广莫"、"阊阖"、"承明"、"津门"等皆可视为曹魏、西晋洛阳城门在建康的再现。优美的园囿华林园往往兼作东晋、南朝皇帝的听讼之处，其取名亦以曹魏、西晋的芳林园、华林园为本原。特别是宫内最重要的正殿始终沿用曹魏、西晋太极殿的原名，可

---

① 《南齐书·高祖纪（下）》记"（建元二年）五月，立六门都墙"。《南齐书·王俭传》记"宋世外六门设竹篱。是年初，有发白虎樽者言'白门三重门，竹篱穿不完'。上感其言，改立都墙"。

以认为在自4世纪初期至6世纪后期的260余年的长时期中,江南的建康堪称中国最为正统的都城。

据《晋书·元帝纪》记载,晋元帝在位(公元317—323年)时,建康宫内已有太极殿,其广室冬施青布,夏施青绵帷帐。晋明帝太宁元年(公元323年)七月朔日地震,震动太极殿柱梁。咸和三年(公元328年)二月,苏峻的叛军攻入宣阳门,大臣们聚集太极殿,守护晋成帝。咸和四年(公元329年)正月,苏峻之子苏硕攻台城,火焚太极殿东堂、秘阁,故成帝于次年九月造新宫,始缮苑城①。一般认为,晋成帝时改孙吴的后苑城而建台城,是为此后东晋及南朝台省、宫殿所在处,实即宫城。

永和元年(公元345年)正月朔日,年幼的穆帝由摄政的皇太后怀抱于太极殿登位。永和七年(公元351年)九月及十二年(公元356年)十二月,晋穆帝因皇陵发生崩坏等事,着丧服临朝于太极殿计3日之久。太和六年(公元371年)十一月,海西公司马奕废黜,桓温率百官进太极前殿,备乘舆法驾迎简文帝即位②。

《晋书·孝武帝纪》记太元三年(公元378年)二月作新宫,同年七月完成,孝武帝自旧宫迁入。据徐广《晋纪》记述,当时是发动都城内外军士六千人大力营造,甚见功效。新宫的太极殿高八丈,长二十七丈,广十丈,可称宏伟③。主持全部营造大计的尚书谢万因功赐爵关内侯,任将作大匠之官的毛安之亦赐爵关中侯。至此,台城的正殿太极殿又一次以全新的面貌出现于江南的都城建康。

永初元年(公元420年),宋武帝刘裕效泰始元年(公元265年)晋武帝在洛阳受魏帝禅让故事,设坛于建康南郊受禅。礼毕,法驾幸建康宫,临太极前殿宣诏即皇帝位。刘宋王朝继续以台城为宫城,大体如旧。到了宋文帝元嘉二十年(公元443年),台城的东、西两面各增开一门,分别称"万春门"和"千秋门"④。这样,太极殿作为台城内的正殿,其位置显得更为开朗、通达。

---

① 以上各项,皆见《晋书》各《本纪》。
② 以上各项,见《晋书》穆帝、简文帝二《本纪》。
③ 顾炎武:《历代宅京记》,中华书局1984年版,第193页。
④ 以上各项,见《宋书》武帝、文帝二《本纪》。

建元元年（公元479年）四月，齐高帝萧道成又效东晋、刘宋禅让旧例，于建康南郊设坛受禅。礼毕，大驾还宫，临太极前殿宣诏即皇帝位①，史称"南齐"。据江淹《铜剑赞序》所述，当时太极殿前置有两个大铜钟②。

天监元年（公元502年）四月，梁武帝萧衍又按前朝惯例，设坛南郊，告天受禅。礼毕，车驾还宫，临太极前殿宣诏称帝。天监十二年（公元513年）二月，梁王朝新建太极殿，于同年六月顺利完成。《梁书·武帝纪》记殿的广度改为13间，以从闰数③。由此推想，此前建康台城中的太极殿面阔皆为11间。

太清二年（公元548年），东魏降将侯景发动叛乱，次年攻破台城。梁武帝死，侯景置其棺于太极前殿。天正元年（公元551年）豫章王萧栋被立为嗣君，于太极前殿即皇帝位。次年侯景自立称帝，亦即位于太极前殿④。据《梁书·王僧辩传》记述，为平定侯景之乱，王僧辩率兵入台城，夜间军人采柤（同租，野生谷物）失火，烧太极殿及东、西堂。梁元帝萧绎曾于承圣（公元552—555年）年间试图修复，因材木不备而未果⑤。

永定元年（公元557年）十月乙亥，陈武帝陈霸先于建康南郊设坛受禅，礼毕还宫，临太极前殿宣诏登皇帝位。永定二年（公元558年）七月，陈武帝命中书令沈众兼任起部尚书，少府卿蔡俦兼任将作大匠，开始重新建造太极殿，迅速于十月完成。同年十二月，陈武帝于太极殿东堂宴群臣，设金石之乐。永定三年（公元559年）正月降大雪，传说太极殿前有龙迹，以为吉祥⑥。天嘉元年（公元560年）六月，继位的陈文帝逢武帝周年忌日，于太极前殿与百官共表哀悼。南北朝时代（公元420—589年）佛教兴盛，往往举行称为"无遮大会"（以布施为中心）的法会，尤

---

① 《南齐书·高帝纪（下）》。
② 顾炎武：《历代宅京记》，中华书局1984年版，第200页。
③ 以上各项，见《梁书·武帝纪》及《南史》。
④ 以上各项，见《梁书·侯景传》。
⑤ 《陈书·高祖纪（下）》。
⑥ 以上各项，见《陈书·高祖纪（下）》。

以梁武帝时的规模为大。天嘉四年（公元 563 年）四月，在陈文帝的赞同下，于太极前殿设无遮大会。天康元年（公元 566 年）文帝死后，废帝陈伯宗、宣帝陈顼相继于太极前殿宣诏即位。太建十四年（公元 582 年）正月宣帝死，后主陈叔宝亦按例即位于太极前殿，而"无遮大会"于同年二月再度在太极前殿举行①。

如前所述，曹魏洛阳宫中始建的太极殿已附设东堂；西堂虽未见于记载，但应与东堂并存。东晋承曹魏、西晋之制，建康宫中的太极殿亦设东、西二堂。《晋书》记载中虽仅见东堂②，但《宋书·良吏传（序）》谓"晋世诸帝多处内房，朝宴所临，惟东、西二堂而已"，正说明西堂与东堂同时并存。在《梁书》、《陈书》的记载中可见梁、陈两代的太极殿皆附有东堂和西堂③，它们的功用与东晋一样，往往因时、因事而异，但东堂主要为朝见、飨宴之处，西堂的功用则未见有具体的记述。因此，有关学者在其论文中引《资治通鉴》胡三省注而称晋建康太极殿东堂为见群臣处，西堂乃即安（休息）之地，云云④。

必须补充的是，《陈书·武帝纪》记"太平二年（公元 557 年）正月壬寅，天子（指梁敬帝萧方智）朝万国于太极东堂"，可见除飨宴本国群臣之外，东堂亦是皇帝接见或宴请外国使臣的场所。其实，在太极殿东堂接待外国使臣不限于以建康为都城的南朝，北魏皇帝亦在洛阳的太极殿东堂引见外国使臣，其事将在下文述及。

三

在自 4 世纪初年至 5 世纪中期的十六国时代，黄河流域、北方地区各少数民族首领所建诸国的都城皆无称为"太极殿"的宫殿，鲜卑拓跋氏的

---

① 以上天嘉、天康、太建年间各项，分别见《陈书》世祖（文帝）、废帝、宣帝、后主各《本纪》。
② 分别见《晋书》明帝（崩于东堂）、成帝（朔望听政于东堂）、简文帝（崩于东堂）三《本纪》。
③ 分别见《梁书》王僧辩、侯景二《列传》及《陈书·高祖纪（下）》等。
④ 岸俊男：《日本の宫都と中国の都城》，《都城》，社会思想社 1976 年版，第 127 页。

北魏亦不在例外。

西晋末年封拓跋猗卢为代公，旋又进封代王。20余年后拓跋什翼犍在繁畤（今山西省浑源西南）继位，建立代国。其国传30余年，于4世纪70年代中期为苻坚的前秦所灭。淝水之战（公元383年）以后，拓跋珪复国，改国号为魏，史称拓跋魏或北魏。天兴元年（公元398年）拓跋珪称帝，是为道武帝，定都平城（今山西省大同），国势日趋强盛。太武帝拓跋焘（公元424—452年）先后灭夏、北燕、北凉，完成了黄河流域、北方地区的统一，与江南的刘宋对峙。

作为北魏前期的都城，平城的规模逐渐增大，但宫室制度与东晋、南朝的建康多有差异。太和十四年（公元490年）冯太后死，孝文帝拓跋宏亲政，加紧改革措施，全面实行汉化。都城、宫室的改造是汉化政策的重要组成部分，而宫内正殿太极殿的创设则是改造的核心所在。太和十六年（公元492年）孝文帝毁平城宫内原有的正殿太华殿而新建太极殿，并于殿上大宴群臣，以示庆祝。可以说，拓跋魏孝文帝把250余年前曹魏明帝在中原洛阳始建的太极殿移置于中国最北部的代北、云中。

那么，平城宫中太极殿的建置究竟是以何处宫殿为模仿对象的呢？不难想像，由于曹魏、西晋洛阳宫中的太极殿久已废弃，而当时江南萧齐建康宫中的太极殿建制完备，正好成为北魏平城宫中营建太极殿的模范。

据《魏书·蒋少游传》和《南齐书·魏虏传》记载，北魏孝文帝先于太和十四年（公元490年）遣蒋少游乘传诣洛阳，在曹魏、西晋洛阳城遗迹上量准太极殿等重要殿堂基址，继而又于太和十五年（公元491年）派遣以李道固为正使、蒋少游为副使的使节团赴建康，考察萧齐王朝以太极殿为中心的宫殿建制。蒋少游本为工程师一流人物，掌技术，知机巧，刘宋时归附北魏，历任都水使者（主造船）、将作大匠（主建筑、营造）等职，其受遣以散骑侍郎名分任副使，随正使散骑常侍李道固远赴江南报聘，目的正在于亲临考察江南萧齐现行的宫殿制度。当时，北魏称南朝为"岛夷"，南朝称北魏为"索虏"，互为敌国。孝文帝实施汉化政策，改造宫室、殿堂，不惜遣使报聘，修好关系，可谓用心良苦，用意深刻。蒋少游返回平城的翌年（公元492年），平城宫内的太极殿随即落成，真是立竿见影，功效神速。《水经注·㶟水》明记"太和十六年（公元492

年）破太华、安昌诸殿，造太极殿、东西堂"，确证平城宫中新建的太极殿仍与东晋、南朝建康宫中的太极殿一样，附有东堂和西堂，从而可证其主要是仿南齐宫中太极殿形制、规格而建设的。

在平城宫内建成太极殿仅仅两年之后，热衷汉化政策的孝文帝力排众议，于太和十八年（公元494年）十一月正式迁都于中原洛阳。次年（公元495年）九月，六宫（指皇后、妃嫔）及文武百官尽数自平城至洛阳，完成了迁都的全部计划。据《洛阳伽蓝记》记述，迁洛之后，孝文帝修金镛城，在城内建光极殿，故名金镛城门为光极门。据《魏书》记载，太和二十三年（公元499年）初夏，孝文帝南征至马圈城（今河南省邓县北），因病班师，死于军中。在从太和十七、八年至二十三年的5、6年间，勤于外出巡行、征战的孝文帝在都城洛阳时，往往于光极堂（应即《洛阳伽蓝记》中的光极殿）引见群臣，于华林园听讼、讲武，而洛阳的太极殿在《魏书》记载中则始见于宣武帝的景明二年（公元501年）。兹据《魏书》所记，简述北魏诸帝在洛阳宫内太极殿之行事，以示此殿功能如下：

景明二年（公元501年）正月丁巳，宣武帝引见群臣于太极前殿，告以览政之意。

景明三年（公元502年）十二月壬寅，宣武帝飨群臣于太极前殿。

正光元年（公元520年）七月丙子，侍中元乂、中侍中刘腾奉孝明帝幸前殿，矫皇太后诏实行政变。

武泰元年（公元528年）四月辛丑，孝庄帝车驾入宫，御太极殿宣诏即位。

孝武帝永熙三年（公元534年）侯景之乱起，洛阳宫室、寺宇、商市、民居悉遭焚毁，太极殿亦化为丘墟。据《周书·宣帝纪》记述，宇文氏北周灭高氏北齐之后，曾于大象元年（公元579年）起洛阳宫，工役4万人，但不久因宣帝死，遂停其事。总之，以太极殿为中心的洛阳宫殿因侯景之乱而毁坏，永世不复。

如前所述，根据中国社会科学院考古研究所学者们的勘探，北魏洛阳的宫城在汉魏故城的北部。宫城南北长约1400米，东西宽约660米，整体平面成规整的纵长方形。南面偏西处有一个门址，即为宫城正门闾阖门之所在。在宫城中部偏南处，遗留一座巨大的殿址，其基坛南北纵长约60米，东西横宽约100米，应是太极殿的遗迹①。阊阖门址已于近年正式发掘，太极殿遗迹仍埋地下，有待以后揭示。

前已述及，关于曹魏青龙三年（公元235年）所建太极殿的位置问题，或以为是在东汉南宫崇德殿之故处，或以为是在东汉北宫德阳殿的故处，学者们意见不一，而崇德殿是在东汉的南宫抑或在东汉的北宫亦有待进一步查考，才能判定。这里，我要言及的是，从前述《魏书》所记孝文帝为营建太极殿而遣将作大匠蒋少游自平城至洛阳量准魏晋宫殿基址之事看来，北魏太极殿建立在曹魏始建的太极殿故址上的可能性应该是存在的。这样，主张曹魏太极殿的位置在东汉北宫范围内的见解亦是值得重视的。

天平元年（公元534年）十月，孝静帝善见自洛阳北迁于邺，以为新都，史称东魏。关于东魏邺都的宫殿建置，必须参考《邺中记》之书。此书本为晋陆翙所撰，记后赵石虎事，后人又搜集许多关于邺都之事，加以补充。原书已佚，今本自《永乐大典》辑出②。书中称曹魏、后赵的邺城为北城，北魏孝文帝迁洛时亦曾入居此城，朝群臣于澄鸾殿。东魏孝静帝元象元年（公元538年）九月于邺筑新城，是为南城。《邺中记》记邺南城宫中正殿为太极殿，附东堂和西堂，太极殿后方则有昭阳殿。在《魏书·孝静帝纪》、《北齐书·高祖纪》和《北齐书·文宣帝纪》中，亦述及邺城宫中太极殿及东、西二堂。因此，北魏洛阳太极殿之是否有东、西二堂虽不见于史籍的记载，但从此前平城、此后邺城的太极殿皆设东堂和西堂的事实判断，北魏洛阳宫内太极殿应该亦设有东、西二堂。后述朝鲜史书《三国史记》记北魏宣武帝引见来访洛阳的高句丽使臣于"东堂"，更可作为参证。

四

与东魏、北齐邺城的宫内仍以太极殿为主殿不同，西魏、北周建都于

---

① 中国科学院考古研究所洛阳工作队：《汉魏洛阳城初步勘查》，《考古》1973年第4期。
② 本文关于《邺中记》的引述，皆据顾炎武《历代宅京记》，中华书局1984年版，第168、182、183页。

汉代以来的长安故城，不以太极殿为宫殿之名。开皇元年（公元581年）二月，隋文帝杨坚受禅即皇帝位于临光殿①，此殿应是北周长安宫内的正殿。西魏、北周的宫殿名称脱离曹魏、西晋以来长达300余年之久的传统，或许与两朝政权的实际创始者宇文泰在各种制度上采取效法先秦、周代的复古主义立场有关。

开皇二年（公元582年）隋文帝命高颎、宇文恺等在北周长安城故址东南方的龙首原营造规模宏大、规划整齐的都城，称为大兴。大兴的宫城在都城的北部居中，其正殿称大兴殿。据《隋书·文帝纪》记载，开皇四年（公元584年）四月隋文帝宴突厥、高丽、吐谷浑等外国、外藩使者于大兴殿。《隋书·文帝纪》又记仁寿四年（公元604年）七月文帝死于仁寿宫（在今陕西省麟游）大宝殿，八月移柩京师，殡于大兴前殿。《隋书·恭帝纪》则记义宁元年（公元617年）十一月，恭帝杨侑即皇帝位于大兴殿。可以认为，隋代大兴城宫内正殿大兴殿的功能、效用基本上与此前历代宫内的太极殿相同，只是不设东、西二堂而已。

唐王朝成立，仍以大兴城为都城，改名长安。长安宫城中的宫殿亦是隋代宫殿的延续，惟名称多有更改。武德元年（公元618年）；唐高祖李渊于即位之前即改隋大兴殿之名为太极殿。贞观五年（公元631年），唐太宗又改隋时建在大兴殿后的中华殿之名为两仪殿②。《易·系辞上》曰："易有太极，是生两仪，两仪生四象，四象生八卦"（其意是说太极为原始混沌之气，气运动而分阴阳，由阴阳而生四时，因而出现天、地、风、雷、水、火、山、泽等八种自然现象）。唐代重新以太极殿为宫内正殿之名，并破太极殿后置昭阳殿之旧例而改用两仪殿的新名以代之，进一步表明了"太极殿"名称的含义所在，增强了其在哲学理念上的重要性，扩大了影响。

据《旧唐书·高祖纪》记载，武德元年（公元618年）五月甲子唐高祖在太极殿即皇帝位，丁卯宴百官于此殿，赐帛有差。《旧唐书·太宗纪》记唐太宗于武德九年（公元626年）八月即皇帝位于东宫显德殿，贞观三

---

① 《隋书·高祖（文帝）纪》（上）。
② 徐松：《唐两京城坊考》，中华书局1984年版，第3、4页（西京·宫城）。

年（公元 629 年）四月甲午始御太极殿听政。据《唐六典》记载，此后每逢朔望二日，太宗视朝于太极殿，平日听政则在两仪殿。《旧唐书·高祖纪》记贞观八年（公元 634 年）三月唐高祖宴西突厥使者于两仪殿。《旧唐书·太宗纪》记贞观二十三年（公元 649 年）五月己巳唐太宗死，壬申发丧，六月甲戌朔日殡于太极殿。《旧唐书·高宗纪》记唐高宗李治于贞观二十三年六月即皇帝位，次年永徽元年（公元 650 年）正月御太极殿受朝。《旧唐书·令狐德棻传》记永徽（公元 650—655 年）初年高宗留心政道，尝召宰臣及弘文馆学士于中华殿（即两仪殿）问事。此等记载，皆说明唐代太极殿的功能、效用与此前历代太极殿大体相似，而两仪殿的重要性则比前代的昭阳殿等更为突出。

与历代太极殿附设东、西二堂不同，由隋大兴殿改名沿用的唐太极殿确实不设东堂和西堂。据宋敏求《长安志》记述，贞观四年（公元 630 年）于太极殿东隅置鼓楼，西隅置钟楼（《永乐大典》所收《阁本太极宫图》则示钟楼在东，鼓楼在西）。钟、鼓二楼与东、西二堂相比，两者在位置上虽大致相似，但功用大不相同，说不上其间有传承、替代关系。

龙朔二年（公元 662 年）大明宫建成，唐高宗于次年迁入。此后，长安城的政治中心便由太极殿所在的原来宫城移往新宫大明宫。大明宫的位置在长安城的北面东头，故称"东内"，而原来称为"大内"的宫城则又称"西内"。据《唐六典》记载，高宗移居大明宫之后，西内的太极殿、两仪殿往往成为皇帝、皇后死后的丧殡处，不再是视朝、听政的场所。说起丧殡，自不免有冷落之感。其实，如前所述，唐太宗死后亦曾殡于太极殿，而当时此殿仍是皇帝听政、视朝的正殿。

应该指出，即使在皇帝迁往大明宫之后，西内的太极殿除丧殡之外，还别有重要的功用。唐中宗神龙元年（公元 705 年），改称西内宫城正门为承天门，而唐睿宗则于景云元年（公元 710 年）在承天门即皇帝位，并因太极殿的存在而称西内为太极宫。两《唐书》记大历十四年（公元 779 年）五月代宗死，德宗于同月癸亥日即皇帝位于太极殿；贞元二十一年（公元 805 年）正月德宗死，顺宗于同月丙申日即皇帝位于太极殿。又据《新唐书》记载，元和十五年（公元 820 年）正月宪宗死，遗诏皇太子即皇帝位于柩前，次月闰月丙午日皇太子又即皇帝位于太极殿，是为穆宗；

长庆四年（公元824年）正月穆宗死，同月丙子日敬宗即皇帝位于太极殿。如此等等，足见称为太极宫的西内宫城在一定程度上仍具昔日大内的崇高地位，而太极宫中的太极殿继续作为皇帝即位的场所，不失数百年前曹魏君主在洛阳宫中太极殿即皇帝位以来的老传统。

由于文献记载中未见此后太极殿有毁坏、弃废等事情，此殿作为唐代重要的宫殿，其存在可能延续到天祐元年（公元904年）朱温逼迫唐昭宗迁往洛阳为止，基本上与唐王朝的存亡相始终。

综上所述，自曹魏以降，至于唐代，在历时近670年的长时期中，中国共有6处都城在宫内建太极殿以为正殿。据《晋书·载记》，苻氏前秦都城长安宫内有太极前殿及东、西堂，但因记述简略，无可论证，故不计入。兹将各处都城宫内太极殿的所属朝代、延续年份列表如下，以供一览（表1）。

表1　　　　　　　　中国古代都城宫内太极殿一览表

序号	都城	朝代	年份（公元）
1	洛阳	曹魏、西晋	235—311
2	建康	东晋、南朝	318—589
3	平城	北魏（前期）	492—494
4	洛阳	北魏（后期）	499—534
5	邺（南城）	东魏、北齐	538—577
6	长安	唐	618—904

应该说明，据《宋史·地理志》记载，北宋（公元960—1127年）以开封为东京，以洛阳为西京。东京宫内正殿称大庆殿，西京宫内正殿称太极殿。从时代上说，宋代太极殿不在本文论述范围之内，故不列入表中。

五

2002年12月，我应邀赴日本京都市，参加由国际日本文化研究中心（简称"日文研"）召开的以"东亚的都市形态与文明史"为主题的学术会议。出席者除日本本国学者约 40 人以外，还有正在日本访问、任职和专程前来的中国、韩国、美国、新西兰等各国学者 20 余人，主要由"日文研"的千田稔教授主持会议。在 12 月 12 日上午的讨论会上，千田稔教授向我提问，大意是说：中国古代宫内有称作"太极殿"的正殿，为当时许多外国、特别是东亚诸国所熟知。但是，高句丽、百济、新罗等朝鲜半岛诸国宫内皆无仿此为名的太极殿，唯独日本至迟自 7 世纪末的藤原宫开始，8 世纪的平城宫乃至 8 世纪末、9 世纪以降的平安宫中皆有称为"大极殿"的正殿，原因何在？

当时，我作了简单的回答：中国从 3 世纪的曹魏开始，历代皆以"太极殿"称宫内正殿，至 7 世纪以降的唐代而不变。高句丽、百济、新罗诸国崇尚中国制度、文化的程度各有不同，纵使对"太极殿"景慕甚深，亦因其君主接受中国册封而成藩属，在法理上不允许采用中国皇宫正殿名称于本国宫殿。日本崇尚唐风、汉化程度最深，尤其是自 7 世纪初以降，日本朝廷始终坚持所谓对等外交，其君主不受中国册封，故可采用中国皇宫正殿"太极殿"之名于本国宫殿。

如前节表格所示，在从 3 世纪 30 年代至 10 世纪初年的久长的时期中，遣使来到洛阳（曹魏·西晋）、建康（东晋·南朝）、平城（北魏前期）、洛阳（北魏后期）、邺城（东魏·北齐）、长安（唐）等 6 个都城的东亚诸国主要有高句丽、百济、新罗和日本，它们通过多次遣使访问，熟知中国都城宫内建有称为"太极殿"的正殿，自不待言。

在 3 世纪 30、40 年代，名为"位宫"的高句丽王尚武好战，与曹魏发生军事冲突，为魏将毌丘俭击败。至 4 世纪的十六国时代，高句丽受慕容氏前燕压迫，境况艰难，乃遣使至建康，向东晋朝贡，以求通好。5 世纪前期，长寿王（公元 413—491 年在位）于即位之初便遣使东晋，继而又向北魏朝贡，欲倚为后援。此王寿命甚长，在位当权最久，其向北魏遣使朝贡的频度极大，可惜当时平城宫殿制度未改，不存在称为"太极殿"的殿舍。其孙文咨王嗣位，立即抓紧时间，多次往平城遣使，使者或许有机会得见孝文帝太和十六年（公元 492 年）在平城宫中新建的正殿太极殿。

太和十九年（公元 495 年）孝文帝南迁以后，文咨王的使者改往洛阳朝贡。特别值得重视的是，《魏书·宣武帝纪》记"正始元年（公元504年）夏四月，高丽国遣使朝贡"，而朝鲜史书《三国史记·高句丽本纪》则记文咨王十三年（公元504年）四月遣使入洛阳朝贡，北魏宣武帝引见使者芮悉弗于东堂①。如前所述，自曹魏以至东魏、北齐，历代太极殿皆设东、西二堂，北魏太极殿不在例外。《三国史记》记载中的"东堂"，无疑是指太极殿东堂。这样，可以认为，高句丽频繁地向北魏都城洛阳遣使，使者往往有机会进入太极殿及其东堂，只不过因史书记事从简，一般不记使臣受引见、宴请的具体场所而已。

高句丽对南北分立的中国奉行所谓"两面外交"政策，在不断向北朝的北魏、东魏、北齐遣使朝贡的同时，又先后向南朝的宋、齐、梁、陈遣使朝贡，故除洛阳、邺城之外，使者们亦应多有机会进入江南建康宫中的太极殿。

《隋书·文帝纪》记"开皇四年（公元584年）夏四月丁未，宴突厥、高丽、吐谷浑使者于大兴殿"。与此相应，《三国史记·高句丽本纪》记"平原王二十六年（公元584年）春遣使入隋朝贡，夏四月隋文帝宴我使者于大兴殿"②。如前所述，大兴殿为隋大兴宫内的正殿，唐代沿用此殿而改名为太极殿。由此可作进一步推论，高句丽向中国各王朝频繁遣使，使者们完全有可能进入与隋大兴殿规格相当的历代各处都城宫中的太极殿。

据《晋书·简文帝纪》和《三国史记·百济本纪》记载，百济近肖古王于在位的第二十七年、二十八年向东晋遣使朝贡，其年份相当东晋简文帝的咸安元年、二年（公元371、372年）。日本石上神宫所藏百济王世子为倭王制作的"七支刀"铭文有"泰（太）和四年"的纪年③，而"太和"（公元366—371年）为东晋皇帝（司马奕）的年号，可见百济与东晋王朝关系之密切。到了此后的南北朝时期，百济因屡受北邻高句丽侵攻，盖卤王曾于其在位的第十八年（公元472年）向平城遣使上表，请求

---

① 《三國史記》卷第十九，高句麗本纪第七，文咨王十三年夏四月条。
② 《三國史記》卷第十九，平原王二十六年夏四月条。
③ 上田正昭：《石上の神宝と祭祀》，《上田正昭著作集2》（古代国家と東アジア），角川书店1998年版，第214—215页。

援助，遭北魏拒绝，从而更增强了百济与南朝建立友好关系的决心。梁荆州刺史萧绎（以后的梁元帝）的《职贡图（百济国使）》和百济武宁王之墓（在韩国公州宋山里，1971年发掘），是表明百济与梁王朝之间存在亲密关系的最佳的形象、实物资料①。总之，在东晋、南朝的长时期中，百济使臣经常到建康朝贡，很有可能在建康宫内的太极殿及其东堂受到接待。

晋安帝于义熙九年（公元413年）封高句丽长寿王为征东将军，不久又封百济腆支王为镇东将军。此后，北魏封高句丽长寿王及其孙文咨王皆为征东将军，死后追赠为车骑大将军。在南朝方面，刘宋封高句丽长寿王为征东大将军，继而进封为车骑大将军、开府仪同三司，封百济腆支王为镇东大将军。南齐进封高句丽长寿王为骠骑大将军，封文咨王为征东大将军，而封百济东城王为镇东大将军。萧梁进封高句丽文咨王为车骑大将军，封百济武宁王为征东大将军，以后改封宁东大将军。如此等等，不胜枚举。

但是，无论高句丽、百济与当时中国的关系如何友好、亲密，作为中国皇帝所封征东将军、镇东将军乃至征东大将军、镇东大将军、车骑大将军、骠骑大将军等等之类的职官，高句丽王和百济王不可能采用中国皇宫正殿"太极殿"之名于自身的宫殿，这是不言而喻的。

新罗于奈勿尼师今（"尼师今"为新罗早期君主的称号）在位的第二十六年（公元381年）向前秦苻坚遣使朝贡，可谓与众不同。后年经淝水之战，苻秦瓦解，新罗乃长期蛰居朝鲜半岛东南部，不与中国交通。据《魏书·宣武帝纪》记载，景明三年（公元502年）、永平元年（公元508年）新罗智证王两度遣使洛阳，向北魏宣武帝朝贡，但未受重视。于是，新罗的法兴王转向江南梁王朝遣使，颇受礼遇。此后，新罗国势渐趋强盛，乃得与高句丽、百济并驾齐驱，多次遣使建康，向继梁之后的陈王朝朝贡，建立友好关系②。

---

① 王仲殊：《友好の百济》、《武宁王の墓》，《中国からみた古代日本》，学生社1992年版，第106—126页。

② 王仲殊：《新罗の强盛》，《中国からみた古代日本》，学生社1992年版，第126—131页。

隋文帝统一全中国，新罗继高句丽、百济之后，改向大兴遣使朝贡，接受隋王朝的册封。从开皇十八年（公元598年）开始，隋王朝多次讨伐高句丽，皆以失败告终。唐王朝继续征讨，并用兵于百济，乃使百济、高句丽于7世纪60年代先后灭亡，而与唐王朝联合作战的新罗则趁机统一朝鲜半岛，学术界特称其为"统一新罗"。

早从唐王朝建立之初起，在位数十年的新罗真平王及继位的善德女王不断遣使到长安朝贡，态度极为殷勤、恭顺，其目的即在于求得唐的援助，与高句丽、百济相抗。贞观二十二年（公元648年）新罗真德女王遣金春秋（以后的武烈王）及其子文注来朝，受到唐太宗的优遇①。据《三国史记·新罗本纪》记载，金春秋表明其国愿用唐的衣冠、服饰，并请以其子文注在太极宫为皇帝任宿卫②。唐高宗即位，新罗又开始使用唐的年号。唐高宗与新罗武烈王联军灭百济，新罗文武王又发兵与唐共同灭高句丽。此后唐与新罗虽有暂时的冲突，但文武王建立"统一新罗"之后仍以唐王朝为上国，用唐的衣冠、服饰，奉唐的年号，而新罗的庆州都城亦加速改造，其规制仿唐长安城③。

但是，遍查朝鲜史书《三国史记》和《三国遗事》的记载，在7世纪至10世纪的新罗庆州都城宫内有"朝元殿"（贺正、见外国使臣）、"讲武殿"（观射）、"临海殿"（宴群臣）、"崇礼殿"（见外国使臣、观乐、宴群臣）、"平仪殿"（听政）、"同礼殿"（宴会）、"内黄殿"（居处）等国王的殿堂、宫舍④，根本不见有所谓"太极殿"。这是因为奉唐年号，用唐衣冠、服饰的新罗王国是唐的藩国，在法理上不可能采用唐朝皇宫正殿"太极殿"之名于本国宫殿，实属理所当然。

---

① 以上、以下皆参见《旧唐书·东夷传（新罗国）》。
② 《三國史記》卷第五，新羅本紀第五，真德王二年冬条。
③ 王仲殊：《唐安城および洛陽城と東アジアの都城》，《東アジアの都市形態と文明史》，（日本）国際日本文化研究センター，2002年12月版，第390—397页。
④ 《三國史記·新羅本紀》所记新罗宫殿有朝元殿（卷第五、十、十一）、讲武殿（卷第七）、临海殿（卷第八、九、十、十一、十二）、崇礼殿（卷第八、十）、永昌宫（卷第八）、瑞兰殿（卷第十）、平议殿（卷第十、十一）；《三國遺事》（一然撰）所记新罗宫殿有内黄殿（卷第二）、同礼殿（卷第二）。

六

　　日本古称倭国，与中国相隔瀛海，往往经朝鲜半岛交通。据《后汉书》记载，早在东汉光武帝建武中元二年（公元57年），倭奴国前来洛阳奉贡朝贺，光武帝赐以印绶。记载中的"倭奴国"是指倭之奴国，其领域在今日本九州北部福冈县境内，刻有"汉委（倭）奴国王"5字的金印早在1784年2月于今福冈市志贺岛出土。到了东汉安帝永初元年（公元107年），倭国王帅升等又遣使来到洛阳，献上"生口"（指奴隶）160人①。

　　如本文首节所述，魏明帝于青龙三年（公元235年）在洛阳南宫建太极殿，开中国历代宫中建太极殿以为正殿的先例。景初二年（公元238年）正月，明帝命司马懿为主帅，率军讨灭割据辽东的公孙氏政权，同时收复设在朝鲜半岛的乐浪、带方二郡。敏察东亚国际形势的倭国女王卑弥呼迅速于翌年景初三年（公元239年）六月派遣以难升米为正使、都市牛利为副使的使节团，通过带方郡前来洛阳，作东汉建武中元二年（公元57年）以来的、倭使的第3次入洛。

　　魏明帝已于此年正月元旦死去，但他所经营的洛阳宫室规模整然，面貌焕新。据《三国志·魏书·东夷传》记载，倭女王的遣使来贡受到曹魏朝廷的高度重视，特于景初三年十二月以皇帝名义发布诏书，内容大要有三：一是册封女王卑弥呼为"亲魏倭王"，赐金印；二是授正使难升米为率善中郎将、副使牛利为率善校尉，各赐银印；三是以大量珍贵的锦、罽绢等丝毛织品为首，赐予许多品物，其中包含铜镜100枚。难升米等于次年正始元年（公元240年）自洛阳经带方郡归国，魏王朝特派带方郡官员梯儁随同赴倭，宣诏授印，并作礼节上的回访。从中国方面十分厚重的礼遇看来，难升米等使者在洛阳宫中落成不久的新殿太极殿觐见魏少帝（齐王芳），这样的可能性是充分存在的②。可以说，倭国与中国的太极殿最有缘分，非其他各国所能比拟。此后，卑弥呼又于正始四年（公元243年）

---

① 王仲殊：《论洛阳在古代中日关系史上的重要地位》，《考古》2000年第7期。
② 同上。

遣伊声耆、掖邪狗等为使，前来通好。正始八年（公元247年）卑弥呼死，魏王朝特派带方郡官员张政专程赴倭，协助处理善后。幼女王台与嗣位，再遣掖邪狗率使团到洛阳朝贡致谢。被授为率善中郎将的掖邪狗，也可能是在太极殿受引见的。

《晋书·武帝纪》记"泰始二年（公元266年），倭人来献方物"，同书《四夷传》记"泰始（公元265—274年）初，遣使重译入贡"。从各方面的情况判断，此时的倭王仍为卑弥呼的继承者台与。西晋继续以魏明帝时始建的太极殿为宫中的正殿，不排除女王台与的使者在此殿（包含东堂）受引见的可能性。

考古学的发掘调查说明，4世纪的倭国国力有增。但是，大概是因当时中国政局不稳，战争多发，中原丧乱，洛阳残破，故倭国不曾遣使来访。进入5世纪，倭国选择江南的建康为其遣使入贡的目的地，原因是其国与中国交往的动机除了企求政治、经济利益之外，还在于学习中国的制度、文化，而江南的东晋、南朝为当时中国的正统王朝，正是学习的好对象。

据《晋书·安帝纪》和《宋书·夷蛮传》记载，从晋安帝义熙九年（公元413年）至宋顺帝昇明二年（公元478年），赞、珍、济、兴、武等五倭王相继遣使入建康朝贡，接受册封，共计10次之多。《宋书·夷蛮传》记五人的关系是珍为赞之弟，兴为济之子，武为兴之弟，日本学术界统称"倭之五王"。东晋、刘宋建康宫中的正殿为太极殿，虽几经改修、重建，而殿名不变。从情理推测，倭之五王的使者在太极殿或其东堂受引见、宴赐的可能性是很大的。无待于言，就各方面的情况而论，与3世纪卑弥呼、台与之时一样，当时的倭国绝对不会采用"太极殿"的名称于本国宫殿。

前已述及，东晋封高句丽王、百济王各为征东将军、镇东将军，封倭王赞为安东将军。在官职上，安东将军与征东将军、镇东将军同列，但位次在后。特别是刘宋皇帝封高句丽王为征东大将军，接着又进封为车骑大将军、开府仪同三司，百济王亦得由镇东将军进封为镇东大将军，唯独倭王的官职长期停留在没有"大将军"的"大"字的安东将军，直到最后的昇明二年（公元478年），经倭方强烈要求，宋顺帝才改封倭王武为安东大将军。安东大将军的官职虽与征东大将军、镇东大将军同列，但位次偏后，更无从与车骑大将军、开府仪同三司相提并论。这样，富有自尊心的倭王武（即《日本书纪》中的雄略天皇）不堪忍受，遂决心与中国断绝交往，不复遣使朝贡。此后，倭国坚持不交往政策，竟达百余年之久。

隋文帝杨坚于开皇元年（公元581年）自北周夺取政权，建立新王朝。早与北周通交的高句丽王、百济王立即向隋王朝遣使朝贡，分别接受"辽东郡公"、"带方郡公"的册封，长期只与江南陈王朝通好的新罗王亦于开皇十四年（公元594年）遣使大兴城，在进贡的同时，接受"乐浪郡公"的册封。但是，据《隋书·东夷传》记载，倭国要迟至开皇二十年（公元600年）才"遣使诣阙"，而且因《日本书纪》中无相关的记述，或许可视此次所遣为非正式的使者。

隋炀帝大业三年（公元607年），倭国开始正式派遣以小野妹子为使臣的使节团，前来朝贡。隋文帝在位时，隋王朝的都城唯有大兴，故开皇二十年倭使的"诣阙"应在大兴城。据我考证，大业三年来访的小野妹子乃是在东都洛阳觐见隋炀帝的。隋代东都洛阳建造在汉魏洛阳城故址之西约18里处，是隋炀帝于大业元年（公元605年）兴建的全新的都城。值得重视的是，《隋书·东夷传》记倭国的国书称"日出处天子致书日没处天子无恙"云云，充分表明了自倭王武于120余年前因嫌册封不公而断绝与中国通交之后，倭国终于采取"对等外交"的方针、原则，其君主乃得与中国皇帝处于平等地位，不接受任何封号①。按《隋书》的本纪、列传为唐贞观三年（公元629年）由颜师古、孔颖达、许敬宗等奉敕编撰，魏征监修，贞观十年（公元636年）完成，上距隋王朝灭亡不足20年。可以确信，《隋书·东夷传》所记上述倭国国书中的称谓、措辞是真实可信的。

据《隋书》记载，隋炀帝览国书不悦，却派遣文林郎裴世清随小野妹子远赴倭国答聘。大业四年（公元608年）九月，小野妹子又陪同裴世清前来通好，其朝觐的地点仍在东都洛阳，而不在京师大兴。如前所述，隋

---

① 王仲殊：《日出ずる處の天子書を日没する處の天子に致す》、《国書と天皇の称号》，《中国からみた古代日本》，学生社1992年版，第132—149页。

代京师大兴宫中的正殿称"大兴殿"而不称"太极殿"。据查考,东都洛阳的宫城称"紫微城",其正殿称"乾阳殿"而不称"太极殿"①。要之,此后日本历代宫内正殿"大极殿"的名称不是从中国的隋王朝传入的。

七

通过使臣小野妹子呈递国书而开始实行的倭国对中国的"对等外交",其实质表现在坚持双方君主的称号平等,倭方不接受中方的册封。然而,倭国却十分积极地派遣留学生、学问僧等人前来学习中国的制度、文化,为本国求效益。据《隋书·东夷传》记载,大业三年(公元607年)小野妹子初访中国,便偕僧侣数十人来修学。据《日本书纪》记载,推古天皇十六年(公元608年)小野妹子再度来访,则有倭汉直福因、奈罗译语惠明、高向汉人玄理、新汉人大国等留学生和新汉人旻、南渊汉人请安、志贺汉人惠隐、新汉人广齐等学问僧随行;推古天皇二十二年(公元614年)犬上御田锹继小野妹子之后率使团访隋,又有僧惠光、医惠日、僧灵云、胜鸟养、僧惠云等医师、僧人随行而来,目的皆在于学习中国的政治、经济制度,以及文化、技术和宗教事业。留学生、学问僧多为"汉人"、"新汉人"(其家族先人自大陆移来,前者较久远,后者较新近),故能精通中国语文,熟悉中国习俗,从而有利于在中国从事工作,开展活动。据《日本书纪》记载,他们在中国居留时间短则9年、15年,长则18年乃至30余年,归国时唐王朝早已继隋而建立,国势日趋兴盛,各种经书、典籍齐全,律令、法规完备,故可得尽力学习,大增知识,归国后为倭国朝廷所重用。总之,通过多次遣隋使的派遣,倭国已具备采用中国皇宫正殿太极殿之名于本国宫殿的条件,只不过隋代京师大兴和东都洛阳宫内正殿皆不称"太极殿",故须待以后正式派遣遣唐使,方可将"太极殿"的名称采用于倭国本国的宫殿。

由于归国的医惠日、倭汉直福因、新汉人广齐等盛赞大唐帝国国力强大,文化发达,法制齐备,力主朝廷遣使重新往访,以求更加增强两国关

---

① 徐松:《唐两京城坊考》,中华书局1984年版,第131、133页(东京·宫城)。

系，舒明天皇乃于其即位之翌年（公元630年）任命首次遣唐使，以曾任遣隋正使的犬上御田锹为大使，以曾为留隋学生的药师惠日为副使，于唐太宗贞观五年（公元631年）率使团来到长安城，在宫中觐见太宗皇帝。从两《唐书》的记述看来，唐太宗接见倭国使臣，态度亲切，在表示欢迎的同时，告以两国相距遥远，无须年年入贡，更不强加册封于对方君主。这样，倭国从隋炀帝时即已开始实施的"对等外交"得以在唐代长期继续，成为常规。唐太宗还仿隋炀帝遣裴世清随小野妹子报聘故事，派官位颇高的新州刺史高表仁为持节特使，随犬上御田锹等赴倭国回访，以表友好之意①。

如前所述，当时长安宫内正殿为太极殿，其后方近处则为两仪殿。每逢朔望之日，皇帝在太极殿视朝，平日在两仪殿听政。犬上御田锹等倭使受太宗皇帝赐见，其场所必在太极殿或两仪殿。这样，我的结论是，倭国宫内正殿之开始以"大极殿"为名，其时间是在舒明朝（公元629—641年）以犬上御田锹为大使、药师惠日为副使的第一次遣唐使归国之后不久，尽管"大极殿"在《日本书纪》记载中首次出现的时间为皇极天皇四年（公元645年），地点场所为皇极女天皇的飞鸟板盖宫而非舒明天皇的飞鸟冈本宫、田中宫等。在日本学术界，学者们有对《日本书纪》关于皇极天皇飞鸟板盖宫正殿为大极殿的记载持怀疑态度的，而我却认为这一记载的可信程度颇高②。我的理由已多次在近年发表的论著中言及，兹不赘述。

中大兄皇子（舒明、皇极两天皇之子，以后成为天皇，称天智天皇）当政，始创年号，以皇极四年为大化元年（公元645年），并于此年十二月奉孝德天皇自飞鸟（今日本奈良县南部）迁至难波（今大阪市），次年实施称为"大化改新"的政治改革。《日本书纪》记白雉元年（公元650年）营造难波长柄丰碕宫，于白雉三年（公元652年）竣工。考古发掘调查显示，宫殿的形制、布局颇与此后日本藤原宫、平城宫中的大极殿相

---

① 王仲殊：《対等外交の本質とその継続的展開》，《中国からみた古代日本》，学生社1992年版，第149—156页。
② a 王仲殊：《论日本古代都城宫内大极殿龙尾道》，《考古》1999年第3期。
　　b 王仲殊：《关于中日两国古代都城、宫殿研究中的若干基本问题》，《考古》2001年第9期。

似，但《日本书纪》未记长柄丰宫的正殿是否以"大极殿"为名。

白雉四年（公元653年），中大兄皇子派出以吉士长丹为大使的第二次遣唐使。皇极天皇重祚的齐明天皇又立即于白雉五年（公元654年）派遣以高向玄理为押使（权位在大使之上）的第三次遣唐使。两次遣唐使在长安宫中觐见唐高宗，又增加了对中国宫内正殿太极殿的了解，进一步奠定了本国宫内正殿继续取名"大极殿"的基础。

齐明女天皇在位7年死，中大兄皇子称制（代行天皇职权），因其为以后的天智天皇，故史书改称齐明七年（公元661年）的翌年为天智元年（公元662年）。天智二年（公元663年），倭国水军与唐军在朝鲜半岛西南部的白村江口海上发生战争，倭军大败。天智六年（公元667年），因恐唐军来袭，故自飞鸟迁宫室于近江（今滋贺县），以求安全。按照我对《新唐书》有关记载的理解，天智八年（公元669年）倭国改号"日本"①。因此，我在以下的叙述中亦对彼国国号作相应的更改。

天武天皇为天智天皇之弟，当政后在飞鸟之地建宫室，称飞鸟净御原宫。继飞鸟板盖宫之后，《日本书纪》记载中的飞鸟净御原宫又以"大极殿"为正殿。据记载，天武天皇及其皇后（鸬野皇女）时或召见亲王、诸王、诸臣于大极殿诏谕，时或召集亲王以下及群臣于大极殿赐宴，足证此殿为飞鸟净御原宫的正殿。

朱鸟元年（公元686年）天武天皇死，鸬野皇后于次年正式继位，是为持统天皇。持统四年（公元690年）开始营造新都，于八年（公元694年）完成，称为藤原京。这是日本第一个模仿中国唐代长安、洛阳两京形制而建设的正规都城。据《续日本纪》记载，藤原京的宫城称藤原宫，宫内正殿为大极殿。在自文武天皇二年（公元698年）正月至元明天皇和铜三年（公元710年）正月的12年间，《续日本纪》在记载中述及藤原宫大极殿凡9次，其中5次记文武天皇在此殿举行正月元旦的朝贺典礼，2次记文武天皇在此殿授诸大臣以官位、官职，1次记元明天皇于此殿即位，1次记元明天皇于此殿举行元旦朝贺仪式。大极殿之为藤原宫中的正殿，自

---

① 王仲殊：《〈日本〉国号の成立》第172—180页，《中国からみた古代日本》，学生社，1992年。

属无可置疑①。

八

前已述及，唐高宗于龙朔三年（公元663年）移入新宫大明宫，使此宫取代太极宫而成为京师长安的政治中枢。学者们认为，大明宫正殿含元殿为举行重大典礼之处，相当太极宫的承天门，宣政殿为朔望视朝处，相当太极宫的太极殿，紫宸殿为平日听政处，相当太极宫的两仪殿。但是，含元殿是"殿"，承天门是"门"，两者名目不同，功用有别，建筑结构亦随之而异。司马光《涑水纪闻》（卷八）称宣政殿为大明宫的"正衙"，而徐松《唐两京城坊考》（卷一）称太极殿、含元殿各为太极宫、大明宫的"正牙"（"牙"通"衙"，指唐代皇宫主殿），说明含元殿固然可谓与承天门相当，其实亦更与太极殿有相同处。此乃本文此节的要旨所在，故先作交代。

日本于文武天皇大宝元年（公元701年）制定《大宝律令》，其国乃得成为政令统一、法规齐备的"律令制国家"。与此相应，在中断达30年之久以后，以藤原京为都城的日本朝廷于此年决定重新派遣以粟田真人为执节使（权位在大使之上）的第七次遣唐使，次年（公元702年）六月启程出发，十月之前到达唐的京师长安。武则天作为当时中国的皇帝，于长安三年（公元703年）在大明宫麟德殿宴请粟田真人，并授以官位，礼遇甚高。可以推想，长安三年正月执节使粟田真人按例在含元殿参列元旦的朝贺大典。粟田及其随行人员在中国访问、考察，为时约一年又半，于日本文武天皇庆云元年（公元704年）返回藤原京。他的归国促成元明天皇于和铜元年（公元708年）即位之初便下诏令于平城之地营造新的都城，是为平城京。和铜三年（公元710年）三月，元明女天皇率文武百官自藤原京迁入平城京②。自此年以迄桓武天皇延历三年（公元784年），日

---

① a 王仲殊：《论日本古代都城宫内大极殿龙尾道》，《考古》1999年第3期。
  b 王仲殊：《关于中日两国古代都城、宫殿研究中的若干基本问题》，《考古》2001年第9期。
② 王仲殊：《关于日本第七次遣唐使的始末》，《考古与文物》2000年第3期。

本以平城京为都城凡 74 年。

平城京的宫城称平城宫，其位置在都城主体部分的北部中央，宫内正殿称"大极殿"，屡见于《续日本纪》的记载。据日本奈良国立文化财研究所学者们发掘调查，大极殿建立于高度为 2.2 米的大坛上，坛的前沿左右两侧边缘处各设一斜坡道，以供升登。按此后 8 世纪末、9 世纪以降的平安京宫内大极殿的建制、名称逆推，此大坛可称"龙尾坛"，是无疑义。众所周知，唐大明宫正殿含元殿十分宏伟，其形制特点在于基址极高，前面左右沿栖凤、翔鸾两阁各有一条盘曲而上的长阶，称为"龙尾道"。上述日本平城宫内的大极殿正是模仿唐大明宫正殿含元殿的形制特点而建造，可谓明显之极①。要之，日本自舒明天皇（公元 629—641 年）时期以降，先后在皇极天皇的飞鸟板盖宫、天武天皇的飞鸟净御原宫、持统天皇和文武天皇的藤原宫中建立称为"大极殿"的正殿已历大约 60 余年之久，8 世纪初期平城宫内所建正殿仍沿用前代正殿之名而称大极殿，乃是顺理成章之事，充分显示其在制度上的一贯性。但是，由于粟田真人等在唐长安城大明宫目睹此宫正殿含元殿基址极高、殿的前面两侧有"龙尾道"盘曲而上的宏伟气势，遂致平城宫内正殿虽然仍取"大极殿"的名称而不改，却不得不仿含元殿之实况以示新。可以说，日本平城宫内大极殿是唐长安城太极宫内太极殿与大明宫内含元殿的结合体。日本崇尚唐风、汉化由来已久，在宫殿制度上亦仿效中国，自不待言。然而，将大极殿建立于称为"龙尾坛"的大坛之上，则可视为 8 世纪初期日本方面的独创。

8 世纪 40 年代，平城宫内的大极殿经过拆迁、改造，失去了仿自大明宫含元殿的"龙尾坛"。但是，桓武天皇延历十三年（公元 794 年）迁都平安京，新的大极殿又迅速于迁都翌年在平安宫内建成。据《九条家古图》、《近卫家古图》等作成于 13—14 世纪的各种古图及其他文献资料所示，平安宫内的大极殿亦是建立在高约 2 米的称为"龙尾坛"的大坛上，坛的前沿左右两侧近边缘处各设一台阶。检阅《日本后纪》、《续日本后记》、《日本文德天皇实录》等史书记载，可知平安宫内大极殿的"龙尾

---

① a 王仲殊：《论日本古代都城宫内大极殿龙尾道》，《考古》1999 年第 3 期。
　　b 王仲殊：《关于中日两国古代都城、宫殿研究中的若干基本问题》，《考古》2001 年第 9 期。

坛"亦称"龙尾道",正与唐长安城大明宫内含元殿在其前面左右两侧所设"龙尾道"的名称一致①。

应该补充述及,自延历三年(公元784年)至十三年(公元794年)的10年间,桓武天皇以长冈京(在今京都府向日市、乙训郡)为都城,宫内正殿称"大极殿"。难波长柄丰碕宫(在今大阪市)于天武天皇朱鸟元年(公元686年)焚毁,圣武天皇神龟三年(公元726年)在故址重建,天平四年(公元732年)完成,是为后期难波宫。据《续日本纪》记述,天平十二年(公元740年)以降的数年间,圣武天皇到难波宫,有定都于此的意向。从形制、布局而论,此宫正殿应称"大极殿",而此后长冈宫内大极殿正是拆迁难波宫大极殿的材木、瓦件营造的②。

《续日本纪》又记天平十二年十二月圣武天皇至恭仁宫(在今京都府相乐郡),此后多次于此宫正殿大极殿视朝、见群臣。考古发掘工作证明恭仁宫大极殿是拆迁平城宫大极殿的材木、构件建造的,正与《续日本纪》的记述相符③。

3世纪30年代中国的太极殿始建于曹魏的都城洛阳,西晋沿用,至于4世纪初期。以后,自4世纪初期直到6世纪后期,太极殿在东晋、南朝的都城建康,在北魏的都城平城、洛阳,在东魏、北齐的都城邺城相继建立,最后于7世纪初期以降的唐王朝京师长安继续其作为皇宫正殿的历程,而日本8世纪以降平城宫、难波宫、恭仁宫、长冈宫、平安宫内的大极殿则可视为唐代长安太极宫中的太极殿之向东方海外的延伸。尤其是平安宫中的大极殿,自8世纪90年代末建成以后,虽于9世纪70年代、11世纪50年代两度因火灾烧坏而重建,重建后的大极殿又延续存在至12世纪70年代第三次焚毁为止,可称中日两国各处都城宫内太极殿的最后留存者。无论在中国或在日本,"太"、"大"二字不仅字形相似、字音相近,而且字义相通,日本"大极殿"之以中国"太极殿"为模范,这是

---

① a 王仲殊:《论日本古代都城宫内大极殿龙尾道》,《考古》1999年第3期。
b 王仲殊:《关于中日两国古代都城、宫殿研究中的若干基本问题》,《考古》2001年第9期。
② 佐藤信:《長岡京の構造》,《(古代を考える)平安の都》,吉川弘文館1991年版,第54—65页。
③ 町田章:《平城京》,ニュー・サイエンス社1986年版,第39页。

无待于言的。

众所周知，在平安时代（公元794—1192年）的日本，"洛阳"是首都平安京的代名词。这样，就中日两国太极殿建置的全体历程而言，此殿肇始于中国的洛阳，终结于日本的洛阳，实可作为佳话而流传于古代中日两国的交流史。当时，中国都城洛阳在日本倍受重视，以致"洛阳"二字成为平安京的美称。究其原因，主要是由于洛阳之为中国的都城，历史最为悠久，在古代中日交流史上更是占有无与伦比的地位。就太极殿的建置而言，日本各处都城宫中大极殿的名称虽出自对同时期的唐长安城太极宫太极殿的模仿，但追本溯源，其最初由来却在于3世纪30年代曹魏王朝之在洛阳宫中始建太极殿，而当时倭国使者正好有幸于此殿建成之初获得升阶而登的机会[1]。显而易见，这应该亦是上述的主要原因之一。

（原载《考古》2003年第11期）

---

[1] 王仲殊：《试论唐长安城与日本平城京及平安京何故皆以东半城（左京）为更繁荣》，《考古》2002年第11期。

日本遣隋使·遣唐使概述

2010年世界博览会在中国上海举行，世界各国齐来参加。日本方面为参加此次世博会，特地复原8世纪的遣唐使船（图30），在上海展出，为世博会增色，并定于6月12日举行仪式，兼就遣唐使的历史作学术讨论。笔者将应邀出席，故撰写此文，就日本古代遣隋使、遣唐使的史实作简略的论述。

图30 复原的遣唐使船

一

日本古称倭国。据《隋书·倭国传》记载，隋文帝开皇二十年（公元600年），倭王"遣使诣阙"。这是日本派遣的首次遣隋使。当时，隋王朝的京师在大兴（即以后唐的长安城），东都洛阳尚未兴建，可见遣隋使的"诣阙"是访问大兴城。自南朝宋顺帝升明二年（公元478年）倭王武向中国遣使上表之后，倭国与中国的交往经120余年的断绝，至此又告恢复。但是，如下文所述，日本方面奉行新的外交政策，其君主不再向中国皇帝称臣。

《隋书·倭国传》又记大业三年，倭王"遣使朝贡"。隋炀帝大业三年（公元607年），相当日本推古天皇十五年。据《日本书纪》记载，此年七月三日，日本朝廷任命官居"大礼"的小野妹子为使臣，以精通中国语的鞍作福利为通事（翻译官），率领使节团再度访问隋王朝，正与上述《隋书·倭国传》的记载相合。据《隋书》记载，隋炀帝于大业元年在洛阳汉魏故城之西营建新的都城，称为东京，不久改称东都。查《隋书·炀帝纪》记载，自大业三年九月二十三日至四年三月二十一日，炀帝不在京师大兴，而在东都洛阳。日本朝廷任命小野妹子为使臣虽在大业三年七月，但按常情判断，其率使团自日本出发应迟在八月、九月，到达中国都城更应在十月以后。因此，笔者始终认为率领第二次遣隋使团的小野妹子是在洛阳觐见隋炀帝的。

《隋书·倭国传》记载，小野妹子所呈倭王致隋炀帝的国书称"日出处天子致书日没处天子无恙"云云，充分体现了日本方面采取新的所谓"对等外交"的国策。炀帝览国书不悦，但出于对两国友好关系的重视，特派文林郎裴世清于大业四年三月随归国的小野妹子回访，四月到达日本。据《日本书纪》记载，推古天皇十六年（公元608年）九月，小野妹子受命率第3次遣隋使节团随归国的裴世清再访中国，推测于大业五年正月又在洛阳觐见隋炀帝。《隋书·炀帝纪》记大业六年正月倭国遣使贡方物，"六年"应为"五年"之误，而大业五年正月炀帝正在洛阳，下旬才回京师。

据《日本书纪》记载，推古天皇二十二年六月，日本朝廷派犬上御田锹率使团访隋，而于次年九月归国，这便是日本的第四次遣隋使。

《隋书·倭国传》记载，大业三年小野妹子访问中国，偕"沙门数十人来学佛法"。据《日本书纪》记载，推古天皇十六年小野妹子再访中国，有倭汉直福因、奈罗译语惠明、高向汉人玄理、新汉人大国等留学生及新汉人旻、南渊汉人请安、志贺汉人惠隐、新汉人广齐等学问僧同行，并可推定推古二十二年犬上御田锹访隋时亦有僧惠光、医惠日、僧灵云、胜鸟养、僧惠云等随同前来。留学生为学者，学问僧的修学亦不仅限于佛教。他们在中国留学，居留10数年，甚至有长达30余年的，到中国唐代才归返日本，由于多属所谓"汉人"、"新汉人"，懂得中国语文，善于向中国学习，其对中国的政治制度、律令法规、宗教和文化事业等各方面的知识皆甚渊博，故为日本朝廷所重用，对日本国家的治理和革新起了很大的作用。

二

无论从中国或从日本的立场出发而言，日本的遣隋使与此后的遣唐使是前后相连，关系紧密而不可分割的。可以说，遣唐使是遣隋使的延续。

笔者认定遣隋使的派遣共4次，已如前述。关于遣唐使派遣的次数，日本学术界则有各种说法，出入颇多。兹稍作介绍如下。

一般认为，遣唐使共计20次，其中天平十八年（公元746年）、天平宝字五年（公元761年）、天平宝字六年和宽平六年（公元894年）的4次于任命之后即告停止（亦有认为天平十八年的一次因记载欠明确而不得计入，从而使总数减为19次），未曾派遣，故实际上为16次。然而，天智天皇六年（公元667年）的1次是为陪送唐使司马法聪归返而遣，其行程至朝鲜半岛西南部的百济（当时百济为唐军所占领）而止，未曾到达中国，故许多学者认为此次团队不能称为"遣唐使"，乃使遣唐使的次数减为15次（7世纪6次，8世纪7次，9世纪2次）。

在15次遣唐使中，天智天皇四年（公元665年）的1次和光仁天皇宝龟十年（公元779年）的1次是为陪送访日的唐使返国而遣，淳仁天皇天平宝字三年的1次是为迎接因故久居中国的日本遣唐大使返国而遣，皆非正式的遣唐使，故可认定正式遣唐使的派遣为12次。

在上述12次正式的遣唐使中，7世纪的5次规模较小，乘船2艘，每艘各乘约120人，合计240余人。8世纪的5次正式遣唐使规模大增，除文武天皇大宝二年（公元702年）的1次记载不明外，其余4次乘船皆为4艘，人员总数可查的计有为557人的（第8次），亦有为594人的（第9次），每船约乘140人。9世纪的2次遣唐使规模最大，乘船仍为4艘，各艘有乘150余人的，人员总数超过600人。应该说明，遣唐使团总人数虽多，但能获准进入中国都城者仅限大使、副使和判官、录事等官员以及留学生、学问僧乃至通译、书记等职员共数十人。

1981年在日本神户市举行题为"遣唐使时代的日本与中国"的学术讨论会，日本学者茂在寅男以"遣唐使船与日中之间的航海"为题作讲演，并对8世纪、9世纪遣唐使所乘之船的结构、形体作复原。当时，茂在教授等按0.8倍的尺度进行复原，其所推定之船全长为20米，最大宽度为7.8米，桅杆高13.3米。今年在上海世博会展出的遣唐使船形状与过去复原的相似，宽度减为6.8米，长度增至30米，显得更为匀称、美观。

三

随同遣隋使前来中国留学的医惠日、倭汉直福因、新汉人广齐、僧惠光等于唐代初期返日本，盛赞大唐帝国国力宏伟，法制齐备，竭力鼓吹日本应派遣使者前往，增强关系，促使舒明天皇于即位的次年（公元630年）首次派遣遣唐使，同年八月出发。为了访问取得成功，特任命曾任遣隋大使的犬上御田锹为遣唐大使，曾随遣隋使赴中国留学的医惠日为遣唐副使，充分显示了日本遣唐使实际上是遣隋使的延续。据《旧唐书·倭国传》和《新唐书·日本传》记载，遣唐使于贞观五年（公元631年）来到长安的宫廷，觐见唐太宗。太宗皇帝给倭国以格外的优遇，并仿隋炀帝遣裴世清随小野妹子回访日本的旧例，特派新州刺史高表仁为使者，随同归国的犬上御田锹再访日本。

由于深受中国的影响，日本中大兄皇子（即以后的天智天皇）于皇极天皇四年（公元645年）取得政权后拥立孝德天皇即位，使用中国式年号"大化"而称此年为大化元年，并于大化二年在政治、经济制度等方面实行改革，是谓"大化改新"，而被任为"国博士"的高向玄理、僧旻等自中国留学归来的学者、高僧等人则在大化改新中发挥了积极的作用。

为了扩大大化改新的效果，中大兄皇子又于孝德天皇白雉四年（公元653年）、五年连续派遣第二次和第三次遣唐使，有许多留学生和学问僧同行，进一步加强了日本与唐王朝的关系，努力学习中国的制度、文化。当时，唐高宗在京师长安继位，有时亦移驾于东都洛阳。齐明天皇五年（公元659年）七月派遣的第四次遣唐使津守吉祥便是于此年十月末在洛阳觐见高宗皇帝，并参加十一月朔日的冬至祭天大典，被誉为最谙礼仪者。

经过朝鲜半岛的白村江之战，日本不得不畏服于唐朝。天智天皇四年（公元665年），以守大石为首的第五次遣唐使团虽被视作为陪送访日的唐使刘德高归国而遣，但据笔者查考，守大石一行实际上是应唐朝的要求，于此年十二月刘德高归国之前已直接赴泰山参列翌年正月由唐高宗亲自主持的封禅典礼的。

笔者不认为天智七年正月陪送唐使司马法聪至百济而还的团队为遣唐使，从而可将天智八年以河内鲸为首的使团列为第六次遣唐使。据《新唐书·日本传》记述，此次遣唐使的主要任务是向中国唐王朝祝贺平定高句丽。据笔者早年考证，《新唐书》确记倭国正式改国号为"日本"之事是由河内鲸向中国方面传达的。

四

文武天皇大宝元年（公元701年），《大宝律令》制定，其内容是充分依照唐王朝的律令体系，按日本本国的国情而予以修改，使日本正式成为"律令国家"，实属空前的伟业。

自天智天皇十年以来，与中国的交往断绝已达30年之久。因此，在制定《大宝律令》的同时，日本朝廷任命新的、可称第七次的遣唐使，于次年（公元702年）六月出发前往中国。与7世纪遣隋使、遣唐使的航行皆取"北路"不同，此次遣唐使则取经由冲绳岛的所谓"南岛路"。同年十月达到长安后，受到中国方面的高度重视，热烈欢迎。长安三年（公元703年），女皇帝武则天特于大明宫麟德殿设盛大宴会，款待以执节使粟田真人为首的使节团的官员们，实属非同寻常。据《续日本纪》记载，粟田真人是《大宝律令》编撰参与者之一，学识渊博。《旧唐书·日本传》和《新唐书·日本传》皆称粟田真人明经史，善文章，容止温雅，这是中国方面对日本使者个人的最高评价。据笔者查考，日本高松冢古坟中的海兽葡萄纹铜镜是以粟田真人为首的遣唐使团于文武天皇庆云元年（公元704年）自中国长安携至日本藤原京的，而高松冢古坟所葬则为主持编撰《大宝律令》的刑部亲王，实可成为中日两国考古学和古代史上的佳话。

元明天皇和铜元年（公元708年）开始营建平城京，和铜三年正式定都于此京。如所周知，平城京的形制模仿中国唐王朝的长安城。以粟田真人为首的第七次遣唐使于文武天皇庆云元年返回日本，其在长安城的访问、考察为平城京的营建提供了重要的启示和充分的条件。

元正天皇继位后，于养老元年（公元717年）派遣以多治比县守为押使（相当第七次遣唐使团中的执节使，权位在大使之上）的第八次遣唐使出发赴唐，所取航路仍为南岛路。如前文所述，这次遣唐使团乘船4艘，总人数为557人，规模之大，堪称空前。笔者认为，第八次遣唐使的特点在于有阿倍仲麻吕（晁衡）、吉备真备等优秀留学生同行。唐玄宗开元二十二年（公元734年），以多治比广成为大使、中臣名代为副使的第九次遣唐使团返回，阿倍仲麻吕因慕中华文化而留唐不归，吉备真备则携大量书籍，乘大使的第一船归国。此后，阿倍仲麻吕在中国治学、任官，交游广阔，事业顺利，吉备真备在日本大学任教，学问上的成就特大，后来又累任高官，两者皆成人杰，举世扬名。应该指出的是，近年在中国陕西省西安市东郊发现与阿倍仲麻吕、吉备真备同来的留学生井真成的墓志，为日本遣唐使的研究增添新的考古学上的实物资料。

遣隋使来访，持有倭国君主致中国皇帝的国书，这可从《隋书·倭国传》和《日本书纪》的记载得到证实。但是，遣唐使是否持有国书，则是一个大问题。特别是江户时代学者本居宣长在其《驭戎慨言》中明示，日本遣唐使皆不携国书，几乎成为定论。理由是中国视日本为"藩国"，日本君主若在国书中自称"天子"、"天皇"，唐朝方面绝对不能接受，而日本视中国为"邻国"，坚持对等外交原则，日本君主不能按唐朝的规定而谦称"日本国王"（7世纪后期，日本君主已开始称"天皇"），所以决定不呈送国书。实际上，在中日两国的史书、文籍中皆不见录有日本遣唐使所持的国书，在日本史书《续日本纪》、《续日本后纪》中虽偶有"上唐朝书"、"奏大唐敕书"等的记述，但敕书的内容、格式如何，无从得知。

然而，在《唐丞相曲江张先生文集》中载有张九龄为唐玄宗撰写的《敕日本国王书》，是开元二十四年（公元736年）唐朝方面交给第九次遣唐副使中臣名代携归日本的，但日本方面为保持尊严，不予记述。兹录敕书开头的文句如下：

"敕日本国王主明乐美御德，彼礼仪之国，神灵所扶，沧溟往来，未尝为患"，云云。

唐玄宗称日本君主为"日本国王"，这是无足为怪的，但以"主明乐美御德"为日本国王的姓名，实属不伦不类。按照日本学者西岛定生的见解，"主明乐美御德"显然为"天皇"二字的日本语训读（スメラミコト）。日本君主在国书中以"主明乐美御德"代替"天皇"，既可避免引起唐朝的反感，又可保持自身的尊严，却不料唐朝方面误认这六个汉字为日本国王的姓名。总之，从西岛先生的倾向性见解看来，日本遣唐使与遣隋使一样，是携有国书的。

五

按照1981年日本学者们在题为"遣唐使时代的日本与中国"的学术讨论会上的共识，孝谦天皇天平胜宝四年（公元752年）派遣的以藤原清河为大使、大伴古麻吕为副使的使节团可称第十次遣唐使。此次遣唐使团仍乘船4艘，人员众多，随行的留学生和学问僧亦不少。为了协助藤原清河，并为规劝长期留唐不归的阿倍仲麻吕返国，特增派吉备真备为副使。早在上述第九次遣唐使访问中国时，随同前来留学的日本僧人荣睿、普照等经多年筹划，决定邀请扬州大明寺名僧鉴真和尚东渡日本传戒，得到日本当局的赞同。鉴真虽尽全力，却因种种磨难，东渡未获成功。因此，迎接鉴真和尚赴日本也是第十次遣唐使的任务之一。

7世纪70年代新罗统一朝鲜半岛以来，其与日本的竞争甚剧，故日本遣唐使的航路不能继续取沿朝鲜半岛西岸而行的"北路"，改取经由冲绳诸岛的所谓"南岛路"，第十次遣唐使亦不在例外。

藤原清河大使到达长安，唐玄宗皇帝亲自接见，赞誉有加，并命画工绘其容貌，使团归国时，玄宗又作诗相赠，足见亲爱之情。在天宝十二载

（公元753年）正月元旦的朝贺大会上，各外国使者皆应邀出席。日本使者的位置被排在殿堂的西边第二位，处吐蕃之下，而新罗使者却排在东边第一位，居大食之上。经副使大伴古麻吕强烈抗议，乃改置新罗使者于西边第二位，日本使者则置于东边第一位。这样，日本在大唐帝国的国际地位可谓已跃居世界各国之首。

天宝十二载十二月，第十次遣唐使自苏州出长江，渡海归国。经周密安排，鉴真和尚应约赴日，阿倍仲麻吕亦随同回国。阿倍仲麻吕与藤原清河乘第一船，鉴真与大伴古麻吕乘第二船，吉备真备乘第三船（判官布势人主所乘第四船出发较迟）。船至冲绳大岛暂泊，起航后第一船遇大风，漂流至安南，乃使阿倍仲麻吕又到中国，再仕唐朝。藤原清河亦流亡至唐，不得返国。所幸鉴真和尚平安到达，于平城京东大寺大佛殿前筑戒坛，为圣武天皇、光明皇后等授菩萨戒，并任大僧都之职，以后又创建唐招提寺，生前所作跌坐像置于寺内。大和尚扬名日本历1250余年之久，其荣光至今长存，始终不减。

淳仁天皇天平宝字三年（公元759年）二月，以高元度为首的所谓第十一次遣唐使团乘船1艘，载99人，前往中国，欲迎接在唐的藤原清河返回日本。团队随从归国的渤海使者之船沿朝鲜半岛东岸航行，至彼国东京龙原府登陆，由陆路入唐，是即所谓遣唐使的"渤海路"。当时正值唐朝发生"安史之乱"，全团中仅高元度等11人得进长安，而唐朝方面谓藤原清河已成本朝之官，不许归去。唐代宗大历年间（公元766—779年），阿倍仲麻吕与藤原清河先后逝世于中国。高元度则于天平宝字五年八月乘唐朝所派官员沈惟岳之船，取南路归国。

六

天平宝字五年和六年的两次遣唐使（前者可谓正式的遣唐使，后者专为陪送访日的唐朝使者归国而遣）虽然在任命之后即因故停止派遣，但学术界仍分别称两者为第十二次、第十三次遣唐使。因此，光仁天皇宝龟八年（公元777年）出发的正式遣唐使被称为第十四次遣唐使。

早在宝龟六年，日本朝廷已任命佐伯今毛人为此次遣唐使的大使，大伴益立、藤原鹰取为副使，以后罢大伴益立，改以小野石根、大神末足为副使，最后又因佐伯今毛人称病而以小野石根代行大使事。使团乘船4艘，人员总数欠详。考虑到此前的"南岛路"路程曲折、漫长，行船多费时日，改取自九州长崎五岛列岛出发、直接横渡东海的新的"南路"以航行。宝龟八年六月二十四日，趁顺风入海启航，七月三日便到中国的扬州，可谓快速之极。唐代宗大历十三年（公元778年）正月，使团官员等40余人进长安城，小野石根入宫觐见。同年十月、十一月，渡海返国，遇大风，第一船破损、断裂，小野及唐使赵宝英等60余人溺海而亡（其他人漂流得救）。其余三船皆历尽苦难，漂流返归，随行的唐使孙兴进亦安抵日本，入平城京拜见光仁天皇。事实表明，新开的"南路"虽云短捷，但航行的风险大增。

当时，阿倍仲麻吕虽然已于多年之前在中国逝亡，但日本方面仍然十分怀念。光仁天皇宝龟九年（公元778年），日本朝廷趁唐使孙兴进来访之机，于次年五月敕赐东绝一百疋、白绵三百屯，以弥补仲麻吕在中国"家口偏乏，葬仪有缺"，并特派布势清直为"送唐客大使"，率使节团乘船2艘，陪送孙兴进返中国。光仁天皇所赐东绝、白绵等物品，便是由送唐客大使运往中国的。《新唐书·日本传》记唐德宗建中元年（公元780年），"（日本）使者真人兴能献方物"。据查考，真人兴能其实便是布势清直。送唐客大使率领的团队规模较小，任务简单，但仍然被列为第十五次遣唐使。

天应元年（公元781年）桓武天皇继光仁天皇而即位，于延历三年（公元784年）自平城京迁都长冈京，延历十三年又自长冈京迁都平安京，乃使日本历史进入"平安时代"。延历二十二年，桓武天皇派遣以藤原葛野麻吕为大使、石川道益为副使的第十六次遣唐使，于次年出发，继续取直接横渡东海的"南路"航行，多遇困难，备尝艰辛。使团乘船仍为4艘，规模大，人员多，特别是最澄、空海、橘逸势等名僧、名士随同前往，影响既大，收获亦丰。最澄和尚在中国天台山国清寺修学，携归经典计230部之多，成为日本天台宗佛教的始祖。空海和尚入长安，在青龙寺习密宗，携归大量中国新译经及梵字经疏，包括此前不空在唐所译密藏的大部，是乃日本佛教真言宗的大师。在平安时代佛教的"入唐八家"中，最澄、空海并列首位，二人除佛教以外，还在文学、艺术乃至绘画、书道等方面深有造诣，空海所著《文镜秘府论》、《篆隶万象名义》以及《性灵集》等对中日两国在文学方面的交流具有重要意义，实属众所周知。

早在承和元年（公元834年）正月，仁明天皇已决定派遣第十七次遣唐使团，任命藤原常嗣为大使、小野篁为副使，并指派判官、录事等有关官员多人。使团乘船4艘，人员总数在600人以上。由于磨难甚多，几番出航不顺。迟至承和五年七月五日，第一船、第四船才得在藤原常嗣率领下重新出发，第二船由判官藤原丰任船长而于七月二十九日继之，皆取"南路"渡海赴中国，而第三船早在二年前自筑紫出航后于风浪中倾覆，所乘140人未能入唐。其间，副使小野篁因争船获罪，免职、罢官，流放隐岐。承和六年自中国返回时，藤原常嗣嫌遣唐使船大而不固，弃第一船、第四船而分乘在楚州所雇9只新罗小船，沿海岸航行，先后于同年八月、十月抵日本，而第二船漂流至南海，直到承和七年四月始得艰难返国。

遣唐使取"南路"航海遇难最多，当然是因风浪甚大之故。但是，正如日本研究遣唐使船的专家茂在寅男教授所指出，日本朝廷为显示国威，特造形体宏伟之船，超越当时的技术水平，以致船的结构欠坚，实属主要的原因。

宇多天皇宽平六年（公元894年）八月，任命以菅原道真为大使、纪长谷雄为副使的使节团，是谓第十八次遣唐使。但是，早在宽平五年三月，有在唐僧人名为中瓘的，托商人向日本方面报告唐朝凋敝、动乱的情况，菅原道真乃奏请停止派遣，日本朝廷遂于宽平六年九月决定不派遣唐使。日本遣唐使的全部历史，于此宣告终结。

（原载《中国社会科学报》2010年5月6日、13日）

关于日本第七次遣唐使的始末

一

7世纪末通过藤原京的建造和《大宝律令》的制定等而在内政上作出很大业绩的日本朝廷，接着谋求在外交方面也取得与此相应的成果。

自天智天皇十年（公元671年）以来，与中国的交往已中断达30年之久。随着日本国力的增大和东亚国际形势的转变，恢复日中关系的时机已经成熟。于是，就在《大宝律令》编纂完毕的同时，便作出了重新派遣遣唐使的决定。

文武天皇大宝元年（公元701年）正月，新的遣唐使团人员组成已安排定当。执节使（权位在大使之上）为粟田真人，大使为高桥笠间，然后是坂合部大分为副使，许势祖父为大佑，鸭吉备麻吕为中佑，扫守阿贺流为小佑，锦部道麻吕为大录，白猪阿麻吕、山上忆良为少录，垂水广人为大通事（翻译官）。只因高桥笠间另有任用（翌年八月任造大安寺司），坂合部大分升任为大使，副使之职则由巨势邑治（即许势祖父）充当。自舒明天皇二年（公元630年）以犬上御田锹为大使的第一次遣唐使访唐以来，这是第七次遣唐使。

除上述各主要职官以外，参加第七次遣唐使团的其他人员有谁，这在《续日本纪》中亦无明确的记载。但是，参照《续日本纪》所录元正天皇养老三年（公元719年）十一月朔日的诏书及《扶桑略记》的记述，可确认著名的僧人道慈也随第七次遣唐使前往。此外，在《万叶集》中可见三野连（"三野"为氏，"连"为姓，其名失记）赴唐时春日藏首老为其送别而作的诗歌中有"对马之渡"的字句，从1872年在奈良县平群郡获原村发现的美努连冈万的铜质墓志可以判断，三野连即为美努连冈万（在日本语中，"三野"与"美努"读音相同，皆为"mino"）其人。墓志明记美努连冈万于大宝元年五月"使乎唐国"，故可认定此人亦是使团中的一员。

关于第七次遣唐使的规模，即船舶数和人数，史书无明确记载。西本愿寺本等《万叶集》校本在对上述春日藏首老的诗歌所作附记中谓"国史云，大宝元年正月遣唐使民部卿粟田真人朝臣以下百六十人，乘船五只"。但是，此处称为"国史"的书籍成书年代甚晚，所记不足为信。从此前、此后派遣的遣唐使的规模推测，这次遣唐使团总人数至少在200人以上，所乘船舶在2艘到4艘之间。

当时粟田真人任民部尚书之要职，初任时的官位为"直大贰"，随着大宝律令的实施而改为"正四位下"（相当唐的正四品下），有奉敕参议朝政的资格。他是编纂大宝律令的主要成员之一，学识渊博，颇有声望。要之，从人数和船舶数看来，第七次遣唐使的规模未必有以后各次遣唐使那样大，但从执节使的官职、名位而论，此次遣唐使在政治上的规格甚高。著名的诗人学者山上忆良任少录，翻译官大津广人被赐以"垂水"之姓，而精通佛教经典并擅长各种技艺的道慈法师则作为留学僧而同行，凡此种种，皆足以说明在相隔30年之后而重新派遣的这次遣唐使甚受日本朝廷的重视，使团成员中包含着许多出色的人才。

这里，必须提到的问题是，以粟田真人为首的第七次遣唐使是否持有国书。如所周知，从江户时代的本居宣长以来，认为遣唐使不持国书的见解长期在日本学术界占支配地位，几乎已成通说。然而，西岛定生先生在其《遣唐使与国书》的论文中，则以中国唐朝丞相张九龄的文集所收称为《敕日本国王书》的唐玄宗的敕书（为张九龄所起草）为主要依据，并经对各种史料的细密考究，得出了与上述通说相异的结论，明确主张遣唐使是携有国书的。我相信西岛先生的见解是正确的，从而认为粟田真人是携着国书赴中国的。我觉得，作为来自外国的使臣，粟田真人若无国书在手，那么，他不仅不能在都城长安、洛阳觐见中国的皇帝，其所率领的使团全体人员甚至将不得被允准在中国入境。

二

　　从大宝元年（公元701年）正月任命以后，经过三、四个月的时间，使团出发的准备大体上已经就绪，故于同年四月十二日举行"拜朝"，五月七日又举行"授节刀"的仪式。由于美努冈万墓志中有"五月使乎唐国"之语，可推测在各种仪式完毕之后，粟田真人迅速率使团离开都城藤原京，从难波（今大阪）经过濑户内海，直趋筑紫（今九州福冈县）。从当时一般的行程推测，到达筑紫的时间应在同年初秋。但是，从筑紫港口开船之时，遇到暴风雨，以致出发的日期不得不延至次年（公元702年）六月二十九日。当时，百济、高句丽早已相继灭亡，统一朝鲜半岛的新罗恃其强大的国力，严密控制水陆交通。这样，第七次遣唐使不得不改变航行的路线，南下经南岛诸岛（今冲绳的琉球列岛等）而往中国。春日藏首老按照过去的惯例，在美努冈万受遣入唐时所作诗歌中有"对马之渡"之语，这是不符事实的。

　　海路上经常遇到各种困难和危险，但第七次遣唐使的航行却十分顺利。六月末从筑紫出发以后，不满二个月，便到达中国的楚州。楚州的辖境包括今江苏省淮河以南、盱眙以东、宝应以北的地区。据《续日本纪》记载，粟田真人在楚州的盐城县入境之时，才知道武则天已于永淳二年（公元683年）即位称帝，其国号为"周"。按照当时的规定，首先须在楚州的州治所在地山阳（今淮安市）办妥手续，然后前赴中国的都城，此乃通例。据《旧唐书·则天皇后本纪》记载，粟田真人于长安二年（公元702年）十月到达都城长安，可称是快速的行程。中国方面派五品中书舍人在长安附近的长乐驿迎接，宣敕劳问，优礼有加。

　　唐王朝采取"两京制"，长安为京师，洛阳为东都。武则天即皇帝位以来，加速了洛阳城的建设，并改称"东都"为"神都"。女皇帝在其执政的20年中，18年在洛阳宫中定居，当时的"神都"是中国实际上的首都。只是在临近最后的长安元年（公元701年）十月至三年（公元703年）十月的两年间，武则天移住京师长安。于是，粟田真人一行经过洛阳，是在长安向中国朝廷呈述使命的。长安的宫城和皇城位于全城的北部中央，有着宏伟的规模。宫城称太极宫，其为皇帝居处的同时，亦是执掌朝政的场所，指向全国的各种政令都是从这里发出的。然而，建造于长安城北面东头的新宫大明宫于龙朔二年（公元662年）完成，其规模视太极宫有过之而无不及。从此以后，皇帝移至大明宫，取代太极宫而成为京师长安的政治中心。这样，与以往历次遣唐使多在太极宫觐见不同，粟田真人是在大明宫觐见则天武后的。

说到这里，我把话题转到古代日本的都城制度。天武十二年（公元683年），天武天皇发布诏书，宣告都城不限一处，应造两处，日本学术界乃称之为"复都制"。但是，从字面理解，所谓"复都制"是指都城在两处以上，而诏书只规定都城应造两处。因此，我认为，与称为"复都制"相比，不如使用"两都制"之词更为妥切。我觉得，天武天皇以飞鸟的倭京为首都，以难波为副都，这是模仿中国长安、洛阳两京并列的制度。到了持统天皇八年（公元694年），藤原京营造完毕，它取代天武朝的倭京而成为日本的新都。如所周知，藤原京和难波京都是按照所谓"条坊制"而设计的中国式都城。特别是首都藤原京，不仅在形制的总体上模仿中国的长安、洛阳，而且在都城内的"皇城"、"大极殿"、"朱雀门"、"朱雀大路"、"东市"、"西市"等的名称使用上也与长安城的各相应处所相同。长期在藤原京任职为官的粟田真人等日本使节团的成员们，看见憧憬已久的长安城的实况，在觉得欣羡的同时，想必会有发自内心的亲近感。

三

自7世纪60年代初期在朝鲜半岛南部百济的白村江口海上发生中日之战以来，到此时已逝去30多年的岁月，东亚的国际形势有了很大的变化。百济和高句丽灭亡以后，新罗一跃而成为朝鲜半岛唯一的大国。作为新兴的国家，新罗勤于向过去的救主中国朝贡，以求友好关系的继续，但因其与中国境界相接，两国之间有时不免发生纠纷。与此相反，日本在白村江之战受挫以后，丧失了在半岛的全部势力，甘心于作为海东远处的一个国家而不在国际上卷入争端，其与中国之间也不再存在任何问题。要之，从另一角度上说，中国反而有与日本取得联系以牵制日趋强盛的新罗的某种可能性。因此，对于不畏艰险、远道而来的日本使节团，中国方面表示热烈的欢迎。对则天武后本人来说，广泛地接受外国使者的来朝，亦可显示治世之兴隆、昌盛，从而提高其在中国朝野的威望。

如所周知，自古以来，中国称日本为"倭"，称其使者为"倭使"。据《新唐书·东夷传》记述，唐高宗咸亨元年（公元670年），经过白村江之战，河内直鲸作为第六次遣唐使的使者，曾向中国方面传述其国已改称"日本"。但是，由于河内直鲸是战败国的使者，其使命是忍受屈辱而向中国祝贺平定高丽，加之在陈述国内情况时有虚夸、隐瞒之嫌疑，中国方面认为他之所言是妄言，不予重视。与此不同，粟田真人是根据《大宝律令》的规定，以正式的日本国使臣的姿态出现于长安唐王朝的朝廷上，中国方面当然不得不刮目相看。

据《续日本纪》所述，大宝二年（公元702年）粟田真人刚刚来到中国楚州的盐城县时，有人问他是来自何处的使者。粟田以"日本国使"相答，其人则谓"闻海东有大倭国"云云。中国朝廷早在咸亨元年（公元670年）之时已知悉倭国采用"日本"的新国号，只因在此后的30年的长时期内，日本方面断绝了遣唐使的派遣，以致远离都城的楚州人民不知此事。然而，从史书记载看来，粟田真人等到达长安，以武则天为首的中国为政者以及主管外交事务的鸿胪卿等官员，都不曾向粟田问及改国号之事。这充分说明，正如《新唐书·东夷传》所明记，中国朝廷知悉从"倭国"到"日本"的国号更改是在长安二年（公元702年）粟田真人来访之前。此外，朝鲜的史书《三国史记·新罗本纪》亦记文武王十年（公元670年）倭国改国号为"日本"，而孝昭王七年（公元698年）前来新罗访问的使者则称"日本国使"，这正与上述《新唐书》的记载相合。

在天武天皇十三年（公元684年）制定的"八色之姓"中，粟田氏被赐以"朝臣"之姓。按照日本方面的习惯，粟田真人的氏、姓、名的全称为"粟田朝臣真人"，或置姓于名之后而称"粟田真人朝臣"。但是，中国方面是以姓为先，所以《旧唐书·东夷传》称其为"朝臣真人"，"粟田"二字被删除，《新唐书·东夷传》称其为"朝臣真人粟田"，"粟田"二字被置于最后。中国的隋王朝设"民部尚书"之官，唐太宗即位以后，因其名为李世民，乃以避讳而改称"户部尚书"。中国方面知粟田真人任民部尚书，相当中国的户部尚书，故《旧唐书》称其为日本国之"大臣"。

按照《大宝律令》《衣服令》的规定，作为"诸臣"，官为"正四位下"的粟田真人礼服为冠、深绯衣、白裤、绦带、锦袜、乌皮舄，朝服为皂罗头巾、深绯衣、白裤、金银饰腰带、白袜、乌皮履。《旧唐书》和《新唐书》皆记粟田真人戴进贤冠，其顶为花形，分而四散，身着紫袍，以帛为腰带。如若粟田所着为"紫袍"，则显然与太宝令规定的"深绯衣"相异，《唐书》的记述或许有所偏差。反之，倘若两《唐书》的记述无误，则可以解释为出使中国的粟田真人受日本朝廷破格的待遇，被赐以"从三位"官员所着浅紫之衣而服用之。唐王朝的服制亦以紫色为尊贵，亲王及三品以上的大官始得穿紫衣。

在1971年陕西省乾县发掘的唐章怀太子李贤墓的壁画中，有着称为"客使图"的图画。图画中描绘中国鸿胪寺的官员接待外国使者的情形，故亦被称为"礼宾图"。在东壁的礼宾图中，有着三位来自外国的使者，处于中间的那位使者曾被推定为日本的粟田真人。但是，这位使者所戴之冠插鸟羽两枚，身着白色衣服，脚穿黄靴，显然与粟田真人的冠服相异。从史籍的记述和考古实物资料两方面推断，壁画中的这一外国使者应是朝鲜人无疑。李贤出生于永徽五年（公元654年），死于文明元年（公元684年），乾县的李贤墓则为神龙二年（公元706年）所筑造。百济、高句丽分别于显庆五年（公元660年）和乾封三年（公元668年）为唐所灭，故可判断壁画中的白衣使者实为新罗的使者。

四

中国的官员会见粟田真人，通过就各种事情与他交谈，深知其学问、修养不同寻常，甚为钦佩。所以，两《唐书》皆称真人好读经史，解属文，容止温雅，而加以赞赏。推想山上忆良和道慈法师亦以其渊博的学识及其对汉学的造诣之深而受到尊敬。通览中国历代史书，在言及来自外国的使臣时，像对粟田真人那样盛赞其人品优秀的事例是别无所见的。与6

世纪中叶梁王朝的萧绎在《职贡图》中所绘倭国使者的粗陋形象相比，8世纪初年的粟田真人不仅衣冠楚楚，风貌堂堂，而且是才能出众的学者。自圣德太子的时代以来，经过大约百年间的政治、经济的不断改革，日本国的学术和文化的水平已提高到令人吃惊的程度。

如前所述，据《旧唐书·则天皇后本纪》记载，粟田真人一行到达京师长安的时间约在长安二年（公元702年）的十月，而同书《东夷传》则记长安三年（公元703年）武后在麟德殿设宴款待粟田真人等。粟田真人等人到长安，受到中国方面的接待，恐怕还可能于翌年（公元703年）正月元旦在含元殿参列朝贺的仪式。这样，其在麟德殿与武后的会见自应在长安三年（公元703年）元旦以后的正月某日。虽然在正月以后的可能性不是完全没有，但决不会迟于九月。与则天武后会见终了，立刻出席盛大的宴会。麟德殿在大明宫的西部，通过1957年以来的考古发掘，其形制、规模已被究明。全殿南北长130米，东西宽80米，三座殿堂分别建在前部、中部和后部，两侧又加筑楼、阁，周围绕以回廊，建筑物的总面积广达13000平方米。皇帝经常在麟德殿举行集会和宴会，并在此殿会见各外国的使者。唐代宗于大历三年（公元768年）在麟德殿飨宴神策军将士，人数竟达3500人之多，足可推想此殿规模之如何宏大。以执节使粟田真人为首，大使坂合部大分、副使巨势邑治，乃至少录山上忆良和留学僧道慈法师等人，一同在麟德殿朝见中国女皇帝之后，出席了宴会，其场面之盛大可想而知。

聪明而通情达理的则天武后深知日本国的独立自主的政治原则，故按数十年来的旧例，不强加册封于对方。只是为了表示友好之意，特授粟田真人以司膳卿之职。按照大宝令公式令《集解》，日本规定以中国为邻国，两国的关系是完全平等的。但是，使臣个人被中国皇帝授以官职，这与对等外交的原则不相违背，故粟田真人欣然从命，不作推辞。唐王朝沿袭前朝的旧制，设光禄寺之官以掌管皇室的祭品、膳食乃至酒宴接待等事。高宗龙朔二年（公元662年），光禄寺改称司宰寺，则天武后时又改为司膳寺。司膳卿的官位为"从三品"，大体上与粟田在本国任"正四位下"民部卿的官位相当，且稍为高出，以示尊重。

总之，粟田真人率领的第七次遣唐使在长安顺利地完成了使命，在开拓日中交往的更为宽阔的道路的同时，将两国的友好关系推进到一个新的高度。此次访问中国能取得如此重大的成果，除有国际形势的大局所趋作为其背景以外，与粟田真人个人的才能也是分不开的。

据《续日本纪》记述，粟田真人于文武天皇庆云元年（公元704年）归国，这大概是指抵达日本的筑紫而言的。在长安三年（公元703年）受到则天武后接待前后，粟田等长期在长安停留，对京师的街坊、商市、佛寺及至曲江池等名胜处都作过参观，并广泛结识各方面的有识之士，进行交流，在学问上大有进益。他们归国时途经洛阳，对神都的规模和建筑设施的布置，以及历代的名胜古迹之类，想必亦加以充分的考察。

五

庆云元年（公元704年）十月九日，粟田真人在藤原宫作归朝述职报告。由于功绩出类拔萃，日本朝廷特于十一月四日赐田二十町、稻谷千斛，以为奖赏。翌年（公元705年）四月，粟田真人被任命为中纳言，其官位亦于同年八月由"正四位下"提升到"从三位"。这样，他便成为日本朝廷决策集团的成员之一。此外，作为对经历危险的海上航行而得平安归国的庆贺，遣唐使所乘名为"佐伯"的船亦被授以"从五位下"的官位。以没有官位的少录身份随从粟田真人入唐的山上忆良，其归国后10年间的经历虽因史籍失记而不明，但从元明天皇和铜七年（公元714年）被授以"从五位下"的官职看来，这或许也可认为是他在参加第七次遣唐使而入唐期间的良好表现终于受到肯定的结果。

1972年3月，在奈良县高市郡明日香村发掘了高松冢古坟。古坟中的壁画内容丰富，彩色美丽，绘描精致，被视为日本考古学上空前的大发现。在出土的随葬品中，有1枚称为"海兽葡萄镜"的铜镜，制作精美，保存状况甚佳。另一方面，早在1958年，在中国陕西省西安市东郊发掘了一座唐墓，墓志明记被葬者名为独孤思贞，他于武则天万岁通天二年（公元697年）死去，翌年神功二年（公元698年）入葬此墓。在独孤思贞墓的许多随葬品中，也有1枚保存良好的海兽葡萄镜。高松冢的海兽葡萄镜与独孤思贞墓的海兽葡萄镜相比，可确认两者属"同范镜"无疑。我以此事为主要依据，从多方面加以考证，认为高松冢古坟的海兽葡萄镜是以粟田真人为首的第七次遣唐使从中国长安携归的，而古坟的被葬者则为庆云二年（公元705年）死去的忍壁皇子，即刑部亲王。要之，这面珍贵的铜镜是在庆云元年（公元704年）十月之初由归国的粟田真人作为礼物而赠送给刑部亲王的，后者于次年庆云二年（公元705年）五月死去，此镜乃被作为随葬品而纳入坟内。从考古学方面而言，高松冢的海兽葡萄镜与前述美努冈万的墓志一样，都是直接与第七次遣唐使有关的重要文物。

元明天皇和铜元年（公元708年）十二月，平城京的营造工程全面开展。与旧都藤原京相比，平城京的设计有不少新的特点。归纳起来，第一是对唐的都城长安、洛阳的模仿程度加强，从某种角度来说，其对长安的模仿程度以"彻头彻尾"的形容词相加，亦不为过。第二是唐长安城在北面东头增筑大明宫，受此影响，平城京的全城平面和宫殿的配置亦不完全拘泥于左右对称的格局。此外，更进一步而论，从建筑形式看来，平城宫内的主要建筑物大体上都是仿照大明宫内宫殿而营造，特别是第一次大极殿的可称"龙尾坛"的大坛仿自大明宫含元殿特有的"龙尾道"，可传为古代中日两国建筑史上的美谈。平城京之具有上述那样的特色，其背景在于第七次遣唐使对中国都城的访问考察，这应该是没有疑问的。

执节使粟田真人等于庆云元年（公元704年）先行归国，而大使坂合部大分、副使巨势邑治及僧道慈等则留在中国，继续从各方面作考察。据《续日本纪》所记，巨势邑治于三年后的庆云四年（公元707年）归国，而坂合部大分与道慈则迟在元正天皇的养老二年（公元718年）才随以多治比县守为"押使"（相当于执节使，权位在大使之上）的第八次遣唐使团而返回日本。道慈在中国留住时间长达17年之久，通过对佛教的修学，获得许多成果，贡献甚大。正因为如此，元正天皇特于养老三年（公元719年）十一月朔日发布诏书而称赞说："道慈法师远涉苍波，窍异闻于绝境，遐游赤县，研妙机于秘记"，云云。据《扶桑略记》等记述，道慈在长安录取西明寺的建筑设计图样，平城京大安寺的营造即以此图为依据云。

养老元年（公元717年）作为第八次遣唐使团成员之一的吉备真备，在中国留学凡17年。推想在最初的半年多的时间内，吉备真备在长安与道慈会见，听取道慈在中国留学的经验。当然，从学问的分野而言，以佛教的修学为主的僧人道慈与广泛研究政治经济、律令制度以及各种文化事业的留学生吉备真备相比，二者的性质颇不相同。但是，我想，在 8 世纪初期，假若没有为恢复日中关系而尽力、为两国交流的进一步发展而开拓道路的第七次遣唐使的成功，随着第八次遣唐使入唐而在中国长期留学的吉备真备是不可能取得那么辉煌的成果的。

说到这里，我想把以下的事情作为一段插曲而述及。据《旧唐书》和《新唐书》记载，在第七次遣唐使执节使粟田真人归国的次年（公元705年），中国历史上唯一的女皇帝则天武后以 82 岁的高龄逝世。武后在其作为最高统治者的 20 年中，会见了诸多来自外国的使者，而日本的粟田真人则是其中的最后一人。推想粟田对武后深怀感激之情，故将武后为显示其作为皇帝的威光而创制的所谓"则天文字"传入日本。这里冈山县小田郡矢挂町出土的吉备真备祖母的铜质骨灰盒上有相当详细的铭文，而吉备真备（本姓"下道"，圣武天皇天平十八年即公元746年十月赐姓"吉备"）之父下道圀胜及叔下道圀依的名字见于铭文中，乃可认为他们两人或许是日本最早使用"则天文字"者。骨灰盒铭文记其为元明天皇和铜元年（公元708年）所制作，而正仓院所藏含有"则天文字"的《王勃诗序》则抄写于文武天皇庆云四年（公元707年），故可推定"则天文字"是由庆云元年（公元704年）归国的粟田真人传入日本的。在 1000 多年以后的江户时代前期，水户的副将军德川光圀声望极高，其名字中亦有属于"则天文字"的"圀"字，则是无人不知的。

今天，我作为一个中国人，在这里吉备真备故乡所在之地讲述日本古代的遣唐使之事，在怀念其可贵的业绩同时，衷心祝愿中日两国人民的友谊经久不绝，万古长青。

附记：本文为1993年7月作者应邀在日本冈山就实女子大学所作公开讲演的全文，由作者本人执笔的日文原稿刊载于1994年发行的《就实女子大学史学論集》第 9 号，译成中国语的本文原载《考古与文物》2000年第 3 期。

井真成与阿倍仲麻吕·吉备真备

中国陕西省西安市东郊出土的井真成墓志自2004年10月公开发表以来，已历1年有余。中日两国许多学者考察墓志，撰作论文，涉及各个方面的问题，可谓十分详细、周到。学者们的见解虽各有差异，大都认为井真成是日本元正天皇灵龟二年（公元716年）任命、养老元年（公元717年）前往中国的遣唐使人员，并可判断其为留学生（图31，图32）。可以想见，井真成与阿倍仲麻吕、吉备真备关系密切，应属同窗好友。经推算，养老元年前来中国之时井真成为19岁，阿倍仲麻吕为20岁。日本史书关于吉备真备年龄的记述各有出入，据《续日本纪》宝龟六年（公元775年）十月"薨传"所记①，灵龟二年真备受遣之时年为22岁。

图31 陕西省西安市东郊出土的井真成墓志（盖）拓本

---

① 日本国史书《続日本紀》于吉备真备死亡之日追述其生平事迹、经历，称为"薨传"。

图 32　井真成墓志铭文（局部）拓本

阿倍仲麻吕在日本"八色之姓"中属"朝臣"，氏、姓及名的全称为阿倍朝臣仲麻吕[①]，故中国方面记其姓名为"朝臣仲满"，"满"与"麻

[①] 日本天武天皇十三年（公元684年）将日本贵族、豪门的姓归纳为"真人"、"朝臣"、"宿祢"、"忌寸"、"道师"、"臣"、"连"、"稻置"八种，称为"八色之姓"。当时日本贵族、豪门人士的称谓由氏、姓、名三者构成，以阿倍朝臣仲麻吕为例，"阿倍"为氏，"朝臣"为姓，"仲麻吕"为名。在一般的称述中，往往只称氏、名，而省略其姓，故阿倍朝臣仲麻吕简称阿倍仲麻吕，吉备朝臣真备简称吉备真备，如此等等，已成通例。

吕"在日本语中读音（皆读 maro）相同，可通用。阿倍仲麻吕留唐不归，乃自行改用中国式姓名"朝衡"，"朝"字取自"朝臣"，"衡"字与"仲"字在字义上有相通处①。对此，日本学者先已论及。在中国，由于作为姓氏的"晁"字与"朝"字不仅读音相同，而且意义相通，故"朝衡"又作"晁衡"。

"井真成"为入唐后本人自取的中国式姓名，亦不排除为中国方面所取的可能性。如日本学者所论定，"井"字取自"井上忌寸"的氏姓②，正与中国的"井"姓相合，"真成"之名的中国化程度虽高，却可能是日本的原名，训读作"manari"。这样，井真成在日本的氏、姓及名的全称应为"井上忌寸真成"。此乃日本学者的卓见，我完全赞同。

吉备真备在日本的氏、姓及名的全称本为下道朝臣真备，圣武天皇天平十八年（公元 746 年）十月特赐其氏姓为"吉备朝臣"，是乃众所周知。遗憾的是，吉备真备入唐后所用中国式姓名如何，因史籍不载，难以查考。

这里要稍加说明的是，按照我和许多日本学者的看法，日本天智天皇六年（公元 667 年）为送唐使司马法聪而遣的伊吉连博德等至朝鲜半岛西南部的百济而还，不能称为"遣唐使"。因此，天智天皇八年（公元 669 年）所遣以河内直鲸为大使的使节团称第六次遣唐使，大宝元年（公元 701 年）以粟田朝臣真人为执节使的使节团称第七次遣唐使，从而应称养老元年（公元 717 年）前往中国的使节团为第八次遣唐使③。

第八次遣唐使节团人员总数计 557 人，乘船 4 艘，规模之大，堪称空前。所取海上航路如何虽不见于记载，但从此前第七次、此后第九次和第十次遣唐使皆取经由冲绳诸岛的"南岛路"来看，第八次遣唐使的往返航路亦取"南岛路"无疑④。此次遣唐使以多治比真人县守为押使，权位如

---

① "仲"字含居中之意，与"衡"字之谓平衡相当，此乃日本学者的见解，可以认同。
② "忌寸"为"八色之姓"之一，"井上"则为其人之氏。
③ 伊吉连博德以"伊吉"为氏，"连"为姓，"博德"为名；河内直鲸以"河内"为氏，"直"为姓，"鲸"为名。"八色之姓"制定后，"连"姓为其中之一，"直"姓则弃置。粟田朝臣真人以"粟田"为氏，"朝臣"为姓，"真人"为名，通常是省略"朝臣"之姓而称其氏名为"粟田真人"。
④ 日本遣唐使的海上航路有"北路"、"南路"之分。其中，8 世纪初年至中期的几次遣唐使航路经由冲绳诸岛，故称"南岛路"以区别于 8 世纪后期至 9 世纪各次遣唐使所取直接横渡东海的"南路"。

同第七次遣唐使节团中粟田真人所任的执节使，凌驾于大使之上。大使初定为阿倍朝臣安麻吕，旋而改为大伴宿祢山守①。或许是因阿倍安麻吕与阿倍仲麻吕（亦作安倍仲麻吕）仅一字之差，乃使个别学者早先讲解井真成墓志而言及阿倍仲麻吕时，误认阿倍仲麻吕是第八次遣唐使节团的"最初的大使"，应予纠正。第八次遣唐使节团的副使为藤原朝臣马养（宇合），其人乃有名的权臣藤原朝臣不比等的第三子②。《新唐书·日本传》和《旧唐书·日本传》分别称阿倍仲麻吕（朝臣仲满）为副使或偏使，皆属错误，亦应纠正。

据《旧唐书》和《新唐书》记载，第八次遣唐使在长安请求中国学者为日本留学生讲授经书，唐玄宗皇帝诏令四门学助教赵玄默为彼等之师，在鸿胪寺官署内讲经授教。《旧唐书·日本传》特记日本遣唐使按中国方面拜师求教的通例，向赵玄默奉送自日本携来的、题有"白龟元年调布"字样的大幅布帛，以为束脩之礼，堪称佳话。这里必须指出，若按《新唐书·日本传》记载，"白龟"为圣武天皇年号，则"白龟"应指"神龟"。然而，从《旧唐书·日本传》的记述看来，"白龟元年"显然是指元正天皇的灵龟元年（公元715年），不容置疑③。灵龟元年相当唐玄宗的开元三年（公元715年），故《旧唐书·日本传》在记述中称两年后的养老元年（公元717年）之时为"开元初"。

据《续日本纪》等日本史书关于吉备真备在唐留学的记述，除《易经》、《诗经》、《书经》、《礼记》、《春秋》等经书（称为"五经"）以外，日本留学生还须研读《史记》、《汉书》、《后汉书》等史书（称为"三史"），兼习法律、算术、历法、书道之类，方面极广。据中国古籍《唐语林》记述，唐玄宗在位期间，国子监所属太学诸生计三千员之多，新罗、日本等国皆遣子弟前来受业。因此，可以认为，在鸿胪寺接受四门

---

① 多治比真人县守以"多治比"为氏，以"真人"为姓，而"县守"则为其名。大伴宿祢山守以"大伴"为氏，以"宿祢"为姓，其名则为"山守"。"真人"、"宿祢"皆属"八色之姓"。

② 藤原朝臣马养（宇合）以"藤原"为氏，以"朝臣"为姓，以"马养"（宇合）为名。其父藤原朝臣不比等的氏、姓与马养（宇合）的氏、姓相同，"不比等"则是其名。

③ 日本自7世纪中期始用中国式年号以来，进入8世纪以后遂成定制。在8世纪平城京时代诸天皇的年号中，含"龟"字的计有元正天皇的"灵龟"、圣武天皇的"神龟"和光仁天皇的"宝龟"，却无"白龟"之年号。

学助教赵玄默的授教之后，不排除吉备真备等在太学等国子监所属诸学入学的可能性①。学者们明确认定阿倍仲麻吕入学于太学，科举合格，仕唐为官，自属正确。吉备真备、井真成作为日本朝廷所遣留学生，自亦应在唐朝国子监所属诸学的学馆内入学，可谓理所当然。

在日本的留学生之中，惟阿倍仲麻吕、吉备真备二人扬名中国，为中日两国所共同推崇，高度称赞。阿倍仲麻吕慕中华文化而仕唐不归，唐朝授以左补阙、仪王友等职。由于学识渊博，才智超人，中国士大夫竞相与其过从，其与王维、李白等诗人之交谊尤为深厚。据日本《唐大和上东征传》记述，唐玄宗天宝十二载（公元753年）十月，以藤原朝臣清河为大使的日本第十次遣唐使船自中国苏州出长江，取南岛路渡海归国，鉴真和尚应约东渡，仕唐已久的阿倍仲麻吕亦随担任特派副使的旧日至交吉备真备以往②。仲麻吕与藤原清河乘第一船，鉴真乘第二船，吉备乘第三船。船至冲绳大岛暂泊，启航后第一船遇大风漂流至安南，乃使仲麻吕又来中国，再仕唐朝，肃宗皇帝上元年间（公元760—761年）擢为左散骑常侍、安南都护。日本江户时代儒者广濑淡窗作七言绝句之诗以咏阿倍仲麻吕（晁衡）曰：礼乐传来启我民，当年最重入唐人；西风不与归返便，莫说晁卿是叛臣。

事实上，日本方面不无视仲麻吕为叛臣者，只因其在中国扬名为日本国家之光荣，故深受日本朝廷重视，倍加关怀，经久不绝。据《续日本纪》记载，阿倍仲麻吕在中国逝亡，数年之后，日本朝廷趁唐使孙兴进来访之机，于光仁天皇宝龟十年（公元779年）五月二十六日敕赐东绝一百疋、白绵三百屯，以弥补仲麻吕在中国"家口偏乏，葬仪有缺"。日本朝廷特派以布势朝臣清直为大使的第十五次遣唐使节团，乘船两只，陪送孙兴进返中国，故称布势清直为"送唐客大使"。光仁天皇所赐东绝、白绵等物品便是由"送唐客大使"于诏敕发布的次日五月二十七日着手运往中国的。日本学者有谓阿倍仲麻吕逝世之年为宝龟十年（公元779年）的，

---

① 唐玄宗在位期间，国子监所属学馆有"国子学"、"太学"、"四门学"、"书学"、"律学"、"算学"等六所学馆，各有博士、助教任教。

② 日本孝谦天皇天平胜宝二年（公元750年）九月先已任命藤原清河为大使，大伴古麻吕为副使，但到次年天平胜宝三年（公元751年）十一月又增派吉备真备为副使。这是因为真备在唐留学达17年之久，深通中国情况，故特地派他照应藤原清河，亦有利于促成阿倍仲麻吕随其归国。

实属对《续日本纪》记载的误解①。

又据《续日本后纪》记载，到了 8 世纪末、9 世纪以降的平安时代，仁明天皇于承和三年（公元 836 年）五月十日发布诏书，大加褒扬于阿倍仲麻吕，并代替中国皇帝，追赠其官阶为正二品。据此诏书，可知阿倍仲麻吕早已被唐朝授以从二品光禄大夫、右散骑常侍兼御史中丞、北海郡开国公、赠潞州大都督。两《唐书》记仲麻吕所任左散骑常侍官职属门下省，而仁明天皇诏书所举右散骑常侍官职属中书省，两者有所差别；又诏书称其任北海郡开国公、赠潞州大都督等官职是否属实，亦不无疑问。然而，阿倍仲麻吕曾任光禄大夫之官，则是中日两国学术界的共识。查《旧唐书·职官志》和《新唐书·百官志》，光禄大夫的官阶为从二品，可证仁明天皇诏书举述无误。日本学者有谓阿倍仲麻吕的最终官阶为正三品的，未必正确。

吉备真备在唐 17 年，于圣武天皇天平六年（公元 734 年）随以多治比真人广成为大使的第九次遣唐使节团返回日本。学者们多谓吉备真备在唐期间，只在鸿胪寺的官署内受赵玄默之教以习经书，却不曾入国子监之学馆，所有史书、历法、天文、法律、算术、书道之类皆为个人自学。然而，在 17 年的漫长岁月中，吉备真备作为日本朝廷所遣留学生，始终不曾在唐朝国子监所属诸学入学，未免有违常情，与前述《唐语林》所记"太学诸生三千员，新罗、日本诸国皆遣子入朝受业"的情况亦不相符合。特别是不曾在唐入国子监所属之学的吉备真备却于天平七年（公元 735 年）归国之后立即就任日本大学的助教（或称"助博士"，相当今中国大学的副教授），实在使人有异常之感。因此，我不揣冒昧，主张广习五经、三史以及刑名、算术、天文、历法、书道、音乐等等的博学之士吉备真备应曾在中国长安国子监所属学馆内就学、受业，已如前述。

《旧唐书·日本传》记日本遣唐使"尽市文籍，泛海而还"，但不记人员的姓名。《新唐书·日本传》虽明记"贸书以归"者为再访中国的粟

---

① 据推算，阿倍仲麻吕出生于日本文武天皇二年（公元 698 年），元正天皇养老元年（公元 717 年）入唐留学时为 20 岁。学术界明确认定其在中国逝亡之年相当日本光仁天皇宝龟元年（公元 770 年），享年 70 余岁。

田真人，而粟田真人于文武天皇庆云元年（公元704年）返回日本，始终不曾再度入唐，故可断定其为误记无疑，必须另行查考。据《续日本纪》等日本史书记载，圣武天皇天平七年（公元735年）返归日本的吉备真备携来《唐礼》130卷、《大衍历经》1卷、《大衍历立成》12卷、《乐书要录》10卷，《日本国现在书目录》又记《东观汉记》亦为吉备真备所携来。因此，不难判明，《旧唐书》所记"尽市文籍，泛海而还"之人及《新唐书》所记"贸书以归"之人应为吉备真备。如前所述，吉备真备（当时称"下道朝臣真备"）入唐后所取中国式姓名不能查考，实为导致上述两《唐书》记载不明、失实之原因。

井真成墓志自公开发表以来，中日两国学者详加论述。关于墓志的出土情形及志文的内容、格式等项，学者们虽不无疑问，但认定其为真品，决非伪作。墓志记井真成于开元二十二年（公元734年）正月［一］日死亡，同年二月四日入葬，死亡与入葬时日相隔仅约一个月，可谓甚为仓促。从各种事情看来，或可推测其为突然的急逝。

当时，留唐不归的阿倍仲麻吕参与井真成在长安的葬仪，自在情理之中。决定随多治比广成率领的第九次遣唐使乘第一船归国的吉备真备尚暂留于长安而未发，故可推想其与仲麻吕同时参加井真成的葬礼①。倘若井真成不病、不死，其是否与吉备真备一同随第九次遣唐使返日本，难以判定。

墓志谓井真成"才称天纵，故能［衔］命远邦，驰聘上国"，其意是说井真成多才多艺，能力非凡，故得受远邦日本朝廷任命，作为遣唐使节团的一员，迅速来聘，访问上国唐王朝。此等辞句简明扼要，与事实符合，决非虚夸，从而可证井真成在长安留学期间成绩优秀，受到中国朝廷乃至皇帝的重视。由于志文中有"束带［而］朝"之语，不排除其在唐朝任官的可能性②。唐玄宗诏赠官阶为从五品上的"尚衣奉御"之职，亦

---

① 据日本学者查考，天平五年（公元733年）四月自日本出发的第九次遣唐使于冬月到达唐的京师长安。因次年正月唐玄宗移住东都，乃于开元二十二年（公元734年）二月八日离长安而赴洛阳朝觐。井真成入葬在此年二月四日，故决定随第九次遣唐使归国（乘第一船）的吉备真备犹得暂留于长安而参与葬仪。

② 中国古籍言及"束带立于朝"、"束带立朝"、"束带而朝"等辞颇多，中国学者在论述井真成墓志时多已详细指明。墓志中的"束带而朝"可解释为穿着整肃，入宫朝参。

说明井真成决非平庸无能之辈。只因天年短促，未成大器，故不得与阿倍仲麻吕、吉备真备相提并论而已。若不是有墓志发现，井真成其人其事自必湮没无闻，不为世人所知。

井真成的石质墓志方形、有盖，虽然制作粗简，志文欠详，却不失其为唐代的中国式墓志。阿倍仲麻吕官位高，名望大，享年长久，其死后所作中国式墓志的规格必远较井真成墓志为优良，他日万一有幸，或许可以出土，其意义之大自将引发中日两国乃至世界各国学术界的轰动。为此，呼吁有关方面切实重视古代遗迹保护，广泛注意出土文物检查，以免发生疏漏、破坏等情。

日本自7世纪后期以降，特别是进入8世纪的藤原京时代和平城京时代，流行使用墓志，其形制多属铜质的所谓"短册形"墓志，与中国方形、有盖的石质墓志迥异。当时日本多行火葬，铜质、盒状的藏骨器（骨灰盒）在盖上镌刻铭文，亦被称为墓志，其与中国墓志相比，更是大不相同。吉备真备的祖母即下道圀胜、圀依的母亲用铜质藏骨器墓志①，真备的母亲杨贵（八木）氏则用瓦质墓志（有伪作之说）。光仁天皇宝龟七年（公元776年）的高屋枚人墓志为石质，桓武天皇延历三年（公元784年）的纪吉继墓志为砖制。吉备真备逝亡于光仁天皇宝龟六年（公元775年），虽可判定必用火葬，但若有墓志随葬，其形制、质料如何，则难以明确推定。

在日本发现的诸多墓志之中，惟独圣武天皇天平二年（公元730年）的美努连冈万墓志与中国唐代墓志颇有相似之点②。美努冈万墓志虽为铜板，但形状为规整的长方形，长约30厘米，合唐尺1尺，宽约21厘米，合唐尺7寸，接近于正方形。铜板平面有纵横交错的整齐的罫线，构成棋

---

① 吉备真备本属"下道"氏，其父名"国胜"，其叔名"国依"，氏名各为"下道国胜"、"下道国依"。中国女皇帝武则天创新字，日本称"则天文字"。则天文字的"国"字作"圀"，由于其在纪有"和铜元年"的铜质藏骨器的铭文中出现，足见吉备真备的父辈至迟在元明天皇和铜元年（公元708年）已使用则天文字，可与正仓院所藏文武天皇庆云四年（公元707年）抄写的《王勃诗序》中的则天文字并称为日本最早的则天文字，从而推定则天文字是由文武天皇庆云元年（公元704年）归国的、以粟田真人为执节使的第7次遣唐使由中国传入日本的。

② 美努连冈万以"美努"为氏，以"连"为姓，以"冈万"为名。"连"为"八色之姓"之一，在一般的称谓中往往可省略。因此，美努连冈万通常简称美努冈万。

图33 日本奈良县萩原町出土的美努冈万墓志拓本

盘状的许多方格。方格内所镌文字共11行，每行各17字，全文合计170余字，"天皇"二字之上空出一个方格（图33）。就形制、格式而言，美努冈万墓志与井真成墓志相比，亦不无近似之处。

美努连冈万墓志明记"大宝元年，岁次辛丑五月，使乎唐国"云云，可证美努冈万作为日本第7次遣唐使节团的一员，曾于大宝二年（公元702年）随从执节使粟田真人入唐访问。在日本最为著名的诗歌集《万叶集》中，收录着三野连（缺名）赴唐时春日藏首老为其所作的惜别的诗歌。在日本语中，"三野"与"美努"的读音相同，皆读"Mino"。三野连（Mino no Muraji）即为美努连冈万（Mino no Muraji Okamaro），是可确信无疑。日本学术界称井真成墓志为"遣唐使墓志"，则美努冈万墓志自亦应以"遣唐使墓志"相称。两者出土之处虽分别在中国、日本，但其为

"遣唐使墓志"则应一视同仁，相提并论，在古代中日两国交流史的研究上诚然可谓无独有偶，佳品成双。

附记：本文为作者 2005 年 11 月 19 日在日本九州国立博物馆举行的亚洲史学会第 14 次研究大会上的讲演稿（题目由亚洲史学会会长上田正昭、会长代理西谷正指定，难以推辞），其日本语译稿早在 2005 年 9 月 15 日发行的《亚洲史学会通讯》第 34 号上刊登。兹将最初所撰的中国语原稿稍作修改，主要是增添注释，发表于《考古》2006 年第 6 期，以就正于国内的读者方家。

论开元通宝对古代日本货币制度的影响

——兼论开元通宝传入琉球列岛的经路

唐高祖武德四年（公元 621 年）新铸开元通宝钱，成为中国古代货币史上的一大变革。从此以后，中国铜钱仍然采取圆形方孔的形状，但钱文上不再标"两"、"铢"等重量单位，而改以"通宝"、"元宝"等为钱币的名称。唐代高宗时又铸乾封泉宝，玄宗以降续铸开元通宝，而肃宗曾铸乾元重宝，代宗则铸大历元宝，德宗铸建中通宝，武宗会昌五年（公元 845 年）所铸开元通宝背面有字纪铸地，称"会昌开元"。此后，历代铜钱在形状和名称上皆大体承袭上述的唐钱。

开元通宝的钱文。据《唐书·食货志》所记，按上下左右之序而读，"开元"二字不是年号。当时流俗亦有将钱文自上及左环读作"开通元宝"的，"开通"二字亦非年号。因此，就"通宝"、"元宝"之类的钱名而言，开元通宝的钱文在中国古代货币史上虽具划时代的创新意义，但在钱文中冠年号实始于此前南北朝时代的"孝建四铢"、"太和五铢"、"永安五铢"，甚至追溯至 4 世纪初年、前期蜀中赵廞的"太平百钱"和成汉李寿的"汉兴"钱[1]，而唐代钱文之用年号则迟在此后的乾封泉宝、乾元重宝、大历元宝、建中通宝。宋以后的历代铜钱几乎都在钱文中冠年号，这应该是对高宗以后的各种唐钱钱文的承袭。

中国唐代继汉代之后，国势强大，版图辽阔，对外交往尤为繁盛。这样，开元通宝、乾元重宝、大历元宝、建中通宝等铜钱遂随之流传四方。据不完全统计，西自伊朗、乌兹别克斯坦、阿富汗、塔吉克斯坦、吉尔吉

---

[1] 吴荣曾：《中国古代钱币》，《中国大百科全书·考古学》，中国大百科全书出版社 1986 年版，第 671—673 页。

斯斯坦等西亚和中亚各地，东至朝鲜、韩国和日本，北自俄罗斯和蒙古，南至越南等许多外国境内亦多有以开元通宝为主的唐代铜钱发现，其流传范围甚至远及非洲的东部[①]、西伯利亚的南部[②]、太平洋西部海中的南沙群岛[③]，等等。本文专就开元通宝对我国东邻日本古代货币制度及社会经济生活的影响作叙述，特别是对开元通宝在琉球列岛各地的大量传入作论考，以究明久已存在的关于传入经路的问题，从而为古代中日两国交流史的研究增添新的篇章。

一

7世纪初年日本开始派遣遣隋使，7世纪30年代以降又派遣遣唐使，许多留学生、学问僧随之以往，在各方面向中国学习，取得丰硕成果，从而导致公元646年称为《大化改新》的新政的实施。从此以后，日本的政治体制、社会经济和文化事业不断进步、发展，终于使律令制国家的建设得以完成。

据《弘仁格式》所记，天智天皇七年（公元668年）曾制定近江令。据《日本书纪》记载，天武天皇十年（公元681年）下令编纂律令，其中的令于持统天皇三年（公元689年）颁布，即所谓飞鸟净御原令，而律却不曾制定。此后，经多年努力，遂于文武天皇大宝元年（公元701年）编成新的律令，称为《大宝律令》。于是，日本作为一个政令统一、法制齐备的国家，面貌一新。

一般认为，日本最初的本国钱币是元明天皇和铜元年（公元708年）发行的"和同开珎"。"同"字为"铜"的简略，其先例可追溯到3世纪邪马台国时期的铜镜铭文，镜铭中的"同出徐州"、"用青同"之类的

---

① 1945年在非州桑给巴尔卡将瓦（Kajengwa）村发现钱币窖藏，出土约250枚中国铜钱，中有唐代开元通宝4枚。见马文宽《从考古资料看中国唐宋时代与伊斯兰世界的文化交流》第241页《汉唐与边疆考古研究》第一辑，中国社会科学院考古研究所编，科学出版社1994年版。
② 在西伯利亚米努辛斯克（Minusinsk）博物馆中收藏有附近地区出土的唐代开元通宝，见冈崎敬：《東西交渉の考古学》第137页表10，（平凡社1980年版）。
③ 1995年在南沙群岛南薰礁发现开元通宝2枚，钱文清晰。见王恒杰《南沙群岛考古调查》第69页（《考古》1997年第9期）。

"同"字无非为"铜"的简体。但是，据《日本书纪》记载，天武天皇十二年（公元683年）四月壬申诏曰"自今以后，必用铜钱，莫用银钱"，持统天皇八年（公元694年）三月乙酉则有"拜铸钱司"的举措。加之《续日本纪》仅记元明天皇和铜元年（公元708年）"始行银钱"、"令近江国铸铜钱"、"始行铜钱"等，而不记钱的名称，乃以为和铜元年之前早已行和同开珎钱，故《续日本纪》无须记钱名。因此，某些研究者提出新说，认为早在元明天皇之前，日本已行本国钱币，可称"古和同钱"，而"同"字非"铜"的简体，"和同"二字为和睦协同之意，不是年号，云云。应该指出，对于此种异论，我是坚决反对的。我认为《日本书纪》所记天武天皇诏书中的"铜钱"应是"富本"钱，而"银钱"则无文字，此种无文银钱与富本（铜）钱的实物在日本皆有出土。总之，和同开珎始铸于元明天皇和铜元年（公元708年），这是不容置疑的。

元明天皇在藤原京即位之翌年（公元708年）正月，武藏国秩父郡献和铜，乃改元为和铜元年。日本古昔用铜，颇有自中国大陆或朝鲜半岛输入者，故称本国所产善铜为"和铜"，以为区别。《续日本纪》中有"和铸诸器不弱唐锡"之语，可供说明。关于铸钱之事，按通常对《续日本纪》有关记载的理解，应该是先在和铜元年五月发行银钱，同年七月又令近江国铸铜钱而于八月开始发行，所发行的银钱、铜钱即为传世的和考古发掘调查发现的和同开珎，钱文中的"同"字为"铜"的简略，已如上述。但是，对于钱文中的"珎"字，或认为是"寳"的简笔，或认为是"珍"的别体，长期争论，未有定说。本文按日本学术界现行通例，照钱文原样写作"珎"，尽管我本人早已认为应该是"开宝"，不是"开珍"。除和同开珎（宝）而外，称德天皇铸神功开宝钱，可谓无独有偶。

和同开珎圆形方孔，大小、形状以及钱文体制皆与中国唐代的开元通宝相似，可判定是特意模仿开元通宝而铸造的（图34）。据调查发掘出土，中国的开元通宝除铜钱之外，有金钱亦有银钱[①]，故和同开珎除铜钱

---

① 1970年10月，在陕西省西安市何家村唐代窖藏中发现中国和各外国的许多珍贵钱币，其中有开元通宝金钱30枚、银钱421枚。见陕西省博物馆等《西安南郊何家村发现唐代窖藏文物》第37、38页，图第14、15（《文物》1972年第1期）。

之外，亦有银钱。"和同"二字为年号，而"开元"二字非年号，但"开珎"之"开"与"开元"之"开"皆含"开始"之意，字义相当，决非偶然。据《唐书·食货志》记载，开元通宝的钱文出欧阳询之手笔，而和同开珎钱文书体与开元通宝类同，尤以两者共有的"开"字为明显。日本自7世纪前期遣留学生、学问僧到中国学习以来，精于中国书法者大有人在。早在孝谦天皇天平胜宝六年（公元754年）鉴真和尚携入二王（羲之、献之）真迹法帖之前，光明皇后已于圣武天皇天平十六年（公元744年）临摹王羲之所书《乐毅论》，推想8世纪初日本书法家中已有学欧阳询书体者，固不待9世纪初期擅长书法的嵯峨天皇为学欧体者作倡导①。以上为题外之言，姑在此处附带述及之。

图34 开元通宝（左）、和同开珎（右）钱文书体比较

在和铜元年铸钱以后的第三年（公元710年），日本的都城自飞鸟藤原京迁至奈良平城京。在以平城京为都城的70余年中，除继续铸和同开珎铜钱而外，淳仁天皇天平宝字四年（公元760年）铸开基胜宝金钱、太平元宝银钱和万年通宝铜钱，称德（孝谦重祚）天皇天平神护元年（公元765年）铸神功开宝铜钱。桓武天皇迁都平安京，于延历十五年（公元796年）铸隆平永宝铜钱；嵯峨天皇弘仁九年（公元818年）铸富寿神宝铜钱，仁明天皇承和二年（公元835年）铸承和昌宝铜钱，嘉祥元年（公元848年）又铸长年大宝铜钱；清和天皇贞观元年（公元859年）铸饶益神宝铜钱，贞观十二年（公元870年）又铸贞观永宝铜钱；宇多天皇宽平二年（公元890年）铸宽平大宝铜钱；醍醐天皇延喜七年（公元907年）铸延喜通宝铜钱，村上天皇天德二年（公元958年）铸乾元大宝铜钱。除开基胜宝金钱、太平元宝银钱是乃特殊的珍品而不作为货币通用以外，其

---

① 按欧阳询亦学二王，故可称王羲之书法之一分支。9世纪初日本空海和尚等学王羲之，实可谓与欧阳询同出一宗，而嵯峨天皇更以直接学欧体著称。见叶喆民《中日书法艺术的交流》第409—412页（《中日文化交流史论文集》，人民出版社1982年版）。

余自和同开珎至乾元大宝的十二种铜钱合称"皇朝十二钱"。如上所述，中国开元通宝除铜钱之外有金钱和银钱，而和同开珎除铜钱之外仅有银钱，故淳仁天皇铸开基胜宝金钱弥补之。中国唐代铜钱有"通宝"、"泉宝"、"重宝"、"元宝"四种名称，而日本皇朝十二钱等取"通宝"、"元宝"之名而不用"泉宝"、"重宝"，却增以"开珎（宝）"、"胜宝"、"永宝"、"神宝"、"昌宝"、"大宝"等新名（图35）。皇朝十二钱铜钱（和同开珎除外）及开基胜宝金钱、太平元宝银钱皆称"宝"，若谓唯独和同开珎铜钱、银钱不称"宝"而称"珍"，这是难以设想"的。

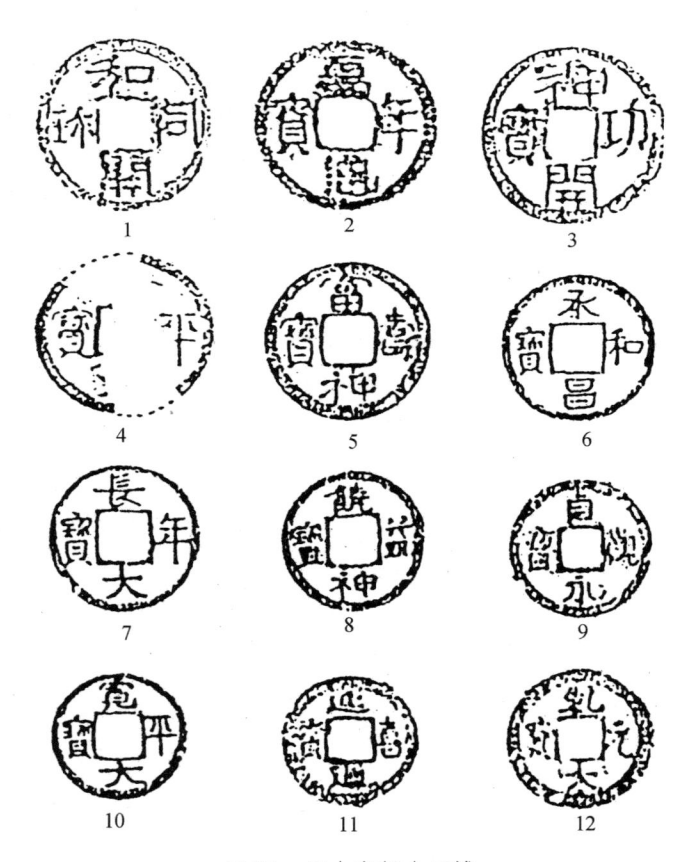

图35 日本皇朝十二钱

1. 和同开珎 2. 万年通宝 3. 神功开宝 4. 隆平永宝 5. 富寿神宝 6. 承和昌宝
7. 长年大宝 8. 饶益神宝 9. 贞观永宝 10. 宽平大宝 11. 延喜通宝 12. 乾元大宝

在平城京遗址，除发现奈良时代所铸各种铜钱以外，在西大寺附近亦曾发现开基胜宝金钱[①]。在平安京遗址，则发现奈良时代和平安时代所铸自和同开珎至乾元大宝的皇朝十二钱铜钱全数[②]。当时在平城京和平安京设东市、西市以兴商业，可见皇朝十二钱在商市交易中起到一定的作用。除都城所在的畿内地区以外，以和同开珎为首的各种铜钱在地域上的流通范围甚广，西自筑前（今福冈县）、东至陆奥（今福岛、宫城、岩手、青森县），皆有钱的出土[③]，便可为证。就九州地方而言，迄今已发现皇朝十二钱的地点包括在福冈、熊本、大分、宫崎、鹿儿岛五县之内，而出土的钱的种类则除饶益神宝、宽平大宝以外，其余十种铜钱无不齐全。其中，福冈县境内的出土地点最多，钱的出土量亦较大，这应该与作为统辖西海道九国二岛的重要据点城市大宰府的长期存在有关[④]。

然而，和同开珎银钱与开基胜宝金钱、太平元宝银钱一样，亦非一般的通货。中国陕西省西安市何家村唐代窖藏出土的5枚和同开珎银钱当是遣唐使作为礼品而携来中国[⑤]，以显示日本所铸钱币之精良，而实际上也的确可与同窖出土的开元通宝金钱、银钱媲美。

1933年至1934年"东亚考古学会"在我国黑龙江省宁安县渤海上京龙泉府遗址发现和同开珎铜钱，曾引起争议[⑥]。以后闻有关的日本学者作为当事人而信誓旦旦，否认在发掘调查中有舞弊行为。自8世纪前期至中后期，以及在整个9世纪，渤海作为一个藩国，与唐王朝在政治、经济和文化上的关系甚深，同时也与日本有使节往来，直至10世纪初期。因此，在渤海都城遗址发现和同开珎可谓不在情理之外，而和同开珎银钱在西安市唐代窖藏中出土似亦可作为旁证。这是中日两国钱币交流史研究上的一

---

① 奈良国立文化财研究所：《よみがえる奈良—平城京》，1981年版，第14页。
② 井上满郎：《平安京再现》，河出书房新社1990年版，第75页。
③ 奈良国立文化财研究所：《平城京再现》，新潮社1985年版，第69、70页。
④ 高倉洋彰：《九州出土の皇朝十二錢》，《大宰府と觀世音寺》，图书出版海岛社1996年版，第210—221页。
⑤ 陕西省博物馆等：《西安南郊何家村发现唐代窖藏文物》，《文物》1972年第1期，第33、36页。
⑥ 原田淑人主编：《東京城》，图版第118-1，东亚考古学会1939年版，第76、77页。（见《文物参考资料》所载李文信文章，1951年10月）。

段特别的插曲,故稍作叙述于此。顺便言及,在渤海上京龙泉府宫城遗址内也发现了开元通宝铜钱[①]。这本属意料中事,无须多加解说(图36)。

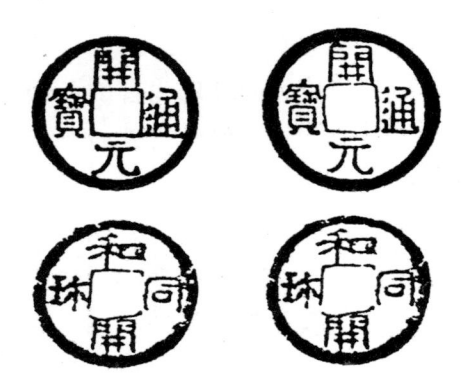

图36 西安唐窖藏开元通宝金钱、银钱(上)及和同开珎银钱(下)

二

日本以和同开珎为首的皇朝十二钱模仿中国以开元通宝为主的唐钱,这在某种意义上可谓与自汉至唐的和田马钱、汉龟二体钱、高昌吉利钱、突骑施钱等西域诸国的铜钱稍有相似之性质。当然,作为7—8世纪以降的律令制国家,日本可称海东大国,其钱币制备完善,设计周密,特别是仿效中国铜钱形制程度甚高,自非西域诸国所能比拟。突骑施钱虽略与开元通宝相似,但品质欠佳,形式不一,固不能与日本的和同开珎相提并论。然而,和田马钱、汉龟二体钱、高昌吉利钱、突骑施钱虽为西域诸国自造的货币,却为中国汉唐时代的五铢钱和开元通宝钱等之在西域流通起媒介作用。同样,以和同开珎为首的皇朝十二钱的发行亦不排除开元通宝之在日本各地流通。

作为律令制国家的钱币,日本朝廷力求铸造之精良,故铸于8世纪奈

[①] 黑龙江省文物考古研究所:《渤海上京宫城房址发掘简报》,《北方文物》1987年第1期,第40页。

良时代的各种钱的规格皆甚高，有如上述。但是，因日本矿产资源不足，铜的产量亦甚有限，故8世纪末迁都平安京之后，以隆平永宝为开端，钱体趋向小型化，富寿神宝以后诸钱形体更是每况愈下，尤其是钱内所含铅的比率增大，以致延喜通宝和乾元大宝几乎由铜钱变为铅钱，说明铸钱业之难以维持。于是，10世纪50年代末所铸乾元大宝成为皇朝十二钱中的最后一种钱，接着便宣告彻底终止铸钱。

其实，即使在8世纪的奈良时代和9世纪的平安时代，日本的社会经济虽有长足的发展，但从总体上说，物物交换的习惯在一定程度上仍然盛行，对货币的需求量不是很大，这也是皇朝十二钱的发行以失败告终的原因之一。相反，前述西域诸国的地理位置在称为"丝绸之路"的国际交通要道之上，早自1—2世纪的汉代，乃至7—8世纪的唐代，各国商人相竞而至，沿途贩运，货物珍贵，交易旺盛，故各种钱币流通其间，所起作用甚大。相比之下，日本皇朝十二钱的发行在社会经济条件方面反而有不及之处，亦属事实。

如日本学者所指出，皇朝十二钱衰落之另一原因在于以开元通宝为主的唐钱之大量输入。在8世纪初年始铸和同开珎之前，日本是否曾以中国的开元通宝为通货，暂且不论。据《类聚国史》等记述，嵯峨天皇在位（公元809—823年）时，日本称开元通宝为"开钱"，与皇朝钱同时兼行，则可肯定无疑。因当时的皇朝钱形质低劣，不受信用，开元通宝反而有取而代之之势①。

随着皇朝十二钱之在10世纪中叶以后的彻底废绝，此后数百年间，日本长期使用主要是从中国输入的"渡来钱"（"渡来"指来自海外），直到17世纪30年代江户幕府于宽永十三年（1636年）发行"宽永通宝"铜钱为止（图37）。"渡来钱"中除早先传入的唐代开元通宝以外，主要是中国北宋、南宋和明代的各种铜钱。它们作为通货，在日本流行，并被大量仿造，而仿造品亦混杂其间而被使用。唐王朝虽于10世纪初期消亡，但开元通宝仿造品的使用却长时期在日本各地延续。例如，在大阪府堺市16世纪遗址出土的各种供仿造用的铸范之中，开元通宝仿造品的铸范在数

---

① 原三正：《古代の渡来銭》，《月刊・考古学ジャーナル》1985年7月号，第13页。

量上名列前茅①，可谓中日两国货币交流史上的趣闻、佳话。

图 37　日本宽永通宝铜钱（新疆奇台出土）

三

　　日本冲绳县的琉球列岛，是指以冲绳本岛为主的冲绳诸岛和包括宫古诸岛、八重山诸岛的先岛诸岛。位于冲绳诸岛东北的奄美诸岛和吐噶喇诸岛，则与大隅诸岛同属九州南端的鹿儿岛县（古昔称"萨摩"），故大隅诸岛、吐噶喇诸岛，有时亦包括奄美诸岛，合称萨南诸岛。琉球列岛及其东北的奄美诸岛，在地理上介乎我国台湾省与日本九州鹿儿岛县之间，在东亚古代史上属后进地区。按照国际学术界关于先史时代、原史时代和历史时代的划分标准，琉球列岛和奄美诸岛各地在公元 7 世纪至 12 世纪的 500—600 年间犹属先史时代的终末期，而原史时代和历史时代的开始则须待 13 世纪前后称为 Gusuku 的"城"的陆续出现，作为城主的权力人物称"按司"。14 世纪琉球王国成立，此地区才进入明确的历史时代。

　　社会历史的发展进程虽云滞后，但就中国古代货币的对外传播而论，琉球列岛却意外地可称"先入"之地。如所周知，日本本州广岛县三原市发现中国战国时代燕国明刀钱的传说不确，但冲绳本岛那霸市的城岳贝塚却确实有 1 枚明刀钱出土（据说近年在具志头村又有新的出土例）。此外，在以本岛为主的冲绳诸岛中，中川原贝塚、清水贝塚、Ururu 贝塚和北原贝塚等遗址又各有五铢钱出土，在八重山诸岛中的竹富岛则有货布钱的

---

① 岛谷和彦：《中世の模鋳銭生産》，《月刊・考古学ジャーナル》1994 年 3 月号，第 28、29 页。

发现。

　　本文所要论究的，主要是琉球列岛及奄美诸岛各处遗址出土的开元通宝。据日本冲绳学者高宫广卫氏统计，在冲绳县所属的冲绳诸岛和宫古·八重山诸岛，也包括其东北方鹿儿岛县所属的奄美诸岛在内，各地出土开元通宝的遗址迄今已多达30余处[①]。但是，多数遗址在年代上属14世纪、15世纪以降的历史时代，有过晚之嫌。因此，本文按高宫广卫氏的规定，只以公元7世纪至12世纪的先史时代终末期遗址出土的开元通宝为论究对象。开元通宝始铸于7世纪初期，8世纪以降继续铸造，作为唐王朝发行的主要货币，其在中国国内通用至少延至10世纪初的唐代末年。因此，上述冲绳7世纪至12世纪遗址中存在的开元通宝决非日本后世的仿造品，亦非所谓"备蓄钱"（日本在13—14世纪前后的"中世"时代，往往有将自外国传来的大量开元通宝等所谓"渡来钱"及本国的皇朝钱置于大瓮中而埋入地下的，称为"备蓄钱"）之类，而是作为当时中国的现行货币而传入的（图38）。

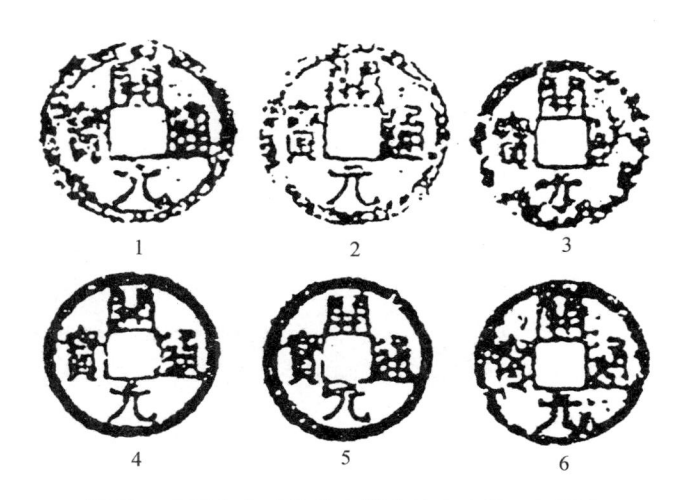

图38　冲绳先史时代终末期遗址出土的开元通宝
1、2. 面绳第一贝塚　3、4. 野国贝塚　5. 谢名堂贝塚　6. 连道原贝塚

[①] 高宫廣衞：《開元通宝と按司の出現》，《南島文化》第19号，冲绳国际大学南岛文化研究所1997年版，第1页。

然而，在先史时代的琉球列岛等地，物物交换是社会经济生活的主流。所以，传入的开元通宝就其用途而言，便有两种可能性。一是作为货币而在各地流通，二是被作为装饰、仪礼乃至咒术用品等等，皆属非货币用途。高宫广卫氏在多篇论文中论及开元通宝的用途，虽不完全排除其属非货币用途的可能性，实际上却倾向于认为它们在冲绳的琉球列岛等地亦在某种情况下被作为货币而使用。对此，因高宫氏的论述甚详，我不必作任何补充。

我在本文中所要着重论证的，是关于开元通宝传入琉球列岛等地经路如何的问题。首先，如高宫广卫氏在其题为《开元通宝与按司的出现》的重要论文中所表明的，在奄美诸岛以北的萨南诸岛，没有任何开元通宝的出土。从奄美诸岛到冲绳诸岛和宫古·八重山诸岛的称为琉球列岛的境域内，出土开元通宝的7世纪至12世纪的先史时代终末期遗址共计13处。它们在地域上的分布及出土钱的枚数如下：在奄美诸岛中，奄美大岛用见崎遗址出土1枚，其南德之岛面绳第一贝塚出土4枚。在冲绳诸岛中，冲绳本岛兼久原贝塚出土1枚，热田贝塚出土2枚，连道原贝塚出土9枚，野国贝塚出土6枚，大川原第一遗址出土1枚，平敷屋Tobaru遗址出土8枚，本岛西南久米岛谢名堂贝塚出土1枚，北原贝塚出土13枚。在西南方远处的先岛诸岛（即宫古·八重山诸岛）中，石垣岛嘉良岳贝塚出土1枚，崎枝赤崎贝塚出土33枚，西表岛仲间第一贝塚出土1枚。以上合计13处遗址（多为贝塚），共出土81枚开元通宝铜钱。

我在本文前节曾述及8世纪至10世纪日本皇朝十二钱的发行不排除中国开元通宝之在日本流通。9世纪以降，随着皇朝十二钱铸造的衰落，开元通宝在日本的流行反而有增加的趋向。但是，除日本后世的仿造品以外，中国开元通宝在日本本土各地考古发掘调查中的发现情况如何，却不甚清楚。我只是从上述高宫广卫氏的论文中得知，在整个九州地区，出土开元通宝的遗址（包括坟墓）计4处，其位置集中在北部的福冈县境内。其中，下山门遗址出土1枚，柏原G-1号坟出土2枚，海之中道遗址出土1枚，朝仓橘广庭宫遗址出土2枚。

从以上遗址（包括贝塚、坟墓）在地域上的分布情形看来，可以判断琉球列岛和奄美诸岛各地的开元通宝不是从日本九州方面传来的。我的理由如下：首先，九州出土开元通宝的遗址都限在北部福冈县境内，在九州的中部、南部各地皆不见有此钱出土；在奄美诸岛之北的吐噶喇诸岛和大隅诸岛也无开元通宝的发现，则已如前述。传闻在鹿儿岛县（不包括其所属的萨南诸岛）境内曾有开元通宝钱出土，但出土的遗址年代甚晚，所出之钱又与中国的皇宋通宝、洪武通宝等宋钱、明钱乃至日本江户时代的宽永通宝混杂，有属于所谓"备蓄钱"之嫌，亦不排除其为后世仿造品的可能性。就九州北部福冈县境内的 4 处遗址而言，出土的开元通宝总共不过 6 枚，远非琉球列岛、奄美诸岛 13 处遗址出土 81 枚钱之比。而且，除柏原 G-1 号坟属 7 世纪中叶以外，其余 3 处遗址年代皆较晚，以福冈市的海之中道遗址为例，开元通宝与万年通宝、贞观永宝、延喜通宝等日本皇朝钱共存、伴出[1]，足见其年代迟在 10 世纪以降，不比琉球列岛等地出土开元通宝的先史时代终末期遗址为早。在九州南部的宫崎、鹿儿岛两县境内，曾发现有后世作为"备蓄钱"的皇朝十二钱，但琉球列岛等地至今不见任何皇朝十二钱的发现例。这说明，长期以来，琉球列岛之地不在日本国的领域内，故日本皇朝钱的流传止于今九州地方南部，而不入冲绳县之境。要之，冲绳县及其北奄美诸岛各处的开元通宝应由海路自中国直接传来，而不经由日本的九州境域，这便是我的主要观点。

再就各遗址出土开元通宝钱的枚数而论，在琉球列岛的大范围内，先岛诸岛（即宫古·八重山诸岛）的位置居西南端的最远处，其中石垣岛的崎枝赤崎贝塚出土量多达 33 枚，独居第一。冲绳本岛西南久米岛的北原贝塚亦出土 13 枚之多，居第二位。相反，在冲绳诸岛东北的奄美诸岛，面绳第一贝塚出土不过 4 枚，用见崎遗址所出仅 1 枚。这样，可进一步推定，上述各地开元通宝的传入经路不是由东北至西南，而是由西南向东北。

前已述及，唐武宗灭佛，没收寺院铜像及钟磬等物，允许各地政府用以铸钱。淮南节度使铸新的开元通宝，背面有"昌"字表明为会昌年间所铸，其余各地所铸多以一个代表州名之字为背文，统称"会昌开元"。唐

---

[1] 九州歷史資料館：《大宰府一発掘ガ語る遠の朝廷》，九州歷史資料館発行 1988 年版，第 58 页。

玄宗开元十三年（公元725年）改闽州为福州，州的治所在闽县（今福州市），当地政府铸会昌开元钱，以背面的"福"字为标志。宫古·八重山诸岛西南端最远处的西表岛仲间第一贝塚出土的1枚开元通宝铜钱属背面有"福"字的会昌开元，铸造地点无疑是在福州①。这更为我的上述观点提供了无可争议的证据。

高宫广卫氏题为《开元通宝与按司的出现》的论文确认，在我国台湾省西北部十三行遗址的下层出土开元通宝多枚，在台湾西南的澎湖岛亦有开元通宝钱于内垵C遗址的文化层中被发现②。这样，判断冲绳琉球列岛各处出土的开元通宝是从中国东南部以福建省为主的沿海地区直接传入，又得到了顺理成章的新的论据（图39）。

四

日本古代称今九州鹿儿岛县南方的萨南诸岛（包括大隅诸岛、吐噶喇诸岛，亦可包括奄美诸岛）乃至冲绳诸岛为"南岛"。其中，大隅诸岛中的种子岛称多褹或多祢岛，屋久岛称掖玖、夜久、夜句或益救岛，吐噶喇岛称吐火罗或都货逻岛，奄美诸岛中的奄美大岛称菴美或掩美岛，德之岛或称度感岛，冲永良部岛或称伊兰岛，而冲绳诸岛中的冲绳本岛则称阿儿奈波岛。凡此等等，皆可见于《日本书纪》、《续日本纪》的记载，偶尔亦见于大宰府遗址的木简③。大宰府作为当时西海道之重镇，统管九国三岛（后改为九国二岛），而所谓三岛则指北方的对马、壹岐和南方的多褹岛，后者位于萨南诸岛的最北部，靠近九州大岛，故于文武天皇大宝二年（公元702年）被纳入日本国正式的版图，校户置吏。

据《日本书纪》、《续日本纪》记载，日本与南岛的交往可追溯至推

---

① 木下尚子：《開元通宝と夜光貝——7—9世紀の琉·中交易試論》，《琉球·東アジアの人と文化》（髙宮廣衞先生古稀記念論集）上卷，2000年版，第187—219頁。

② 髙宮廣衞：《開元通宝と按司の出現》，《南島文化》第19号，冲绳国际大学南岛文化研究所1997年版，第2、3、17頁。

③ 三島格：《大宰府と南島》，《東アジアの考古と歴史》（下），同朋社1987年版，第330—346頁。

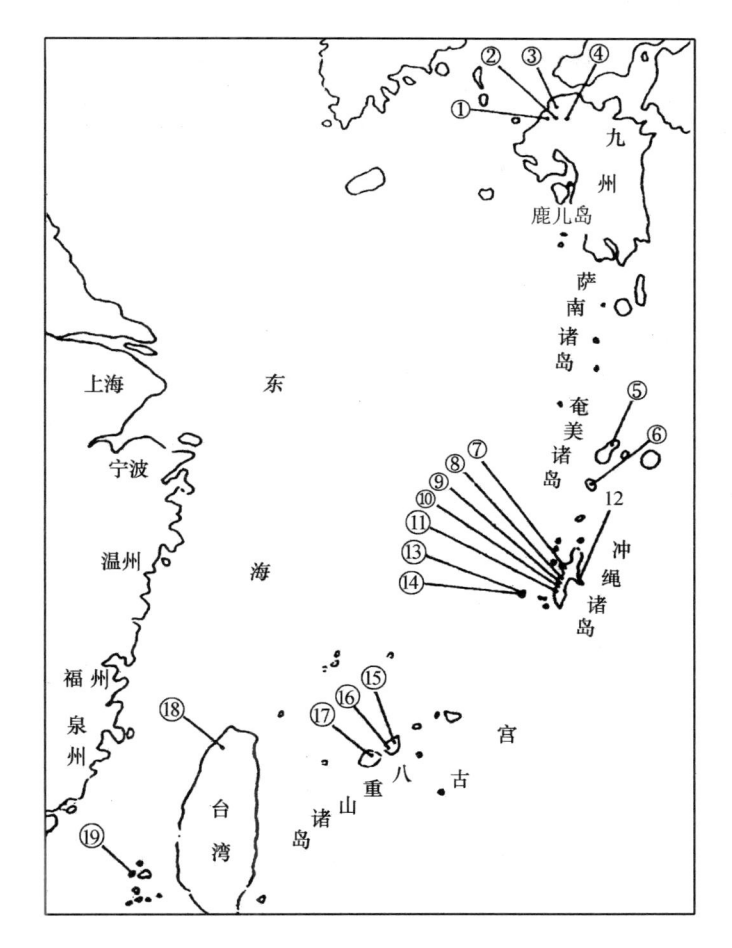

图 39　日本九州、琉球列岛和中国台湾、澎湖出土开元通宝遗址分布
（采自高宫广卫《开元通宝与按司的出现》论文）

①福冈县山下门遗址 1 枚　②同上柏原 G-1 号坟 2 枚　③同上海之中道遗址 1 枚　④同上朝仓橘广庭宫遗址 2 枚　⑤奄美大岛用见崎遗址 1 枚　⑥德之岛面绳第 1 贝塚 4 枚　⑦冲绳本岛兼久原贝塚 1 枚　⑧同上热田贝塚 2 枚　⑨同上连道原贝塚 9 枚　⑩同上野国贝塚 6 枚　⑪同上大川原第 1 遗址 1 枚　⑫同上平敷屋遗址 8 枚　⑬久米岛谢名堂贝塚 1 枚　⑭同上北原贝塚 13 枚　⑮石垣岛嘉良岳贝塚 1 枚　⑯同上崎枝赤崎贝塚 33 枚　⑰西表岛仲间第 1 贝塚 1 枚　⑱台湾十三行遗址多枚　⑲澎湖内垵 C 遗址 1 枚

古天皇二十四年（公元 616 年）掖玖岛之始有人来归化，及舒明天皇元年（公元 629 年）遣使前去该岛探访。以后，随着年代的推移，南岛各岛与

日本的关系有所增进，而文武天皇二年（公元698年）遣文忌寸博士等8人前往招致，乃使多褹、夜久、奄美、度感等各岛之人于翌年（公元699年）来贡方物，则可视为南岛与日本的关系之一次大进展。因此，文武天皇大宝二年（公元702年）以粟田真人为首的第七次遣唐使和元正天皇养老元年（公元717年）以多治比县守为首的第八次遣唐使为避新罗在朝鲜半岛海域梗阻交通，使团船舶之往返皆得改取南岛路而经由南岛。据还俗僧元开（淡海真人三船）所著《唐大和上东征传》记录，孝谦天皇天平胜宝五年（公元753年）十一月，鉴真和尚随归国的第十次遣唐使东渡赴日本，其与副使大伴古麻吕共乘之第二船经由南岛中的大岛阿儿奈波岛，寄泊约半个月，又进而经由东北方的益救岛，寄泊约10日，然后抵达九州南部秋妻屋浦（今称秋目浦，属鹿儿岛县川边郡）。大使藤原清河、仕唐甚久而归国的阿倍仲麻吕（晁衡）等所乘第一船，与鉴真等所乘第二船同在阿儿奈波岛寄泊10余日，但自该岛启航后因大风遇险而远飘安南，以后转往中国。副使吉备真备与僧普照所乘第三船自益救岛起航后虽遇大风，犹得平安返抵日本[①]。遣唐使船在南岛寄泊情形，大抵如此。于是，日本学者主张，遣唐使船归国途中寄泊于南岛（主要为阿儿奈波岛，即冲绳本岛），以其自中国携来的开元通宝遗岛民，此即琉球列岛、奄美诸岛出土开元通宝之由来。此说多为日本研究者所首肯，传承既久，可谓已成彼国学术界之定论。其可取之点在于主张琉球列岛、奄美诸岛各处开元通宝是由中国扬州、苏州等长江下游地区自海路直接传入，而不是辗转经日本九州地方传来的。

然而，应该指出，当时与南岛相关联之船决不仅限于8世纪前期至中期的3、4次遣唐使船（8世纪后期至9世纪的遣唐使船航路改由九州五岛列岛直接横渡东海往中国，不经由南岛），而应包括其他往来于中国东南沿海各地与琉球诸岛之间的船舶如中国和琉球的商船之类在内。遣唐使船的寄泊地点在于冲绳本岛及其东北方的奄美诸岛、吐噶喇诸岛乃至大隅诸岛等处，而出土开元通宝数量最多的八重山诸岛中的石垣岛则位于冲绳本岛西南甚远的台湾附近，故难以设想琉球列岛、奄美诸岛各处出土的开元

---

① 元開（淡海真人三船）：《唐大和上東征伝》，中华书局1979年版，第90、91页。

通宝皆为遣唐使船于归途寄泊时之所遗。关于石垣岛出土的 33 枚开元通宝，日本学者中有主张是由东北方的冲绳诸岛方面辗转传来的①，但这只是出于推想，欠缺根据，不合情理。与此相反，我则认为石垣岛的开元通宝应与冲绳诸岛、奄美诸岛的开元通宝一样，是由中国东南方之地经海路直接传入，不可能是先传至冲绳诸岛而以后又转而向西传入石垣岛的。总而言之，我的意见是：与其谓开元通宝皆系由 8 世纪遣唐使船于三、四次的旅途寄泊中遗于琉球列岛、奄美诸岛各处，毋宁说是于 7—8 世纪以降的较长时期之内在中国东南地区与琉球列岛各地区之间以民间交流的方式由互相往来的商船多次轮番输入的。13 处遗址 81 枚钱，这只是近年（1960 年前后以来）偶尔调查发掘出土的数字，而千余年前从中国唐朝陆续传来的开元通宝又何止几百、几千枚？

　　在 7—12 世纪先史时代终末期的琉球列岛内部，因社会经济生活滞后，以物易物为主要的交换手段，不使用货币。但是，岛民们与中国方面进行交易，开元通宝在相当大的程度上作为货币使用，这是不难理解的。

　　1975 年 6 月，东京国立博物馆举行主题为"日本出土的中国陶瓷"的展览会，展品甚多。其中有 2 件黄釉绿褐彩瓷钵，据传为冲绳县八重山诸岛中的西表岛出土，引起学术界的重视。经陶瓷学者鉴定，此两件瓷钵为中国湖南省长沙铜官窑产品，烧造年代在唐代后期②。长沙铜官窑所产瓷器销售甚广，除湖南省的长沙、益阳、常德等处以外，在中国南方和北方各地的许多遗址和墓葬中皆有出土，尤以位于今江苏省长江北岸的唐代商业大都会扬州和今浙江省东部沿海的港口城市明州（今宁波）的出土量为最大，而宁波出土的铜官窑瓷器为向海外出口的外销品③。铜官窑外销瓷在南亚、西亚的斯里兰卡、巴基斯坦、伊朗、伊拉克，以及在东南亚的泰国、菲律宾、印度尼西亚各地的出土都达到相当可观的数量。

---

　　① 安里嗣淳：《中国唐代貨錢（開元通宝）と琉球圈の形勢》，《文化課紀要》第 7 号，冲绳教育委员会 1991 年版。
　　② 三上次男：《沖縄出土の中世中国陶瓷について》，《陶瓷貿易史研究》上，中央公論美術出版 1987 年版，第 205、206 页。
　　③ 高至喜：《长沙铜官窑址》，《中国大百科全书·考古学》，中国大百科全书出版社 1986 年版，第 62、63 页。

当然，在东亚的朝鲜半岛和日本，铜官窑瓷器也有发现。然而，就日本本土而言，以九州北部福冈县境内的大宰府及其附近地区的遗址为主，兼及于奈良平城宫和药师寺等遗址，铜官窑瓷器的出土地点为数不多，出土量也不是很大①。作为八重山诸岛中的主要岛屿之一，西表岛的位置在冲绳县琉球列岛最西端，其西接中国的台湾省，与中国东南沿海的宁波、福州、泉州等港口城市相距亦甚近。所以，可以认为，西表岛出土的铜官窑瓷器是从中国东南沿海城市直接传入的。这与其邻岛石垣岛大量出土开元通宝铜钱的事实相印证，更可为上述琉球列岛、奄美诸岛各地的开元通宝系由中国东南地区直接经海路传入之所说增添佐证。

五

在日本冲绳县各地，发现距今约二三万年前的旧石器时代洞穴遗址颇多②。新石器时代的冲绳，因受日本本土绳文文化的影响较深，故称绳文时代，这已为考古学界所公认③。日本的弥生文化亦有所波及于冲绳，但至今不能确言冲绳是否有所谓弥生时代。日本约于公元3世纪后期进入古坟时代，而古坟（日本的"古坟"有其特定意义，不是泛指古代之墓）分布的南界限于九州最南端的鹿儿岛县为止，古坟所体现的政治、文化影响不及于冲绳。如前所述，冲绳的先史时代漫长，公元7世纪至12世纪的数百年间犹属先史时代的终末期。7—8世纪以降，日本朝廷长期于今九州北部福冈县境内设大宰府，在行政、军事和外交上对西海道九国三岛（以后改为二岛）实行统辖，其南界亦限于今鹿儿岛县的种子岛（多禰岛）为止，冲绳不在其统辖范围之内。

大约在公元13世纪，冲绳各地陆续出现以石块或土筑墙的"城"，作为城主的权力者称"按司"，已如前述。以后，各处城主分别为中山、山

---

① 九州歷史資料館：《日本出土の陶瓷器》，《大宰府——發掘が語る遠の朝廷》，1988年版，第82页。

② 下川達彌：《旧石器时代（沖縄の洞穴）》，《發掘が語る日本史》，新人物往来社1986年版，第41、42页。

③ 高宮廣衞：《先史古代の沖縄》，第一书房1991年版，第10—26页。

南、山北三王所兼并，三王之中以中山王的势力为最强。明太祖洪武五年（1372年），添浦按司姓尚名察度者以中山王之身份遣使向中国朝贡。成祖永乐十四年（1416年），中山嗣王尚巴志攻破山北，不久又灭山南，冲绳各地归于统一，是为琉球王国①。在15世纪中叶之前，琉球王国的版图以冲绳本岛为中心，西南及于宫古·八重山诸岛，东北至奄美诸岛，甚至远及萨南·吐噶喇诸岛。琉球王国自成立以来的大约200年间，接受中国明王朝的册封，不断朝贡。

另一方面，日本自7—8世纪以来，在全境划分以"国"为主的地方行政区域，计60余国，分别属于若干"道"。今九州地方为西海道，所属有筑前、筑后、丰前、丰后、肥前、肥后、日向、大隅、萨摩九国（又加对马、壹岐二岛）。以后，因中央朝廷的控制相对转弱，各国藩主的自主权力逐渐增强。至15世纪、16世纪的战国时代，位于今九州南部的萨摩国势力大增。萨摩藩主岛津氏，向南方海中的萨南诸岛扩充领地。据有关资料，约当15世纪中叶，琉球王国与日本萨摩藩的境域分界在萨南·吐噶喇诸岛北部的卧蛇岛。至15世纪、16世纪之交，岛津氏占吐噶喇诸岛全域②，以后又进而兼并奄美诸岛，而琉球王国以兵力薄弱而退却，终于在明万历三十七年（1609年）因萨摩军大举侵入都城而被全部征服，其王被掳去③。然而，主要是为图国际贸易之巨利，兼求政治、文化等各方面关系之延续，琉球王国仍然向中国进贡，不久又继明王朝之后接受清王朝的册封，直至270年后的光绪五年（1879年）。

明治四年（1871年），日本因行维新之政而废藩置县，萨摩国改为鹿儿岛县，而琉球则归鹿儿岛县管辖。明治十二年（1879年）废琉球王国而设冲绳县，此即所谓"琉球处分"，琉球国与中国清王朝的关系亦于此年告终。"冲绳"二字训读为Okinawa，与8世纪奈良时代之称阿儿奈波（Akonawa）近似。

查中国历代史书、文籍，早在唐初编撰的《隋书·东夷传》中即有关

---

① 《明史·外国四（琉球）》，中华书局1976年版。
② 龟井明德：《薩南諸島の生產と交易》，《發掘が語る日本史》，1986年版，第280、281页。
③ 《明史·琉球传》记其事发生在万历四十年，《明史·神宗纪》则记在万历三十七年，应以《神宗纪》为准。

于"流求国"的记载,《北史·东夷传》因袭之。以后,唐代杜佑《通典》始称"琉球",而张鹫《朝野佥载》作"留仇",刘恂《岭表异录》作"流虬",《宋史》(成书于元初)、《通志》(郑樵)、《诸蕃志》(赵汝适)仍称"流求"。元代《岛夷志略》(汪大渊)作"琉球",《元史》(成书于明初)称"瑠求"。明代以降,自正史至于各种书籍、文集,皆称"琉球"。

明代以降的"琉球"指上述琉球王国,即现今日本冲绳县之地,自无任何疑问。自隋至元,各代史书、文籍或称"流求"、"琉球",或称"留仇"、"流虬"、"瑠求",文字虽有差异,读音无不相同,所指为同一地方,自在情理之中。但是,自隋至元的"流求"、"琉球"、"留仇"、"流虬"、"瑠求"是否与明代以降的"琉球"同属一地,则成为19世纪末期以来中外学术界久争不决的问题。归纳起来,大致不外两种意见。一种是自隋至元的"流求"、"琉球"、"留仇"、"流虬"、"瑠求"等与明代的"琉球"一样,亦指今日之冲绳。另一种则认为明代的"琉球"虽指冲绳无疑,但自隋至元的"流求"、"琉球"、"留仇"、"流虬"、"瑠求"之类则指中国的台湾。双方的主张各有所据,久争不决自有其甚多原因。为此,我在本文中无须再以文献考证为手段,以判断其孰是孰非。

然而,开元通宝始铸于7世纪20年代的唐代初期,其在冲绳7—12世纪的各处遗址出土甚多。它们之传入冲绳,早则可在7世纪的唐代前期,晚亦不迟于12世纪的北宋。北宋时,因所铸本朝新钱盛行,唐代遗留的开元通宝基本上已不通用,故可推定其传往冲绳应在北宋之前。要之,至少早在唐代,冲绳即与中国颇有交往。因此,自隋唐开始的以"流求"、"琉球"、"留仇"、"流虬"、"瑠求"等为名的地域尽管在明代之前是指台湾,亦应包含台湾东北方今称"琉球列岛"的冲绳之地。

(原载《考古一生——安志敏先生纪念文集》,文物出版社2011年版)

论唐长安城圆丘对日本交野圆丘的影响

据《续日本纪》等日本古代史书记载，公元 8 世纪 80 年代，日本桓武天皇迁都长冈京，于京南约 10 公里处的交野郡柏原之地设圆丘以祀天神。其缘由虽在于仿效中国唐代皇帝于每年十一月冬至之日祀昊天上帝于京师长安城（有时亦在东都洛阳城）南郊之圆丘，却又有其特殊的政治目的，故试作此文论述之。

一

开皇元年（公元 581 年），隋文帝杨坚统一中国。次年（即开皇二年），文帝命高颎、宇文恺等在汉代以来的长安城（亦为北周的都城）故址东南方的龙首原营造新的都城，称为"大兴"。《隋书·礼仪志》记："高祖（文帝）受命，欲新制度，乃命国子祭酒辛彦之议定祀典，为圆丘于国之南，太阳门外道东二里"。武德元年（公元 618 年）唐王朝成立，仍以大兴为都城，改名"长安"。隋大兴外郭城南面正门明德门又称"太阳门"，唐代长安城沿用"明德门"之名而不改。隋代的圆丘作为天子举行祭天大典的场所，亦为唐代所沿用（图 40）。

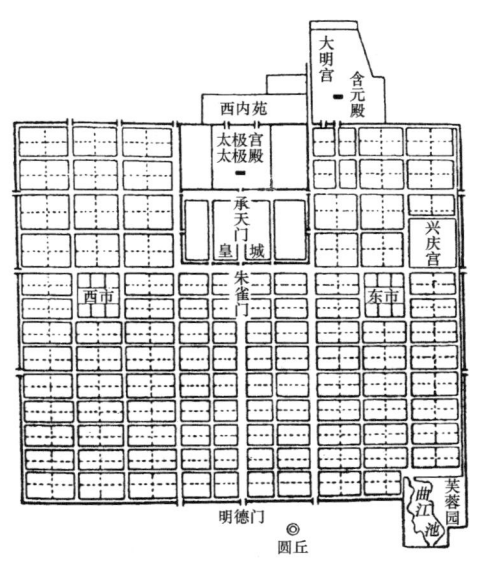

图 40　唐长安城平面及圆丘位置图

1999 年中国社会科学院考古研究所西安唐城工作队的调查发掘究明，唐代圆丘由素土夯筑，表面用黄泥抹平，并涂以白灰，以示简朴、素洁的精神。圆丘整体由 4 层圆台相叠而成，每层高约 2 米，整体高约 8 米，最下的一层圆台直径约 52.8 米，可称规模宏大。各层圆台皆设十二陛（阶）以象十二辰，其中"午陛"（南阶）独宽，为皇帝亲临祭祀时升登的阶道①（图 41）。可以认为，在唐代将近 300 年的长时期中，圆丘几经修缮，但考古工作队发掘出来的遗

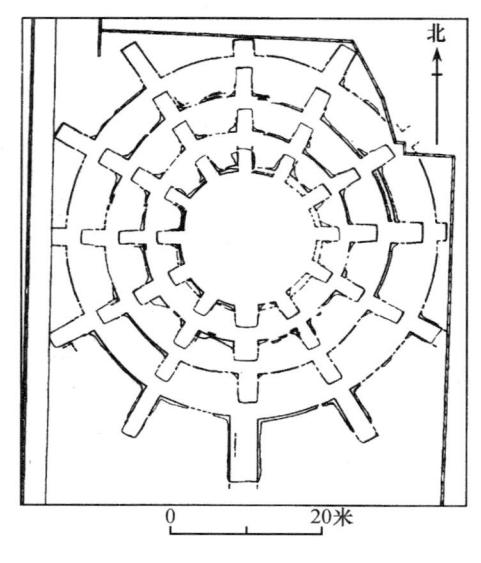

图 41　唐长安圆丘遗迹平面图

迹保存较好，大体上保留着初唐时的原貌，而隋代圆丘与唐代圆丘相似，也是可想而知的。

这里，要稍加说明的是，据记载，隋代称明德门外的祭天场所为"圆丘"，当然是毫无疑问的。唐代沿用隋代圆丘为祭天场所，这也是非常明确的。但是，有关学者在其著述中称隋代祭天场所为"圆丘"，而称唐代沿用的同一祭天场所为"圜丘"。其实，《大唐开元礼》虽称"圜丘"，但《旧唐书》和《新唐书》的本纪、志、列传皆称"圆丘"，撰成于唐德宗贞元（公元 785—805 年）年间的杜佑《通典》和王泾《大唐郊祀录》等亦称"圆丘"而不称"圜丘"。因此，与隋代之称"圆丘"一样，我在本文中称唐代沿用的同一祭天场所为"圆丘"，尽管用"圜丘"之词以称亦无不可。

圆丘祭天大典规定于每年冬至之日举行，其由来可追溯至《周礼》，渊源长远，隋、唐两代皆遵循其制，未有改变。冬至亦称"南至"，《旧唐书·太宗纪》记"贞观十四年（公元 640 年）十一月甲子朔，日南至，

---

①　中国社会科学院考古研究所西安唐城工作队：《陕西西安唐长安城圜丘遗址的发掘》，《考古》2000 年第 7 期，第 29—47 页。

有事于圆丘", 同书《德宗纪》记"贞元六年（公元 790 年）十一月庚午, 日南至, 上亲祀昊天上帝于圆丘", 即为其例。《左传·僖公五年》记"春, 王正月, 辛亥朔, 日南至", 杜预注"周正月, 今十一月, 冬至之日日南极"。这说明周代冬至在每年正月, 以后改为十一月。其缘由如《史记·历书》所记, 夏代以正月为岁首, 商代以夏十二月、周代以夏十一月为岁首, 秦及汉初曾以夏历十月为正月, 汉武帝太初元年（公元前 104 年）行《太初历》, 改用夏正, 以正月为岁首, 以冬至所在之月为十一月, 历代沿袭, 隋唐自不例外（7 世纪 90 年代武周载初元年至圣历三年的 10 年, 以十一月为正月, 实为复古主义的特例）。但是, 冬至虽在十一月, 却仍被列为二十四节气之首。皇帝于冬至之日祀昊天上帝于圆丘, 倍增隆重、庄严, 故《大唐开元礼》以为"吉礼"之首, 实属理所当然。

古代中国用太阴历, 以月相盈亏为标准, 而二十四节气则按太阳黄经度数而划分, 故每年冬至虽皆在十一月, 但具体日子不定。唐代有多种历法, 要以《旧唐书·历志》所收初唐、盛唐时形成的傅仁均《戊寅历》、李淳风《麟德历》、僧一行《大衍历》三者为主, 中唐以后, 则又有《五纪历》、《宣明历》等。我按唐代史书所记冬至日的干支, 参照近代学者陈垣所著《二十史朔闰表》, 以求其相当于西方的太阳历是即罗马奥古斯都（Augustus）修正的《儒略历》（Julian calendar）之月日。公元 325 年, 尼西亚（Nicaea）宗教会议决定以儒略历 3 月 21 日为春分日（夏至、秋分、冬至等日自亦分别相应在于 6 月、9 月、12 月的 22 日或 23 日）。由于儒略历一年比回归年多 11 分 14 秒, 长期积累, 乃使初唐时期的冬至为当时儒略历 12 月 19 日, 盛唐、中唐、晚唐时期的冬至为当时儒略历 12 月 18、17 日①, 与现今冬至之在公历（1582 年教皇格雷果里十三世 Gregorius XIII 命人修订《儒略历》而成）12 月 22 日（或 21、23 日）相比, 有所差异。

古代日本学习中国的制度、文化, 所用历法亦自中国传来。7 世纪初, 推古天皇十二年（公元 604 年）开始采用 5 世纪中叶中国南朝宋元嘉二十年（公元 443 年）何承天所作《元嘉历》, 直至 7 世纪 90 年代持统天皇六

---

① 陈垣：《二十史朔闰表》（附西历、回历）, 古籍出版社 1956 年版。

年（公元692年）。此前在天武天皇六年（公元677年），日本已通过新罗传入李淳风的《麟德历》，因此年相当于唐高宗仪凤二年，故改称其为《仪凤历》而于持统六年与《元嘉历》并用。文武天皇二年（公元698年），废陈旧的《元嘉历》而专用《仪凤历》。圣武天皇天平七年（公元735年）吉备真备（本姓"下道"，天平十八年赐姓"吉备"）自中国留学归，携来大量文书、典籍，其中有僧一行的《大衍历经》1卷、《大衍历立成》12卷，乃使日本又于淳仁天皇天平宝字七年（公元763年）废《仪凤历》而采用《大衍历》达90余年，至9世纪50年代后期文德天皇天安元年（公元857年）才以唐郭献之的《五纪历》与之并用。清和天皇贞观元年（公元859年）渤海国使臣携来唐徐昂的《宣明历》，乃于贞观四年（公元862年）废《五纪历》等而以《宣明历》为通用之历，长期不变①。这样，自8世纪中叶以降，因历法相同，日本冬至与中国冬至属同一日，亦相当于西方阳历儒略历12月18、17日。以上虽是后话，于此先行叙及，以便读者了解缘由。

如前所述，唐王朝每年十一月冬至在京师长安南郊圆丘祭昊天上帝，与隋朝完全相同。但是，由于朝代改换，祭祀的配享随之而变。据《隋书·礼仪志》记述，隋代祀昊天上帝，"以太祖武元皇帝配"。"太祖武元皇帝"指隋文帝杨坚之父杨忠，北周时封"隋国公"，故杨坚称其为皇考，并追尊为"武元皇帝"。《旧唐书·礼仪志》则记"武德初定令，每岁冬至祀昊天上帝于圆丘，以景帝配"。众所周知，唐高祖李渊的祖父李虎北周时追封"唐国公"，故李渊称其为皇祖，并追尊为"景皇帝"。"配"指祭祀时的配享，其出典见于《易·豫》之谓"先王以作乐崇德，殷荐之上帝，以配祖考"。要之，唐初皇帝在圆丘祭昊天上帝，以本朝皇祖景皇帝（李虎）配享。以后，配享多有改变，武则天称帝时改祖易宗，更不待言。唐玄宗开元十一年（公元723年）十一月亲祀圆丘，中书令张说为礼仪使，建议改以高祖（李渊）配享，故开元二十年（公元732年）颁行

---

① 佐藤政次：《曆学史大全》，骏河台出版社1968年初版、1977年改订增补，第26—31、第77—83页。

的《大唐开元礼》记祭天祝文称"高祖神尧皇帝配神作主"①。代宗宝应元年（公元762年）诸臣奏请应以景皇帝（李虎）配，永泰二年（公元766年）乃依礼仪使杜鸿渐、学士归崇敬等之议，决定仍以太祖景皇帝配享，故《大唐郊祀录》记祭天祝文称"太祖景皇帝配神作主"②。这样，远的不说，就隋、唐两朝而言，初代皇帝在圆丘祀天神，或以皇考，或以皇祖配享，稍有差异，实由于国情、家事不同，无关宏旨。

据日本8世纪90年代的敕撰国史《续日本纪》记载，日本桓武天皇于天应元年（公元781年）登位，次年即延历元年（公元782年）正月尊谥其父光仁天皇为"天宗高绍天皇"。延历六年（公元787年）十一月五（四）日甲寅（相当于儒略历12月18日）冬至，桓武天皇举行郊祀典礼，作祭文"告昊天上帝"，以"高绍天皇配神作主"③，这显然是仿效上述中国的礼仪制度。

隋唐按古制设圆丘于京师长安外郭城南面正门明德门外（唐东都洛阳圆丘在定鼎门外午桥之南），地属南郊，故皇帝在圆丘祭天往往称为"亲祀南郊"，"亲祀昊天上帝于南郊"（若皇帝不能亲祀，则称"有司祀昊天上帝于南郊"），其含义与"亲祀昊天上帝于圆丘"完全相同。此外，如史书所记，当时亦多有以"有事于南郊"或"有事于圆丘"称皇帝亲临祭天大典的。例如：《隋书·高祖纪》记"开皇十年（公元590年）冬十一月辛丑有事于南郊"；《隋书·炀帝纪》记"大业十年（公元614年）冬十一月乙巳有事于南郊"；《旧唐书·太宗纪》记"贞观二年（公元628年）十一月辛酉有事于圆丘"，又记"贞观十四年（公元640年）十一月甲子朔，日南至，有事于圆丘"；《旧唐书·高宗纪》记"永徽二年（公元651年）十一月辛酉有事于南郊"；《新唐书·文宗纪》记"太和三年（公元829年）十一月甲午有事于南郊"；《旧唐书·昭宗纪》记"龙纪元年（公元889年）十一月己酉有事于南郊"，等等。我不厌其烦地列举以上各例，主要是为了印证9世纪70年代所撰日本史书《日本文德天皇实

---

① 《大唐开元礼》，民族出版社2000年版，第41、第42页。
② 《大唐郊祀录》，《大唐开元礼》，民族出版社2000年版，（附录）第760页。
③ 《続日本紀》（後篇），《国史大系》，吉川弘文館1982年版，第526页。

录》亦称其国君主举行冬至祭天典礼为"有事圆丘"①，以明当时日本的仪礼制度在很大的程度上仿自中国唐王朝。

应该指出，如以上所举引，唐太宗贞观十四年（公元 640 年）十一月朔日干支为"甲子"，"日南至"指冬至，已如前述。中国以天干、地支的组合表示年、月、日、时的次序，而"甲子"实为其首，故受重视。查历史年表，甲子日之为十一月朔日须相隔十数年乃至数十年始得一遇，而十一月朔日甲子之为冬至，更可谓百年难遇。特别是《史记·历书》记"太初元年十一月甲子朔旦冬至"，更使"甲子朔旦冬至"成为自古以来最值得隆重纪念的冬至之日。因此，继贞观二年十一月十九日辛酉亲祀之后，唐太宗又于贞观十四年十一月朔日甲子亲祀圆丘。

据查考，唐高宗显庆四年（公元 659 年）十一月朔日癸卯（相当于儒略历 12 月 19 日）亦为冬至之日，故与贞观十四年十一月朔日甲子（相当于儒略历 12 月 19 日）一样，可称"朔旦冬至"。据《史记》、《汉书》记载，汉武帝元鼎五年（公元前 112 年）十一月辛巳朔旦冬至与太初元年（公元前 104 年）十一月甲子朔旦冬至相隔仅 8 年，但此后仅就唐代而言，"朔旦冬至"平均约 20 年一遇，亦甚难得。

二

现在，我把话题转向日本方面。8 世纪 80 年代，日本桓武天皇营造长冈京，在京城正南方约 10 公里的交野郡柏原之地（在今大阪府枚方市境内）设圆丘以祀天神（图 42）。这是出于对中国唐代皇帝每年十一月冬至在长安城（或洛阳城）南郊圆丘举行祭天大典的仿效，已如前述。

日本通过多次遣唐使的派遣，熟悉唐朝的制度、文化，对各种礼仪活动，包括冬至祭天在内，无不通晓。齐明天皇五年（公元 659 年）所遣使臣津守吉祥于同年十月二十九日入东都洛阳，次日三十日即受唐高宗接见。如前所述，此年（唐高宗显庆四年）十一月朔日为冬至，津守吉祥得

---

① 《日本文德天皇实录》（齐衡三年十一月），《国史大系》，吉川弘文馆 1981 年版，第 86 页。

与诸外国使者一同参与盛会，并被称誉为最谙礼节者①。文武天皇大宝元年（公元701年）所遣使臣粟田真人于次年（公元702年）十月到达唐王朝的京师长安，而则天武后则于此前的长安元年（公元701年）自东都幸京师，长安二年（公元702年）十一月冬至日在长安城亲祀南郊②，粟田真人纵然未得参与盛典，亦必详悉其事。然而，众所周知，日本藤原京（公元694—710年）、平城京（公元710—784年）虽皆仿唐朝都城形制而建造，但京内自不待言，郊外亦无类似中国圆丘之类的设施，从而根本不存在以祭天为主旨的郊祀制度。要之，从7世纪的飞鸟时代到8世纪的奈良时代，日本虽然多次派遣遣唐使团，悉心学习唐王朝的制度、文化，但冬至南郊祭天的礼制却不为日本方面所取。迁都长冈京的桓武天皇别出心裁，独创新规，实有其重大、深切的政治目的，必须详细叙述，从头说起，方可明其究竟。

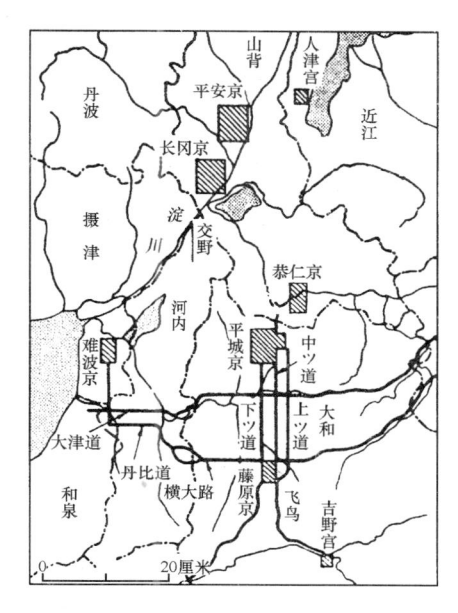

图42 日本古代宫室、都城迁移及交野的地理位置图

舒明天皇二年（公元630年），日本继以前多次的遣隋使之后，派遣第一次遣唐使，于次年（公元631年）到达长安城访问。唐太宗特派新州刺史高表仁为使节，赴日本回访。中大兄皇子（以后成为天皇，称天智天皇）是舒明天皇之子，10余年后辅佐继位的母后皇极女天皇，采取突然的政变方式，诛杀独霸朝政、威高震主的世袭大臣苏我入鹿以巩固皇权，并首创中国式的年号而称此年（公元645年）为"大化元年"。同年十二月，中大兄皇子奉其叔孝德天皇自大和的飞鸟（今奈良县南部之地）迁宫

---

① 据《日本书纪》"齐明天皇五年秋七月丙子朔戊寅遣津守连吉祥使于唐国"条下注引伊吉连博德书曰："（前略）十一月一日朝有冬至之会，会日亦观，所朝诸蕃之中倭客最胜"。见《日本书纪》（後篇）卷第廿六第271页（《国史大系》，吉川弘文馆1982年版）。

② 《旧唐书·则天皇后纪》（长安二年冬十月、十一月），中华书局1975年版，第131页。

室于难波（在今大阪市），次年（公元 646 年）正月发布诏书，励行改革，实施新政，史称"大化改新"，其要旨在于仿效中国的政治、文化、经济制度，自不待言。孝德天皇白雉四年（公元 653 年）、五年（公元 654 年），在中大兄皇子的筹划下，连续派出第二次和第三次遣唐使，甚多成效，影响至深。白雉五年十月孝德天皇死，中大兄奉其母皇极女天皇复位，改称齐明天皇。在此之前，中大兄自难波还宫飞鸟，齐明女天皇于飞鸟板盖宫即位。据《日本书纪》记载，早在大化元年（公元 645 年）之前，飞鸟板盖宫的正殿已称"大极殿"。这是日本模仿中国宫殿制度的重要表现（中国都城宫内正殿称"太极殿"）[①]，而大化元年中大兄正是在此宫大极殿发起政变，诛杀苏我氏权臣的。综上所述，中大兄皇子实为历史上的杰出人物，其对古代日本国家所作贡献之大，可谓无与伦比。

　　前已叙及，齐明天皇五年（公元 659 年）派出第四次遣唐使，海上航行，历尽艰难，到达东都洛阳则迅速受唐高宗接见，气氛融洽，交情良好。但是，同年十二月中国方面决定次年远征百济，因日本与百济关系甚深，为防泄漏机密，羁留日本使者津守吉祥等人于长安（以后释归）。次年（公元 660 年）八月，唐与新罗联军破百济都城泗沘，执其王义慈。齐明女天皇于在位第七年（公元 661 年）死，中大兄皇子称制（代行天皇职权），故史书以翌年（公元 662 年）为天智元年。总揽军政大权的中大兄皇子发兵救百济，并遣送久在日本为质的义慈王之子丰璋返本国，主持复国之战。天智二年（公元 663 年）八月，日本舟师在朝鲜半岛南部白村江口海上为唐军所败，全师覆没，百济亦因而彻底亡国。此后数年间，因受驻百济的强大唐军威胁，日本全国处于紧张状态。为安全计，除在各险要之地增强防卫以外，特于天智六年（公元 667 年）自飞鸟北迁宫室于近江（在今滋贺县），是为大津宫（图 42）。次年（公元 668 年）正月，中大兄皇子于大津宫正式即天皇位，称天智天皇。百济贵族、官僚等人亡命日本，受到近江朝廷的优遇。

　　天智天皇于正式即位之后的第四年（公元 671 年）死，传位于其子大

[①] 王仲殊：《关于中日两国古代都城、宫殿研究中的若干基本问题》，《考古》2001 年第 9 期，第 72—73 页。

友皇子。天智之弟大海人皇子（即以后的天武天皇）于翌年壬申之年（公元672年）在吉野（今奈良县南部山区）发难，以强力的军事手段消灭近江朝廷，史称"壬申之乱"，大友皇子以死（17世纪江户时代德川光圀《大日本史》承认大友嗣位的正当性，19世纪明治政府追谥其为"弘文天皇"）。天武天皇即位，重建宫室于飞鸟地方，是为飞鸟净御原宫。朱鸟元年（公元686年）天武天皇死，其皇后鸬野皇女继位，是为持统天皇。

持统八年（公元694年）建成藤原京，这是日本历史上第一个仿中国唐朝两京形制而建的都城（其地理位置参见图42）。持统女天皇因其子草壁皇子早死，生前传位于其孙轻皇子，是为文武天皇。文武天皇大宝元年（公元701年）制定《大宝律令》，使日本进一步成为政令统一、法规齐备的"律令制国家"，同年派遣的以粟田真人为首的第七次遣唐使归国后又在更大的程度上引进唐制，包括唐的都城制度。庆云四年（公元707年）文武天皇死，其母阿閇皇女即位，是为元明天皇，次年和铜元年（公元708年）于平城之地营新都。和铜三年（公元710年）元明女天皇迁都平城京（图42），其规模、形制更是全面模仿唐长安城。从此以后，日本历史进入奈良时代。

以平城京为都城的奈良时代（公元710—784年），以元明天皇（公元707—715年）为首，包括以后的元正（公元715—724年）、圣武（公元724—749年）、孝谦（公元749—757年）、淳仁（公元757—764年）、称德（公元764—770年）、光仁（公元770—781年）、桓武（公元781—806年）诸天皇，共历8代74年，其中称德女天皇是孝谦重祚，实际上是7位天皇。从7世纪70年代初年飞鸟净御原宫的天武天皇开始，以迄8世纪60年代末年平城宫的称德天皇，历代天皇或男或女，无非都是天武天皇及其皇后和他们的嫡系子孙，故可称为"天武系天皇"。

宝龟元年（公元770年）孝谦女天皇重祚的称德天皇死，因未婚无子女，天智天皇之孙白璧王（天智第六子施基皇子之子）以62岁高龄被奉迎即天皇位于平城宫，乃使断绝近百年之久的"天智系皇统"得以恢复，所寓政治意义深重。天应元年（公元781年）光仁天皇死（死前让位），其子山部亲王继位，是为桓武天皇。作为"天智系皇统"恢复的第二代天皇，桓武天皇在平城宫受到"天武系皇统"支持者的敌视，延历元年（公元782年）年初发生指使下属携兵仗闯宫的冰上川继谋逆案件便是最为突出的事例。

由于反对派势力强劲，桓武天皇处境困难，唯有离开旧都平城京，迁新都以避其锋，才可求得安定。经调查、考察，新都的地点选定于山背国乙训郡长冈村附近地区（在今京都府向日市、乙训郡、长冈京市一带），故称长冈京（图42）。然而，自和铜三年（公元710年）以来，在平城京定都已历70余年之久，安土重迁，人之常情，"天武系皇统"支持者自不待言，其他许多贵族、大臣等人对迁都之事亦持否定态度。延历三年（公元784年）十一月，桓武天皇迅速迁往长冈京，并于延历四年（公元785年）正月朔日在长冈宫大极殿举行朝贺典礼。但是，延历四年（公元785年）九月，奉命督造新京的大臣藤原种继遭暗杀，使正在进行中的长冈京营造工程大受挫折，而暗杀事件则是由结帮成伙的官僚、贵族所支持，甚至桓武天皇所立皇太弟早良亲王亦与此事有牵连，乃使桓武废杀早良，改立其子安殿亲王为太子。这说明，迁都为国之大事，除加紧措施，强力推行以外，必须宣告充分理由以服众。令人惊奇、感奋的是，桓武天皇竟将迁都的理由集中于"冬至"二字，大张旗鼓，大做文章，实属史无前例。

三

如上文所述，延历三年（公元784年）十一月桓武天皇迁都长冈京。所举迁都最为首要的理由，乃是此年此月朔日恰逢冬至，故称"朔旦冬至"，十分难得。查历史年表，延历三年相当于中国唐德宗兴元元年（公元784年）。因此年十月之后有闰月，故十一月朔日相当于当时西方儒略历12月17日[①]，正值冬至之日。桓武天皇趁此良机，颁发诏书，盛赞此月此日为

[①] 陈垣：《二十史朔闰表》第100页（附西历、回历），记兴元元年（784年）十一月戊戌朔相当于儒略历11月18日，闰十月己巳朔相当于儒略历12月17日，次序颠倒，日期有误，应改正为此年闰十月己巳朔相当于儒略历11月18日，十一月戊戌朔相当于儒略历12月17日（古籍出版社1956年版）。

"朔旦冬至"乃是历代之希遇，为迁都长冈京之莫大吉兆①。前已叙及，唐太宗贞观十四年（公元 640 年）十一月朔日甲子为冬至，难得之极。桓武天皇延历三年（公元 784 年）十一月朔日戊戌虽为"朔旦冬至"，但与贞观十四年十一月朔日甲子之为"朔旦冬至"相比，不免稍有逊色。然而，延历三年为天干、地支组合六十年一轮的开头之年甲子年，比贞观十四年之为庚子年则又可谓胜出一筹。由于桓武即位的天应元年（公元 781 年）为辛酉年，迁都长冈京的延历三年（公元 784 年）为甲子年，正与所谓"辛酉革命"、"甲子革命"之说相符合②，其在历史上的重要性尤其令人瞩目。

在此之前，桓武天皇于延历二年（公元 783 年）十月前往河内国（"国"为地方行政区划，其下设郡）交野郡游猎，诏免此郡当年田租，并加赏赐于参与陪从的国司、郡司及其他官员，特别是对定居此地的"百济王氏"诸臣大加封赏，以示恩宠。如前所述，7 世纪 60 年代在朝鲜半岛白村江口一战大败之后，百济贵族亡命日本，受到优遇。此前百济义慈王先遭唐军俘虏，其子丰璋逃往高丽，亦不知所终。但是，义慈王另一子善光（禅广）留居日本，称为百济王而世代相承，颇有影响。大约是从持统天皇（公元 687—696 年）在位之时开始，日本朝廷乃别出心裁，竟然将"百济王"（Kudaranokonikishi）三字作为一个姓氏以赐善光的后裔，并屡加封赏。桓武天皇之母高野新笠夫人本属自百济迁来的所谓"渡来人"（日本为岛国，故称古代自国外迁来的移民为"渡来人"）系统的氏族，与百济王氏有亲缘关系，而桓武最亲信的大臣藤原继绳之妻百济王明信被任为"尚侍"，主管后宫政务而掌实权。凡此等等，遂使定居交野的百济王氏等人为天皇所倚重③。延历二年（公元 783 年）十月在交野游猎，桓武

---

① 参见《続日本紀》（後篇）第 502 页所记"桓武天皇延历三年十一月戊戌朔诏敕"，《国史大系》，吉川弘文馆 1982 年版。

② 根据中国古代的谶纬之说，辛酉之年往往发生革命。日本平安时代三善清行于醍醐天皇昌泰三年（公元 900 年）列举中日两国史书所见辛酉年、甲子年的各种事变，奏请朝廷改元，乃改明年辛酉年（公元 901 年）为延喜元年。以后，每逢辛酉、甲子之年，日本必改元而用新年号。可检阅木宫泰彦《日中文化交流史》（胡锡年译，商务印书馆 1980 年版），以作参证。

③ a 上田正昭：《桓武朝廷と百済王氏》，《論究・古代史と東アジア》，岩波书店 1998 年版，第 159—172 页。

b 上田正昭：《長岡京から平安京へ》，《上田正昭著作集 3》，角川书店 1998 年版，第 206—209 页。

天皇为参加奉迎的百济王利善、百济王武镜、百济王元德、百济王玄镜等人升官进位，可谓事出有因。总之，桓武天皇于迁都长冈京的前一年游幸交野，驻留计数日之久，其目的正在于为明年迁都长冈京之后举行十一月冬至的郊祀大典选定地点、场所（图42），实属远虑深谋，非同寻常。

在现今日本的大阪府，有互相邻接的枚方、交野二市，而当时选定为长冈京郊祀之处的交野郡柏原不在今之交野市境内，却相当于枚方市的片钵町之地。此地在长冈京的正南方约10公里处，正是"南郊祀天"的好处所。

据《续日本纪》记载，延历三年（公元784年）十一月趁甲子年"朔旦冬至"之机迁都长冈京以后，桓武天皇即于次年延历四年（公元785年）十一月十日壬寅祀天神于交野柏原。查延历四年相当于唐德宗贞元元年（公元785年），此年十一月朔日为癸巳，十日壬寅相当于儒略历12月16日。前已明叙，8世纪中期以降的中唐时代，十一月冬至往往相当于儒略历12月18日、17日。《旧唐书·德宗纪》记"（贞元元年）十一月（癸巳朔）癸卯，上亲祀昊天上帝于圆丘"，可以确证此年冬至在十一月十一日癸卯，相当于儒略历12月17日。《续日本纪》记桓武天皇于此年十一月十日壬寅祀天神于交野柏原，若不是误记了历日，便是主事者故意提早一天行祭礼以赛宿祷。这样，日本就正式开创了冬至祭天的郊祀制度。

到了延历六年（公元787年），因此年五月之后有闰月，十一月辛亥朔四日甲寅（《续日本纪》所记作"十一月庚戌朔五日甲寅"，虽有差异，但干支"甲寅"与唐历相同）相当于儒略历12月18日，正值冬至之日，桓武天皇又率诸臣到交野行郊祀之礼。如前所述，桓武最亲信的大臣藤原继绳以百济王明信为妻，与定居交野的百济王氏诸臣有姻戚关系，故于此地建别墅，正好成为天皇的行宫。郊祀仪式由藤原继绳主持操作，桓武天皇的祭文亦由继绳告读。祭文曰：

> 维延历六年岁次丁卯十一月庚戌朔甲寅，嗣天子臣（中略）敢昭告于昊天上帝，臣恭膺睠命，嗣守鸿基，幸赖穹苍降祚，覆焘腾徵，四海晏然，百姓康乐，方今大明南至，长晷初昇，敬采燔祀之义，祗修报德之典，谨以玉帛牺齐（斋），粢盛庶品，备兹烟燎，祗荐洁诚，高绍天皇配神作主，尚飨。

祭文又曰：

（前略）孝子皇帝臣讳（中略）敢昭告高绍天皇，臣以庸虚，忝承天序，上玄锡祉，率土宅心，方今履长伊始，肃事郊禋，用致燔祀于昊天上帝；高绍天皇庆流长发，德冠思文，对越昭升，永言配命，谨以制币牺齐（斋），粢盛庶品，式陈明荐，侑神作主，尚飨①。

为了与中国唐朝皇帝冬至祭天典礼作比较，我查阅了王泾《大唐郊祀录》所录唐朝皇帝郊祀祭天帝的祝文，其词曰：

维某年岁月朔日子嗣天子臣某敢昭荐于昊天上帝，大明南至，阳晷初昇，万物权舆，六气资始，谨遵彝典，慎修礼物，谨以币帛牺齐（斋），粢盛庶品，备兹禋燎，祗荐洁诚，太祖景皇帝配神作主，尚飨。

又录配座祝文之词曰：

（前略）孝曾孙皇帝臣某敢昭荐于太祖景皇帝，履长伊始，肃事郊禋，用致燔祀于昊天上帝，惟太祖庆流长发，德冠思文，对越昭升，永言配命，谨以制币牺齐（斋），粢盛庶品，式陈明荐，侑神作主，尚飨②。

两相对比之下，可见日本桓武天皇在祭文中除以"高绍天皇"（光仁天皇）替代唐朝的"太祖景皇帝"（李虎），并自称"孝子皇帝"以替代唐朝历代皇帝自称"孝曾孙皇帝"（高祖李渊应自称"孝孙皇帝"）以外，祭文的内容、格式乃至具体字句都是按中国方面的原样，甚至又以中国同类的习惯用语稍作增添，以示更为严谨、庄重。祭文明示桓武天皇于长冈京南郊交野柏原之地祀昊天上帝而以"高绍天皇"（光仁天皇）配神作

---

① 《続日本紀》（後篇），《国史大系》，吉川弘文館 1982 年版，第 526—527 页。
② 《大唐郊祀录》，《大唐开元礼》（附录），民族出版社 2000 年版，第 759—760 页。

主，充分显示了其在日本始创冬至郊祀祭天的目的在于迁都长冈京，而长冈京则是属于光仁天皇率先恢复的"天智系皇统"的新的都城。

据考古学者们对遗迹的调查、发掘，长冈京京域南北长约5.3公里，东西宽约4.3公里，设计规模相当大。延历三年（公元784年）六月任命藤原种继为"造长冈宫使"，营造工程加紧进行，而工程重点则集中于宫城中的大极殿、朝堂院和内裏。大极殿、朝堂院为朝廷的主要殿堂，位置居宫城正中央的南部。内裏为天皇居住兼理政之处，先设在大极殿的北面，接着又改建于其东侧（图43）。此等建筑物所用瓦件多从平城宫、难波宫（始建于8世纪20年代圣武天皇神龟年间，称"后期难波宫"）拆卸运来。据出土木简及史书所记，当时是拆掉难波宫的朝堂院等，迁运其柱、梁之类的材木以供使用，以致长冈宫与难波宫一样，朝堂院内设八堂（图43、图44），与此前藤原宫、平城宫及此后平安宫的朝堂院皆设十二堂显然不同。最后，又拆取平城宫内各殿堂的门框、户扉，搬运到长冈宫装配，乃使平城宫亦受破坏，面貌全非①。于是，日本以平城京为首都、以难波宫为副都的所谓"复都制"从此消失，不复存在。

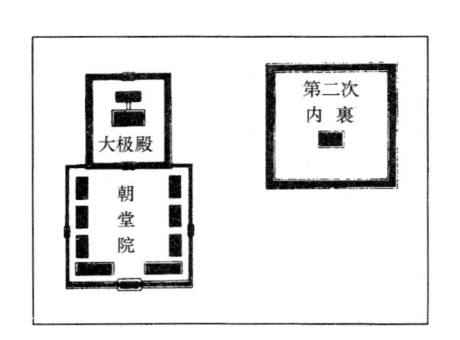

图43 长冈宫大极殿、朝堂院、内裏平面图

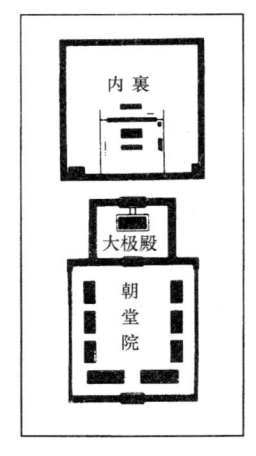

图44 难波宫大极殿、朝堂院、内裏平面图

---

① 佐藤信：《長岡京の構造》，《平安の都》（古代を考える），吉川弘文馆1991年版，第54—65页。

在长冈京迁都前后，政治事故迭起，波折横生。主管造宫的大臣藤原种继遭暗杀，案件牵连所及，人数众多。特别是皇太弟早良亲王被废致死，影响尤为严重。延历八年（公元 789 年）以后，皇太后高野新笠、皇后藤原乙牟漏相继死亡，新立皇太子安殿亲王（以后的平城天皇）又患疾病，加之天灾频发，年成不佳，凡此种种，皆被归因于早良亲王怨魂作祟，乃促使桓武天皇萌生弃长冈京而再迁新都之意。延历十三年（公元 794 年），经过深思熟虑、周密筹备之后，年近花甲、壮心未已的桓武天皇终于迁都平安京。长冈京之为日本都城，前后总共不过 10 年。由于营造工程紧急于前，滞缓于后，此京建设可谓半途而废，实际上未曾全部完成。

自延历六年（公元 787 年）十一月冬至日再度在长冈京南郊交野郡柏原举行盛大的祭天典礼之后，桓武天皇又于延历十年（公元 791 年）十月十日丁酉，十一年（公元 792 年）九月二十八日庚辰行幸交野，但因日期皆在冬至之前颇远，史书所记天皇的活动又仅限游猎，故与告祭昊天上帝的郊祀无关。然而，应该注意的是，日本史书《类聚国史》、《日本逸史》皆记桓武天皇在藤原继绳陪同下，于延历十二年（公元 793 年）十一月十日乙酉前往交野①。查此年乃是中国唐德宗贞元九年（公元 793 年），十一月丙子朔，十日乙酉相当于西方儒略历 12 月 17 日，正值冬至之日，故《旧唐书·德宗纪》记"（此日）日南至，上亲郊圆丘"。《类聚国史》、《日本逸史》虽只记天皇此日在交野游猎，却不排除举行郊祀的可能性。倘若其事属实，则桓武天皇在长冈京南郊交野郡柏原之地行冬至郊祀之礼，可谓有始有终。

四

如上文所述，延历十三年（公元 794 年）十月，桓武天皇迁都平安京，即现今京都市之地。自此年以迄后鸟羽天皇建久三年（1192 年），日

---

① a 菅原道真、黑板胜美：《类聚国史》卷第三十二，《国史大系》，吉川弘文馆 1933 年版，第 193 页桓武天皇游猎。
b 鸭祐之：《日本逸史》卷第二，《国史大系》，吉川弘文馆 1932 年版，第 13 页桓武天皇延历十二年十一月乙酉。

本一直以平安京为唯一的都城。仓促营造、建设欠全的长冈京之为"天智系皇统"恢复后的第一个都城总共不过10年，而规模宏大、设计齐备的平安京继之而为"天智系皇统"的都城则延续近400年，加上此后的京都始终是在平安京的故址，直至明治二年（1869年）迁都东京为止，前后共计1075年之久。

与长冈京相反，平安京的营造工程开展顺利。早在迁都的次年（公元795年），宫城内的正殿大极殿已经造就，故延历十五年（公元796年）正月元旦桓武天皇便在此殿接受群臣的朝贺。与奈良时代前期平城宫内第一次大极殿一样，平安宫的大极殿仿唐长安城大明宫含元殿的形制而建立于"龙尾坛"之上，十分壮观。延历十九年（公元800年）又新建成称为"丰乐院"的专供宴会的宫院，与以大极殿为正殿的朝堂院并列，使庆典与朝政有所分别，又互为依存，相辅相成，以示制度之完备（图45）。据记载，当时号称天下无双的巧匠飞驒匠（古代飞驒相当于今岐阜县北部之地）参与营造，足见工程进展从容，质量优先。

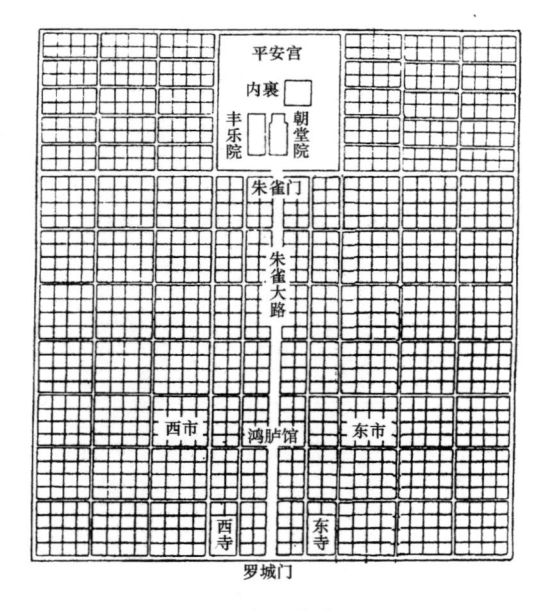

图45　日本平安京平面图

由于形势趋向稳定，政治多见功效，桓武天皇从国际关系的大局出发，继承其父光仁天皇于宝龟八年（公元777年）、十年（公元779年）先后派遣第14、第15两次遣唐使的宏志，迅速于延历二十二年（公元803年）派遣以藤原葛野麻吕为大使的第16次遣唐使，于次年（公元804年）出发成行。使团规模大、规格高，特别是空海、最澄、橘逸势等名僧、名士随同前往访问，影响既大，收获亦多，为桓武天皇（公元781—806年）长达25年的在位统治划上圆满的句号。

大同元年（公元806年）五月桓武死，先已取代早良亲王而立为皇太子的安殿亲王嗣位，是为平城天皇（公元806—809年）。平城天皇宠爱藤原种继之女药子，任以"尚侍"之职，专权宫中，欲谋不轨。嵯峨天皇（公元809—823年）当机立断，快速平定"药子之乱"，使平安时代的日本历史进入新阶段。

在8世纪的奈良时代，外戚权臣藤原不比等的后裔分"南家"、"北家"、"式家"、"京家"四大家族，各立门阀。桓武天皇自登位之初以来，多是依靠式家（此家创始者藤原宇合为藤原不比等的第三子，曾任相当于中国礼部尚书的"式部卿"之官，故名）诸人的支持。但是，在式家的有力人物之中，藤原种继早因督造长冈宫遭暗杀于先，皇后藤原乙牟漏继而亦病故于长冈宫内。最后，擅权后宫的藤原药子死灭，其兄仲成先已被杀，影响所及，遂致藤原氏式家势力告终。藤原继绳属藤原氏南家，作为亲信大臣，长期为桓武天皇效力，多建功绩，在迁都平安京之后不久因老病而死。弘仁元年（公元810年）三月，嵯峨天皇决意以藤原冬嗣为心腹之臣，委以重任，乃使藤原氏北家权势大增，长期持续，不断发展，经久不衰。

桓武天皇以延历三年（公元784年）甲子年逢"朔旦冬至"为由，迁都长冈京以避敌对势力，继而又在交野郡柏原隆重举行冬至祭天大典，以其父光仁天皇配神作主，如此等等，实有其政治上的重大目的，已如前述。迁都平安京以后，政局稳定，政务忙碌，遂不复顾及郊祀之事。平安京地理位置在长冈京东北不足10公里，却使长冈京正南方约10公里的交野郡柏原之地处在平安京的西南方，相距近20公里。交野郡柏原之为长冈京"南郊"固属名正言顺，以其为平安京的"南郊"则不免失之偏远

（图42）。这样，由于政治上的重要性失去，地理位置上的正当性亦有所不足，从各种史书所记看来，在其地举行冬至祭天的礼仪活动似乎已经停顿。

嵯峨天皇（公元809—823年）在位15年，退位后又以太上天皇身份左右朝政近20年之久，可称一代名君。弘仁九年（公元818年）采纳曾在以藤原葛野麻吕为大使的遣唐使团中任判官之职的菅原清公建议，下诏令"天下仪式、男女衣服皆依唐法，五位（相当于唐五品官）以上位记改从汉样，诸宫殿、院、堂、门、阁皆着新额（书写中国式新名称的匾额）"云云，其对中国制度、文化之崇尚达到无以复加的程度。倘若重视中国郊祀制度而欲加仿效，自可在平安京罗城门外筑坛祭天，无须远奔他处，徒劳往返（图42、图45）。然而，从各方面的记载判断，嵯峨天皇亦无意提倡郊祀祭天之事。

当时交野成为皇室领地既久，天皇在此游猎，已成习惯。由于其地在淀川左岸的平野，风景秀丽，为观赏樱花的名胜之处。《日本后纪》记载，弘仁三年（公元812年）二月十五日、弘仁四年（公元813年）二月十六日、弘仁六年（公元815年）二月十七日，嵯峨天皇皆曾游幸交野，直至仁明天皇承和三年（公元836年），嵯峨作为退位已久的太上皇，仍选定此年二月十九日前往交野，而阴历二月中旬相当于阳历4月上旬，春光明媚，樱花盛开，正是游乐的大好时日。百济王氏诸人仍居交野，太上皇不忘前情，特嘱继位的仁明天皇为彼等晋升官位，至于十一月冬至祭昊天上帝之事，则因久已停止，不复言及。承和九年（公元842年）嵯峨太上天皇死，仁明天皇于承和十一年（公元844年）二月二十五日行幸交野，赏赐扈从诸臣，兼及河内、摄津等国有关官员，当日日暮还京，亦未有其他活动。

仁明天皇于嘉祥三年（公元850年）三月死，皇太子道康亲王嗣位，是为文德天皇（公元850—858年）。据《日本文德天皇实录》记载，齐衡三年（公元856年）十一月二十五日甲子"有事圆丘"，显然是指冬至郊祀。这使人想起，自迁都平安京以来，十一月冬至在交野郡柏原祭天的郊祀制度未曾完全弃绝。

查历史年表，齐衡三年相当于中国唐宣宗大中十年（公元856年）。

此年十一月庚子朔，二十五日甲子相当于西方儒略历12月25日，迟于冬至丙辰日（儒略历12月17日）达8日之久。究其原因，则是因为日本朝廷每年十一月举行"丰明会"，天皇尝新谷，故又称"大尝祭"或"新尝祭"，是全年最盛大的典礼①。丰明会的具体时日从十一月卯日开始，至于辰日及午日，而齐衡三年十一月十六日冬至前夕为卯日，十七日冬至为辰日，文德天皇必须亲自参与丰明会盛典如常仪。为此，不得不将冬至祭天之事延迟数日，以求充分筹划，完成郊祀大典。至于选定在十一月二十五日，则想必是因此日为甲子之日，以求吉祥。

前述《续日本纪》记延历六年（公元787年）十一月冬至桓武天皇在交野祭天，所记以祭文的内容为主，十分详细。《日本文德天皇实录》记齐衡三年（公元856年）十一月冬至文德天皇祭天，则着重记礼仪程序，尤其是记赴交野柏原之前所作各项准备工作，虽稍为简略，却足可明其梗概，从而可与中国《大唐开元礼》所记制度作比较如下。

1. 《日本文德天皇实录》记祭祀准备工作从十一月二十二日开始，先遣权大纳言正三位（大纳言之官与唐门下省长官侍中相似，"权"指暂任，正三位相当于唐正三品，其余按此类推）安倍安仁等往光仁天皇之陵（后田原山陵）告以本月二十五日在河内国交野郡祭昊天上帝，谨请配享②。可供比较的是，《大唐开元礼》规定祀前二日太尉拜高祖神尧皇帝（唐初及代宗以后，应为太祖景皇帝）庙，告以配神作主之意③。

2. 《日本文德天皇实录》记十一月二十三日大祓（驱邪）于新成殿（在内裏，1年又9个月之后，文德天皇于此殿病亡）前，诸阵警戒，天皇进出庭中，大纳言正三位藤原良相跪授郊天祝板，左京大夫从四位下菅原是善捧笔砚，天皇自署其名讳毕，执圭北面拜天，乃遣藤原良相等诸臣赴交野郡柏原设莅习礼，祠官尽会④。与此相似，《大唐开元礼》规定祀日

---

① 王仲殊：《试论唐长安城大明宫麟德殿对日本平城京、平安京宫殿设计的影响》，《考古》2001年第2期，第78页。
② 《日本文德天皇实录》卷第八，《国史大系》，吉川弘文馆1981年版，第85页文德天皇齐衡三年十一月。
③ 《大唐开元礼》卷第四，民族出版社2000年版，第36页皇帝冬至祀圜丘。
④ 《日本文德天皇实录》卷第八，《国史大系》，吉川弘文馆1981年版，第86页文德天皇齐衡三年十一月。

未明一刻，皇帝车驾至大次门外，侍中于銮驾前跪奏请降辂，郊社令以祝版进，御署讫，近臣奉出，殿中监进大圭，又进镇圭，皇帝执圭至版位西向立，太常卿奏请再拜①。

3.《日本文德天皇实录》记十一月二十五日有事圆丘，夜漏上水一刻，大纳言藤原良相等归来献胙②。可作参照的是，《大唐开元礼》记祀日太祝减神前胙肉加于俎，持俎以授司徒，司徒奉俎西向进皇帝③。

总而言之，从前述祭文的内容到上述祭祀的礼节、程序，日本的郊祀制度仿自中国唐朝，自可确认无疑，只因国情、人事有所不同，郊祀仪礼的细节不免稍有差异，自在情理之中。

《续日本纪》记桓武天皇迁都长冈京前于延历二年（公元783年）十月赴交野郡游幸（实际上是选定冬至祭天的地点），又记延历四年（公元785年）、延历六年（公元787年）两年十一月冬至之日正式在交野郡柏原举行祭天大典之事甚详，却没有述及在交野柏原筑圆丘等情。《类聚国史》就桓武天皇屡次幸行交野作全面的综述，亦未述在当地筑圆丘以供冬至祭天之用。但是，《日本文德天皇实录》明记文德天皇齐衡三年（公元856年）十一月二十五日甲子"有事圆丘"，故可确信交野郡柏原举行祭天大典的具体场所是在圆丘。桓武天皇宣读的祭文和文德天皇采取的仪式、程序皆仿自中国唐朝，则祭天的具体场所自应与唐朝一样，亦在于圆丘，乃属理所当然。中国古代有据《尔雅·释丘》而认为圆丘本非人为之丘的说法，但至少自西汉后期以降，各朝代实际上皆在都城南郊筑圆形的丘坛以祭天④。相信日本交野圆丘亦为人工造作，尽管与中国相比，规模较小，设施较简。

天安二年（公元858年）八月文德天皇死，年方9岁的皇太子惟仁亲王嗣位，是为清和天皇，开日本幼帝践祚之先端，进而成为惯例。藤原氏

---

① 《大唐开元礼》卷第四，民族出版社2000年版，第40页皇帝冬至祀圜丘。
② 《日本文德天皇实录》卷第八，《国史大系》，吉川弘文馆1981年版，第86页（文德天皇齐衡三年十一月）。
③ 《大唐开元礼》卷第四，民族出版社2000年版，第42页（皇帝冬至祀圜丘）。
④ 安家瑶：《唐长安城的圜丘及其源流》，《21世纪中国考古学与世界考古学》，中国社会科学出版社2002年版，第509页。

北家大臣于天皇年幼时任"摄政",成长后又任"关白",实行所谓"摄关政治"而独揽朝政。在此种情况下,以光仁天皇配神作主的、仿自中国冬至祭天的郊祀制度成为日本历史上的陈迹,终被遗忘。

日本考古学野外工作的范围既广,调查发掘的对象、目标甚多,其成果当然可称丰富、多采。然而,迄今为止,始终未闻有在大阪府枚方市片铧町附近一带对长冈京、平安京时代的交野圆丘遗迹作勘查的,以至有些研究者竟然不知当时此处曾有郊祀祭天盛典的举行。蒙许多学术单位盛情相邀,自 1981 年以来,我有幸往访日本,先后已达 20 余次,在出席各种考古学和古代史讨论会之余,广泛参观各处名胜古迹,却无缘涉足交野之地。他日若有机会,或将抽身前去,亲临其境,体察自然风貌,兼及人文景况,以求增长感性知识,满足向往之情。

(原载《考古》2004 年第 10 期)